名师工程
《基础教育课程》丛书

教育部基础教育课程教材发展中心
《基础教育课程》杂志社组编

新时代的劳动教育

总 主 编　付宜红
本册主编　刘青松

西南大学出版社
SWUP
国家一级出版社 全国百佳图书出版单位

图书在版编目（CIP）数据

新时代的劳动教育 / 刘青松主编. — 重庆：西南大学出版社，2021.11

名师工程

ISBN 978-7-5697-1150-9

Ⅰ.①新… Ⅱ.①刘… Ⅲ.①劳动教育－研究－中国 Ⅳ.①G40－015

中国版本图书馆 CIP 数据核字（2021）第 210288 号

新时代的劳动教育

XINSHIDAI DE LAODONG JIAOYU

刘青松　主编

责任编辑： 牛振宇

责任校对： 赖晓玥

出版发行： 西南大学出版社（原西南师范大学出版社）

地址：重庆市北碚区天生路 2 号

邮编：400715　市场营销部电话：023-68868624

网址：http：//www.xdcbs.com

经　　销： 新华书店

印　　刷： 重庆市正前方彩色印刷有限公司

幅面尺寸： 170mm × 240mm

印　　张： 13.25

字　　数： 253 千字

版　　次： 2021 年 11 月　第 1 版

印　　次： 2021 年 11 月　第 1 次印刷

书　　号： ISBN 978-7-5697-1150-9

定　　价： 40.00 元

Preface 序

本套丛书是由教育部基础教育课程教材发展中心《基础教育课程》杂志社策划编辑的系列教师读本。丛书中提炼的主题以及精选的文章聚焦当前教育重点、热点话题，体现了《基础教育课程》杂志的办刊理念，浓缩了《基础教育课程》杂志近年来的出刊精华，汇聚了全国一流专家学者、特级教师，以及教育行政、教研人员的科研成果与实践智慧。

课程是国家意志的体现，基础教育课程承载着我国人才培养的目标与路径设计。2004 年，由教育部主管、教育部基础教育课程教材发展中心主办的《基础教育课程》杂志创刊，时任国务院副总理李岚清同志亲笔题写刊名。当时的杂志从教育部为各课程改革实验区编发的《基础教育课程改革通讯》改编而来。十几年来，杂志秉承“专业引领、服务实践”的办刊理念，以全面贯彻新时期党和国家教育方针，坚守素质教育阵地，弘扬课程改革主旋律，落实立德树人根本任务为宗旨，聚焦基础教育课程改革的推进，记录、跟踪改革发展历程，权威发布并深度解读国家基础教育改革及课程教材建设相关政策文件，提炼报道地方及学校改革经验和动态，宣传推广基础教育课程教材、教学教研及评价领域最新成果。如今，《基础教育课程》杂志已成为国内一流的课程教学专业期刊，是国家课程教材专业研究机构——课程教材研究所指定期刊，全国中文核心期刊、中国人民大学复印报刊资料重要转载来源，为中国核心期刊（遴选）数据库、中国学术期刊网络出版总库全文收录。

近年来，《基础教育课程》杂志聚焦教育部主责主业，依托国家教材委员会、教育部基础教育课程教材专家咨询委员会，国家课程方案、各学科课程标准以及中高考命题改革等权威力量，在学生核心素养发展、国家课程方案、课程标准、新教材解读以及教学研究、考试评价制度改革、深度学习教学改进、高中育人模式变革等方面做了系列重点报道，已成为地方、学校执行国家课程方案，探索育人模式变革，落实立德树人根本任务的高端交流与展示平台。为使期刊近年来策划组织的相关重大选题和文章发挥更大的辐射作用，在西南大学出版社的支持下，我们策划编撰了此套丛书。

此套丛书共有两个系列，分别是“基于核心素养的课程建设系列”和“基于核心素养的教学改进系列”。“基于核心素养的课程建设系列”包含《新时代的劳动教育》《新时代的校本课程建设》《新时代的主题教育课程》和《新时代的教研工作》四个分册。“基于核心素养的教学改进系列”涵盖《基于核心素养教学改进的落地导引》《基于核心素养的大单元和大概念教学》《基于核心素养的深度学习》《基于核心素养的项目式学习》《基于核心素养的跨学科学习》《基于核心素养的任务驱动与问题解决式学习》及《基于核心素养、着眼未来的学习》等热点教学策略。此外，“基于核心素养的教学改进系列”还聚焦普通高中新课程标准（2017 年版 2020 年修订）和新高考，涉及语文、数学、英语、思想政治、历史、地理、物理、化学、生物 9 个学科的新课标、新教材及其对应的新教学策略与教学设计和考试评价等内容。

有别于名家、名师的个人专著，本套丛书具有作者众多，研究视角多样，案例丰富、典型等特点，特别是导向前瞻，既有理论指导性又有实践操作性，希望能为广大教师在落实立德树人根本任务，构建“五育”并举的学校课程体系，开展基于核心素养的教学以及探索新中高考改革的路上提供切实的引导与帮助！

《基础教育课程》杂志社主编　付宜红
2020 年 8 月 1 日

Preface 前言

新的历史时期，劳动教育作为中国特色社会主义教育制度的重要内容，受到空前关注。在2018年召开的全国教育大会上，习近平提出，“要努力构建德智体美劳全面培养的教育体系，形成更高水平的人才培养体系”，要“培养德智体美劳全面发展的社会主义建设者和接班人”。随后，“劳动教育”被写入多个重要文件，一系列政策也在陆续跟进并制定推出。

2019年2月，中共中央办公厅、国务院办公厅印发《加快推进教育现代化实施方案（2018—2022年）》，在“重点任务”部分提出，大力加强体育美育劳动教育，其中有关劳动教育的表述如“加强劳动和实践育人，构建学科教学和校园文化相融合、家庭和社会相衔接的综合劳动、实践育人机制”。2019年6月，中共中央、国务院印发《关于深化教育教学改革全面提高义务教育质量的意见》，提出坚持“五育”并举，全面发展素质教育，要求在中小学加强劳动教育，充分发挥劳动综合育人功能。2020年3月，中共中央、国务院印发《关于全面加强新时代大中小学劳动教育的意见》，面向全社会对新时代的劳动教育工作做了全面部署，要求“把劳动教育纳入人才培养全过程，贯通大中小学各学段，贯穿家庭、学校、社会各方面，与德育、智育、体育、美育相融合”。2020年7月，教育部《大中小学劳动教育指导纲要（试行）》出台，面向教育系统内部细化要求、提出目标，解决劳动教育是什么、教什么、怎么教等问题，加快构建德智体美劳全面培养的教育体系。

在《普通高中课程方案（2017年版2020年修订）》中，“劳动”作为正式的国家必修课程被赋予6个必修学分，德智体美劳全面培养的大中小一体化的劳动教育体系正在形成，各级各类学校掀起积极探索具有中国特色的劳动教育模式、发挥劳动综合育人功能的新高潮。

为及时反映和宣传国家有关劳动教育的新政策、新要求，总结和报道新时代中小学校劳动教育的特色经验、创新做法，《基础教育课程》杂志刊发了系列劳动教育文章，《新时代的劳动教育》即这些文章的精彩荟萃。本书试图从不同角度呈现我国劳动教育的整体发展脉络、当前政策重点及核心价值取向，探索如何在学校、区域层面推进劳动教育的生动发展及统筹实施，以及如何通过学科渗透、融合实施等方式促进劳动教育的更好落地。

全书共五章内容。第一章“新时代、新内涵——发展中的劳动教育”，梳理了新中国成立以来我国中小学劳动教育政策的曲折发展与理念变迁，并对当前新时代劳动教育政策及课程体系的建构、劳动教育课程化等重要问题做出了思考和回应，秉持宏大视角，逐步推展开来，让读者对我国中小学劳动教育的政策演变、价值变迁及现实机制有一个较为宏观的把握，充分认识到新时代劳动教育的新担当、新内涵。

第二章“劳动教育与综合实践活动的关系”，理性思辨与案例分析相结合，专门就当前中小学校所关心的劳动教育与综合实践活动的关系问题和实施难题，做了深入浅出的探讨。虽然国家最新政策将劳动教育课程从综合实践活动课程中独立出来，单独列为6个学分，但综合实践活动依然是劳动教育实施的重要阵地，处理好二者的关系，进行统整、融合实施，应是广大中小学校深入实施新时代劳动教育的关键举措之一。

第三章“劳动教育的课程化实施”，从劳动教育的课程化问题切入，思考其在学校、区域课程化实施的路径、策略与样态，并通过一些案例从多个层面展示劳动教育在中小学课程化实施中的丰富性与可能性。这些案例让我们看到，劳动资源无处不在，学校完全可以立足自身及地方资源，建构自己的“山水田园”，打造学生喜欢的“校园农场”，以劳树德、智慧劳动。其中，做好区域化统筹，无疑是促进学校之间实现资源互通及劳动教育差异化发展，提高劳动教育综合育人实效的重要策略，在四川省都江堰市和重庆市綦江区的特色经验中，我们便可以感受到这一点。此外，在新时代“五育”并举的劳动教育发展背景下，学校还可以充分挖掘本地特色文化资源、非遗文化技艺等，将劳动教育与重要主题教育结合起来，创新实施劳动教育，提升劳动教育的内涵和品质。

无论是传统学科还是新兴学科，其中都蕴藏着丰富的劳动教育元素，有着取之不尽的劳动教育资源，可供广大中小学教师使用。第四章“劳动教育与学科的融合”正是基于学科视角，探索劳动教育与学科内容的融合实施，为一线教师立足学科阵地，渗透劳动教育理念、进行学科融合实践提供现成案例和做法启示。除了语文、道德与法治等传统学科外，以信息技术为代表的新兴学科，不仅为劳动教育的学科融合提供了载体和内容，更促进了劳动教育实施手段的更新，有利于培养信息技术时代的新型劳动者。

劳动教育，从小抓起，这是国际上很多国家劳动教育政策中所体现出来的“共识”。第五章“劳动教育的他国经验”，选取了一些具有代表性的国外劳动教育政策经验与案例，它们无一例外地注重学生劳动习惯、劳动意识的从小养成，注重劳动实践从日常生活抓起，注重构建“家庭—学校—社会”三位一体的协同育人机制。这些案例，体现出专业性、丰富性和前瞻性，与中国的劳动教育在理念和做法上既有共通点，也体现出一定的差异，有助于中国读者开阔自己的视野。

在“五育”并举背景下新时代劳动教育正全面推进的当下，希望本书能够帮助读者清晰全面地认识我国劳动教育的历史发展脉络，认清当前中小学校劳动教育的生动实践样态，深刻把握我国劳动教育的政策内容及未来走向。同时，也希望本书能为中小学校探索劳动教育实施新样态提供一些思路和有益启示。

刘青松

2021 年 7 月

Contents 目录

第一章　新时代、新内涵——发展中的劳动教育

第二章　劳动教育与综合实践活动的关系

第三章　劳动教育的课程化实施

第四章　劳动教育与学科的融合

第五章 劳动教育的他国经验

第一章

新时代、新内涵——发展中的劳动教育

我国中小学劳动教育发展历程概述

卓晴君[①]

2020年3月，中共中央、国务院发布了《关于全面加强新时代大中小学劳动教育的意见》(以下简称《意见》)，此举具有重要战略意义。笔者以党的十一届三中全会为标志，遵循将新中国历史分为改革开放前、后两个历史时期的划分方法，在这两个历史时期中，再按当时的政治、经济、社会发展的主要任务及其发展水平划分出不同的历史阶段，分别对各个时期的劳动教育的有关方针、教育目标、实施途径以及执行情况等方面的发展变化进行概述分析。

一、改革开放前的历史时期（1949年10月至1978年底）

（一）国民经济恢复阶段的中小学劳动教育

新中国成立至1952年是国民经济恢复阶段。当时教育的主要任务是改造旧教育，建设人民新教育。政府所遵循的教育方针政策主要是《中国人民政治协商会议共同纲领》(以下简称《共同纲领》)所规定的文化教育政策和教育部召开的第一次全国教育工作会议所提出的“为工农服务，为生产建设服

① 卓晴君，教育部中学司原副司长、副总督学，中央教育科学研究所原所长，研究员。

务”等方针。各级各类学校根据上述教育方针政策，实施智育、德育、体育和美育全面发展的教育。

当时的中小学劳动教育有以下几个特点。

1. 把劳动教育放在思想政治教育中进行

根据《共同纲领》的规定，“爱祖国、爱人民、爱劳动、爱科学、爱护公共财产为中华人民共和国全体国民的公德”。据此，教育部于 1950 年 8 月 1 日发布了《中学暂行教学计划（草案）》，规定中学开设讲授“五爱”国民公德的政治课。另外，各地学校还把思想政治教育与组织学生参加生产劳动、群众斗争、参观部队和工厂等社会实践结合起来。

2. 把劳动教育与有关学科的教学结合起来或在课外活动中进行

小学方面，在 1952 年 3 月 18 日教育部颁发试行的《小学暂行规程（草案）》中的小学教学计划部分规定：“劳作在各科教学的实验、实习中和课外另定时间教学，不列入教学科目内。”图画课中包括剪贴等。中学方面，在《中学暂行教学计划（草案）》中规定：“制图：内容为与工农业建设有关的各种图样的绘制。”“课外自修，生产劳动，文娱活动及社会服务等，应有计划地配合正课进行。”在 1952 年 3 月 18 日颁布的《中学暂行规程（草案）》中还强调：“自然科学的教学尤应力求与现代生产技术相结合，采用实验、实习、参观等实物教学法，使学生理解一般生产过程的基本原理与最简单最基本的生产工具的使用方法。”

3. 劳动教育没有被列入全面发展的教育内容中

当时，党和政府提出的“全面发展的教育”的内涵包括智育、德育、体育和美育，不包括劳动教育，而且把智育放在了首位。例如，上述两个“暂行规程（草案）”的培养目标部分都明确规定：中小学“实施智育、德育、体育、美育全面发展的教育”；并分别规定了智育、德育、体育和美育的具体培养目标。

由此可知，自新中国成立起，我国即重视劳动教育与德育的融合，以及与学科教学、社会实践、课外活动的结合，并通过上述途径培养学生的劳动观念、劳动情感、劳动品质，使他们学会一定的工农业生产知识和技术。但是，当时尚未建立劳动教育的有关制度。特别值得指出的是，当时在教育部的实际工作中，劳动教育并没有受到足够重视，以致后来受到党中央的批评。

（二）社会主义改造阶段的中小学劳动教育

1953—1956 年是我国社会主义改造阶段。到 1956 年初，我国基本上完成了对农业、手工业和资本主义工商业的社会主义改造，初步建立起社会主义制度。这一阶段，我国实行国民经济发展第一个五年计划，需要大批人才。因此，国家大力发展中小学教育事业，采取了一系列措施努力提高中小学教育质量，为建立新中国社会主义中小学教育制度奠定了初步基础。

1953 年暑期，在全国范围内曾一度出现了高小和初中毕业生升学紧张的问题。尽管当时小学生已经比 1949 年时增加了一倍以上，中学生增加了 185% 以上，[1]但仍满足不了需要。为此，党和政府进一步明确了中小学教育的目的和任务，指出，在中学没有普及以前，小学毕业生升中学的只能是一部分人，现阶段中学教育的任务，除为上一级学校输送新生以外，就是为国家各项建设事业输送劳动力。但是在执行这个任务时，遇到了思想障碍：学生中普遍存在着轻视体力劳动和体力劳动者的错误思想，不愿意参加生产劳动，不愿意当工人、农民，认为体力劳动“太脏”“太累”“没出息”等。对此，中共中央提出了严肃批评，指出目前中小学毕业生之所以普遍发生紧张的升学问题，主要是由于过去几年中小学教育的指导思想有忽视劳动教育的偏向，这是中小学教育方针上一个带原则性的错误。[2]

为了纠正错误，全国采取以下措施加强了中小学劳动教育。

1. 加强宣传教育

1954 年 5 月 22 日，中央宣传部专门发出了《关于高小和初中毕业生从事劳动生产的宣传提纲》，教育部也加强了宣传教育。各地在党委和政府的统一领导下，以教育行政部门为主，并与人事、劳动和有关企业部门及青年团、群众团体等密切配合，通过各种方式进行宣传，形成了一个有领导、有组织地开展以加强劳动教育为中心的宣传教育活动。

2. 组织中小学毕业生参加生产劳动

在劳动、工农业和教育等部门之间的细致协调和安排下，此项工作进展得很顺利。据北京、辽宁、河南等 14 省市和湖北、四川 2 省的部分县市统计，到 1954 年 10 月，已经从事生产劳动或参加其他工作的初中毕业生有 7.7 万余人，占不能升学学生总数的 78%。另据北京、辽宁等 7 省市和江苏等 4 省的部分县市统计，从事工农业生产或参加其他工作的高小毕业生有 44.6 万余人，占不能升学学生总数的 68.5%。[3]他们在农业的社会主义改造和国家的工业化建设中发挥了积极作用。这项工作还激起了一批热血青年发出“到农村去，到边疆去，到祖国最需要的地方去”的豪迈誓言。1955 年 8 月 30 日，第一支北京市青年志愿垦荒队奔赴黑龙江省萝北县建立北京市青年农庄。此后，广大青年响应毛泽东关于“农村是一个广阔的天地，在那里是可以大有作为的”的号召，纷纷下乡劳动。在那个时期，回乡参加生产的初中和高小毕业生中涌现出了一大批劳动模范。

3. 实施基本生产技术教育，开设劳动课

根据 1955 年全国文教工作会议确定的学习苏联经验、在中小学实施基本生产技术教育的方针，教育部在同年 9 月 2 日颁发的《小学教学计划及说明》和《关于执行小学教学计划的指示》中，明确规定小学一至六年级均独立开设“手工劳动课”（农村小学在五、六年级专设农业常识课），每周 1 课时，指出“它是实施基本生产技术教育的主要学科之一”。其教学目的是，使学生获得一些基本的生产知识，学会使用一些简单的生产工具，发展创造才能，养成正确的劳动态度。随后，1956 年 3 月，教育部在颁布的《1956—1957 学年度中学授课时数表》中规定：初中三年级开设工农业基础知识课，每周2课时。初、高中各年级增设实习课，每周课时数除初中三年级为 1 课时外，其他年级均为 2 课时。初中进行教学工厂和实验园地两种实习，高中进行农业实习、机器学实习和电工实习。教学目的是使学生获得现代农业生产的基本知识和技能，学习现代生产中通用工具操作和维护的初步技能。

4. 规定课外活动中生产劳动的时间和内容

1955 年 9 月 2 日，教育部在颁发的《关于小学课外活动的规定的通知》中规定：课外活动中的生产劳动，分小组进行；要与课内的手工劳动课配合；每周活动一次或两次。另外，还对四年级以上学生参加社会公益活动做出了规定。

综上所述，为了纠正上一个历史阶段忽视劳动教育的错误倾向，从中央到地方都采取了一些措施加强劳动教育。由于当时受经济条件制约，城乡的二部制学校和农村的复式班较多，上述两个规定开设劳动课的教学计划实际上没有得到全面的贯彻落实。但是，这两个教学计划的重要意义不能否认，它们开创了新中国把劳动教育作为正式学科列入教学计划的先河。从此，我国建立了劳动教育的课程制度，劳动是必修课程，成为学校实施劳动教育的主要途径，并有课外劳动活动等与之相配合。

（三）社会主义建设初步探索阶段的中小学劳动教育

这一阶段指 1958 年至 1960 年上半年，其间开展了“教育革命”。这是毛泽东提出对于苏联在社会主义建设中所走过的弯路“要引以为戒”和中央批评学习苏联教育经验中的教条主义倾向以后，在全国执行社会主义建设总路线、开展“大跃进”的背景下，我国教育走自己道路的一次尝试。

中小学“教育革命”的内容很多，其中重要内容之一就是贯彻执行党的教育方针，贯彻落实教育与生产劳动相结合。1957 年，毛泽东在《关于正确处理人民内部矛盾的问题》一文中提出："我们的教育方针，应该使受教育者在德育、智育、体育几方面都得到发展，成为有社会主义觉悟的有文化的劳动者。"1958 年 9 月 19 日，中共中央、国务院在发布的《关于教育工作的指示》中指出："党的教育工作方针是教育为无产阶级政治服务，教育与生产劳动相结合。"后来，上述两个提法被合并作为完整的教育方针的表述，即："教育必须为无产阶级政治服务，同生产劳动相结合，使受教育者在德育、智育、体育几方面都得到发展，成为有社会主义觉悟的、有文化的劳动者。"这一教育方针包括教育的指导思想（即教育为谁服务的问题）、教育目的（即培养目标，是培养什么人的问题），以及实现教育目的的基本途径（即培养途径，是怎么培养的问题）。从此，劳动教育成为具有法律性质的教育方针的重要组成部分。教育方针的确立，是新中国教育史上的一座里程碑。

在中小学"教育革命"中，中小学劳动教育的做法包括以下几个方面。

1. 开展勤工俭学活动

1958 年 1 月 20 日，《人民日报》发表社论《两个好榜样》，推荐河南省长葛县[①]第三初级中学和贵州省仁怀县群力农场业余初级中学实行勤工俭学、勤俭办学的经验。同年 1 月 27 日，共青团中央发布《关于在学生中提倡勤工俭学的决定》。教育部于 2 月 4 日发出《关于大力支持共青团中央"关于在学生中提倡勤工俭学的决定"的通知》，接着召开会议，具体部署开展勤工俭学活动的各项事宜。此后，各地学校积极行动起来，勤工俭学活动逐步深入发展。其活动内容因地、因校制宜，农村学校一般坚持以农为主，兼顾副业；城市学校组织学生到校办工厂或挂钩的工厂、商店、工地劳动，在农忙季节组织学生到农村参加夏收、秋收等。

2. 学校大办工厂、农场或实验园地

1958 年 1 月 31 日，毛泽东在《工作方法六十条（草案）》中提出："大学校和城市里的中等学校，在可能条件下，可以由几个学校联合设立附属工厂或者作坊，也可以同工厂、工地或者服务行业订立参加劳动的合同""一切有土地的大中小学，应当设立附属农场；没有土地而邻近郊区的学校，可以到农业合作社参加劳动"。同年 9 月，在《关于教育工作的指示》及以后的其他文件中，都重申了学校办工厂、农场的重要性。于是，各地学校办起了各种各样的大小不等的工厂、农场和实验园地等，这为学生参加生产劳动提供了固定的基地，为学校开展勤工俭学创造了条件。

① 今为长葛市。

3. 继续开设生产劳动课程

按当时教学计划的规定，从1958年起，初、高中各年级增设生产劳动课，其目的在于以工、农业生产的基础知识和初步技能武装学生，培养学生正确的劳动观念和良好的劳动习惯，使其能将所学科学文化知识运用于实践，促进智力和体力的全面发展，并为参加生产劳动做准备。小学除一、二、三年级不设劳动课外，其他年级均开设劳动课，目的在于培养学生的劳动习惯。随着生产劳动课程的普遍开设，这门课程的教学改革和教材的编写工作也随之展开。

4. 学生在规定的体力劳动时间内参加劳动

除生产劳动课外，学生参加体力劳动的时间也正式列入教学计划。教育部规定：全日制小学的学生从9岁开始，参加一些力所能及的劳动，一般每周劳动时间规定为4小时，最多不得超过6小时，每次劳动不得超过2小时。全日制中学的学生劳动时间，一般规定为初中生每周劳动6小时，最多不得超过8小时，每次劳动不得超过3小时；高中生每周劳动8小时，最多不得超过10小时，每次劳动不得超过4小时。

5. 继续强调劳动教育结合各科教学进行

在自然科学各科教学中，提倡教导学生把自然科学的基本原理、原则应用到工农业生产中去；在文学教学中，提倡通过艺术形象对学生进行有关劳动的思想教育。

6. 提倡学生参加家务劳动和自我服务劳动

1958年3月8日，教育部发布《关于1958—1959学年度中学教学计划的通知》。所附的教学计划说明第一次明确提出："家务劳动和自我服务劳动，既很多而又经常，更应该注意提倡。"

7. 举办全国性的教育与生产劳动相结合的展览会

1958年11月1日，《人民日报》专门发表了社论《党的教育方针的凯歌——祝教育与生产劳动相结合展览会开幕》。社论盛赞教育与生产劳动相结合的胜利成果，列举了在教育与生产劳动相结合的过程中，师生们理论联系实际，创造性地解决了生产实践中或教育教学实际中一些问题的案例。例如，天津二十二中发明了半导体自动控制器；河南省长葛县第三初级中学结合生产劳动实际，编写了乡土教材，等等。这是新中国成立后举办的唯一一次全国性的教育与生产劳动相结合的展览，在全国影响极大。

8. 试办半工（农）半读学校

1957年，刘少奇对11月8日《参考资料》上刊载的《美国大学生有三分之二半工半读》一文批示："中国是否可以个别试办？"[4] 1958年1月，毛泽东在《工作方法六十条（草案）》中和在武汉等地视察时，也提出了实行半工半读的问题。1958年5月30日，刘少奇在中央政治局扩大会议上发表了题为《我国应有两种教育制度、两种劳动制度》的讲话。[5] 根据上述精神，国务院有关部门和地方采取措施，相继开展半工（农）半读学校的试办工作。首先，在江苏省海安县双楼乡和邗江县施桥乡试办农业中学获得成功，1958年3月获得推广。接着，同年5月，天津市第一所半工半读学校——天津国棉一厂半工半读学校诞生，实行"六二制"，即每天6小时劳动，2小时学习（占用生产时间）。到1958年底，全国半工（农）半读学校已发展到2万多所，在校学生近200万人。时任中央宣传部部长、中央政治局候补委员主管文教工作的陆定一认为，创办各种职业中学特别是创办农业中学，使不能进普通初中的高小毕业生都能升学，不但有利于加快教育事业的发展，而且有利于农业生产的跃进。城市的半工半读学校，满足了工人的学习要求，是加快培养工人阶级知识分子的一个好办法。

从上述内容可以看出，这是新中国成立后中小学劳动教育取得丰富经验的一个阶段，它的主要标志有三个。第一个标志是，劳动教育的地位得到空前提高，被列为教育方针的重要组成部分。第二个标志是，探索并初步建立了在教育方针指引下的中国社会主义中小学劳动教育制度，其中包括：（1）劳动教育功能，强调促进三结合，即知识分子与工农群众相结合、脑力劳动与体力劳动相结合、理论与实践相结合；（2）劳动教育的目标，使学生具有正确的劳动观念，养成良好的劳动习惯，掌握初步的生产劳动知识和技能，逐步学会把所学的知识运用于实际的能力，促进智力和体力的结合；（3）学生参加劳动的内容，有自我服务劳动、家务劳动、校内外生产劳动、社会公益劳动、勤工俭学劳动等，以体力劳动为主；（4）劳动教育实施途径，以开设劳动课程为主，并辅之以与各个学科教学的结合、课外校外活动、举办成果展等；（5）劳动教育的主体，有学校、家庭和社会，以学校为主导；（6）劳动教育的场所，有校办工厂和农场、校外的工厂和农村等。第三个标志是，试办了半工（农）半读学校。第四个标志是，中小学生普遍受到了一次劳动教育洗礼，对他们的健康成长产生了积极的影响。

但是，由于这一阶段党在社会主义建设工作的指导思想上出现了"左"倾错误，特别是1958年的"大跃进"运动出现了重大失误，"教育革命"也受到"左"倾错误的影响，许多地方和学校以大搞群众运动的方式组织学生参加劳动，不顾学校应以教学为主的特点，致使学生参加劳动过多，打乱了正常的教学秩序，降低了教育教学质量。另外，对劳动教育功能和价值的认识尚不够完善，更多强调它的德育功能和政治意义。

为了纠正上述劳动过多的错误偏向，中共中央于 1958 年 12 月批转教育部党组《关于教育问题的几个建议》，对全日制学校学生参加生产劳动的时间安排做了调整，并强调中小学的主要任务是教学，参加体力劳动以不妨碍教学为原则。1959 年 5 月 24 日，国务院又发布了《关于全日制学校的教学、劳动和生活安排的规定》；1960 年 5 月 15 日，中共中央、国务院还发布了《关于保证学生、教师身体健康和劳逸结合问题的指示》等文件，进一步重申，要妥善安排师生的工作、学习、劳动时间，保证师生的身体健康，使劳动过多的错误得到纠正。

（四）社会主义建设继续探索阶段的中小学劳动教育

这一阶段指从 1960 年下半年到“文化大革命”前。为了扭转“大跃进”中的错误，中央在 1960 年 7 月提出了国民经济执行“调整、巩固、充实、提高”的方针（以下简称“八字方针”）。教育战线在八字方针的指引下，继续积极探索教育教学改革。特别是中央责成教育部制定并于 1963 年 3 月 23 日颁布和执行的《全日制小学暂行工作条例（草案）》和《全日制中学暂行工作条例（草案）》（以下分别简称“小学条例”“中学条例”），比较系统地总结了新中国成立以来特别是 1958 年以来中小学教育的经验和教训，并规定了适合当时情况的各项具体政策，使中小学教育进一步明确了办学方向，建立起正常的教学秩序，提高了教育质量。这两个条例是新中国成立后我国中小学教育方面的第一个法规性文件，是在探索我国社会主义教育走自己发展道路过程中的一项重要成果，标志着我国中小学教育走出了一条自己的道路，为建立健全新中国中小学教育制度奠定了重要基础，具有长远的普遍指导意义。

小学条例共八章，第四章的标题是“生产劳动”，共两条：第一条规定了小学生参加生产劳动的目的、内容（包括家庭劳动、学校种植养殖等劳动和社会公益劳动）、劳动场所和在劳动中应注意的事项；第二条规定了开设生产劳动课的年级，学生全年参加劳动的时间，学生参加劳动时的组织保障和劳动收益的支配。中学条例也是八章，第四章的标题也是“生产劳动”，共五条：第一条规定了中学生参加生产劳动的目的；第二条规定了中学生参加生产劳动的内容（包括校内外生产劳动、社会公益劳动和家务劳动）、范围和方式，学校生产劳动场地建设，到校外劳动时的妥善安排要求和注意事项；第三条规定了学校要制定劳动计划，劳动过程中应进行的相关教育和建立的制度；第四条规定了安排学生劳动时应遵循的原则和注意事项；第五条规定了劳动收益的支配。

在这一阶段，两个条例对促进中小学劳动教育的健康、规范、有序发展起到了非常积极的作用，在今天仍然具有借鉴意义。

另外，在1957—1958年试验举办半工（农）半读学校的基础上，又经过几年的努力，半工（农）半读教育事业有了较大的发展。为了总结和交流各地在这方面的经验，教育部于1965年3月26日至4月23日在北京召开了第一次全国农村半农半读教育会议，同年10月25日至11月23日在北京召开了第一次全国城市半工半读教育会议。两个会议认为，举办半工（农）半读学校为“多、快、好、省”地发展教育事业、培养体力劳动和脑力劳动逐步结合的新型劳动者，开辟了广阔的道路，要与全日制学校长期共存。

（五）“文化大革命”阶段的中小学劳动教育

“文化大革命”从1966年5月开始至1976年10月结束，是新中国成立后的一个特殊历史阶段。1981年6月27日，党的十一届六中全会通过的《关于建国以来党的若干历史问题的决议》认为，由于“对当时我国阶级形势以及党和国家政治状况的估计，是完全错误的”，这场“文化大革命”“使党、国家和人民遭到建国以来最严重的挫折和损失”。

“文化大革命”初期，中小学停课“闹革命”，使中小学教学停摆，陷入无序状态；复课后又搞“斗、批、改”，很多中小学的领导和教师被批判为资产阶级知识分子、“臭老九”，被打倒、靠边站、下放农村进行劳动改造。原有的学制、课程、教材被推翻，甚至没有课程设置一说。唯一保留的劳动课，在“开门办学”“学工”“学农”的要求下，过分强调要把课堂搬到田头、工厂，结合典型产品教学；过多要求通过“走出去”（到工厂、农村、部队向工农兵学习）、“请进来”（请工农兵到学校上讲台）的办法聘任工农兵教师；过分强调厂（社）校挂钩、学校办工厂（农场）等。其结果是，学生劳动时间过多、劳动负担过重。有的学校一周上课四天、劳动两天，被作为经验向全国推广。

自1968年年底开始，全国还掀起了知识青年上山下乡的热潮，鼓励初、高中毕业生到农村插队或农场落户。1967—1976年，全国有1640多万城镇知识青年上山下乡。他们年纪轻轻（初中毕业生大多14岁左右，还是少年）就远离家乡，在广大劳动人民的关怀和帮助下艰苦奋斗、磨砺成长，涌现出不少优秀集体和先进个人。“文化大革命”中的这一段特殊经历，虽然对一代青少年的影响极其深远，使他们获得了某些在学校里不易获得的诸如善于独立生活、学会接触社会和了解民众、勇于克服困难、更加热爱集体和热爱劳动等品质和能力，但是同时也为此付出了沉重代价，使一代人荒废了正常学业，对教育事业的发展造成了巨大的破坏，社会上滋长了“读书无用论”的不良风气。

总之，这一阶段教育事业遭到严重摧残，也彻底破坏了上一个阶段所形成的健康、规范、有序发展的劳动教育格局。

（六）“文化大革命”结束至改革开放前的中小学劳动教育

这一阶段指“文化大革命”结束到1978年底。在这一阶段，全国出现了社会主义建设工作在徘徊中前进的局面，教育战线也一度犹豫观望。邓小平复出后，高度重视教育工作，在他的关怀和指导下，教育战线的拨乱反正和恢复、调整、整顿工作，早于其他战线开展起来并取得显著成效。1978年4月22日，由邓小平建议召开的“文化大革命”后的第一次全国教育工作会议，为教育战线的拨乱反正工作指明了方向。邓小平在会上讲了四个问题，特别是在讲第三个问题“关于教育事业必须同国民经济发展的要求相适应的问题”时，他肯定了马克思、恩格斯、列宁和毛泽东关于教育与生产劳动相结合的论述的正确性，重申了教育与生产劳动相结合方针的重要性，指出：“为了培养社会主义建设需要的合格人才，我们必须认真研究在新的条件下，如何更好地贯彻教育与生产劳动相结合的方针。”同时，他还结合时代的新特点，针对教育与生产劳动相结合提出了一些新的论断。例如，在教育与经济发展的关系方面，他提出：教育与生产劳动相结合，“更重要的是整个教育事业必须同国民经济发展的要求相适应”，要“使教育事业的计划成为国民经济计划的一个重要组成部分”，以及“制订教育规划应该与国家的劳动计划结合起来，切实考虑劳动就业发展的需要”等。在教育与科学技术的关系方面，他提出：“现代经济和技术的迅速发展，要求教育质量和教育效率的迅速提高，要求我们在教育与生产劳动结合的内容上、方法上不断有新的发展。”在教育内部的关系方面，他提出：“各级各类学校对学生参加什么样的劳动，怎样下厂下乡，花多少时间，怎样同教学密切结合，都要有恰当的安排。”教育事业计划“应该考虑各级各类学校发展的比例，特别是扩大农业中学、各类中等专业学校、技工学校的比例”，等等。邓小平的重要讲话把教育与生产劳动相结合的地位、作用及其重要意义提到了历史上从未有过的高度，大大开阔了人们的视野，使人们摆脱了仅在教育圈子内认识教育与生产劳动相结合的狭隘观念，为进入我国改革开放时期及更长远的中小学劳动教育指明了前进的方向。

二、改革开放后的历史时期（1978 年底至今）

（一）历史转折阶段的中小学劳动教育

这一阶段指从 1978 年 12 月党的十一届三中全会召开到 1982 年党的十二大召开前。十一届三中全会的召开，实现了我国历史上具有深远意义的伟大历史转折，开创了把党和国家的工作重点转移到社会主义现代化建设上来的新的历史进程。为了适应这一转折，教育战线深入贯彻执行“调整、改革、整顿、提高”八字方针，中小学劳动教育逐渐得到恢复、改革并实现新的发展。这主要表现在以下两个方面。

1. 颁发适应新形势的中小学教学计划，确立劳动教育课的地位

1981 年 3 月，教育部发布《全日制五年制小学教学计划（修订草案）》，规定：一、二、三年级学生可在课外时间，适当安排一些力所能及的自我服务性劳动。四、五年级开设劳动课，每周 1 课时；另外，每周劳动 1 小时，组织学生参加公益劳动或简易劳动。1981 年 4 月，教育部发出《全日制六年制重点中学教学计划（试行草案）、全日制五年制中学教学计划（试行草案）的修订意见的通知》（以下简称《通知》），规定中学开设劳动技术课。[6] 接着，1982 年 10 月，教育部发布《关于普通中学开设劳动技术教育课的试行意见》，针对该课开设的目的、意义，遵循的原则，内容和要求，时间和组织安排，成绩考核，培训提高教师，大纲和教材，劳动场地，加强领导等方面，提出了全面而具体的意见。上述《通知》，第一次在中学劳动课程名称中加入“技术”两字，第一次把服务性劳动与工农业生产劳动并列为学生的劳动教育内容，第一次把职业技术教育内容列入普通中学的劳动教育内容中。这三个“第一次”是新中国成立后为顺应经济、科技、社会等发展的趋势而改变的。

2. 进行中等教育结构改革

根据邓小平在全国教育工作会上谈教育与生产劳动相结合问题时强调的要“考虑各级各类学校发展的比例”等精神，教育部开展了关于中等教育结构问题的调查研究，于 1980 年 9 月 27 日会同国家劳动总局将《关于中等教育结构改革的报告》（以下简称《报告》）上报国务院，10 月 7 日获国务院批转。该《报告》对改革的方针和要求、改革的内容和途径、改革需要解决的几个问题等都做了明确的规定。其中提出，主要改革高中阶段的教育，要逐步“将部分普通高中改办为职业（技术）学校”“要把职业教育作为教育体系的主要组成部分，逐步建立职业教育网”“普通高中要逐步增设职业（技术）教育课”等。但是，《报告》未涉及初中阶段教育的改革，在当时全国尚未普及初中阶段教育的情况下，这不能不说是个遗憾。

总之，在这一阶段，中小学劳动教育得到恢复、走上正轨，并注入了适应经济、科技、社会发展新趋势所需要的新元素，为中国特色社会主义建设时期中小学劳动教育走向新的历程打下了良好的基础。

（二）进入中国特色社会主义建设阶段的中小学劳动教育

从1982年9月中共十二大的召开到1991年底，是我国实行改革开放和进入全面开创建设中国特色社会主义新局面的十年。在这近十年中，一是教育的重要战略地位不断提高。十二大把教育确定为经济发展的战略重点，十三大提出把发展教育事业放在突出的战略地位。二是教育改革和发展的思路清晰。改革的指导思想是，遵循《中共中央关于教育体制改革的决定》中提出的“教育必须为社会主义建设服务，社会主义建设必须依靠教育”的指导思想。改革的路径是：教育思想观念的转变是前提；教育体制改革是关键；教育教学改革是核心；从教育体制改革入手，推动教育的全面改革。三是教育改革和发展的措施有力。中共中央发布了《关于教育体制改革的决定》，全国人大颁布了中小学教育领域内第一部法律——《中华人民共和国义务教育法》，后来又颁布了《中华人民共和国未成年人保护法》；教育部除了认真贯彻执行上述决定和法律外，在加强德育工作、改革教学工作、加强教师队伍建设、大力发展教育科学研究事业等方面还采取了许多有力的措施。通过十年的全面改革，开创了中小学教育的新局面。

这一阶段，教育部部长、国家教委主任都十分重视劳动教育。时任教育部部长何东昌多次说：“劳动教育也很重要。劳动教育不仅仅为了应用，其中有思想教育的内容，有德育、智育、体育、美育几方面的内容，关系到孩子从小立志做什么样的人。”“我们要执行德智体美劳全面发展的方针，提高培养人才的素质。”[7]这是新中国成立后教育部部长第一次提出“德智体美劳全面发展的方针”，也就是在原有教育方针的培养目标部分，把“劳”与德智体美并列，成为“五育”并举的全面发展的培养目标。1988年，李铁映任国务委员兼国家教委主任后，多次重申：“教育战线必须努力做到教育为社会主义现代化建设服务，教育与生产劳动相结合，培养德、智、体、美、劳诸方面都得到发展的社会主义建设者和接班人。”[8]这是新中国成立后副总理级的国务委员第一次提出德智体美劳“五育”并举的全面发展的培养目标。这一阶段的劳动教育成就非常突出，主要表现在：根据邓小平关于在教育与生产劳动相结合方面提出的“更重要的是整个教育事业必须同国民经济发展的要求相适应”等著名论断，从宏观和微观两个层面进行。具体做法是：推动农村教育改革、城市中等教育改革；同时，进一步加强了普通中小学劳动教育课程的建设，在普通中小学中开展勤工俭学活动，并大力加强了关于劳动教育的科学研究工作。

1. 改革农村教育

改革农村教育的目的是解决好农村教育与农村建设发展的关系问题。20世纪80年代初，农村普遍实行多种形式的农业生产责任制，农村经济迅速发展，传统农业向现代化农业转化的过程加快，农民迫切要求掌握科学知识。当时的农村教育依然比较落后，初等教育还未普及，新文盲不断产生，办学形式单一，职业教育和成人教育不发达，专门人才通往农村的路子没有形成，教育脱离农村经济和社会发展需求的现象比较严重。鉴于此，中共中央在1982—1983年连续发出四个文件，要求改革农村教育。1983年5月6日，中共中央、国务院发布《关于加强和改革农村学校教育若干问题的通知》，对农村教育改革做出了具体指导。

1982年，教育部启动农村教育改革。国家教委成立后，从1986年下半年开始，首先在河北省建立了农村教育综合改革实验区，1989年又决定建立全国百县实验区。实验区的任务是：协同各方面力量搞好经济开发；确定农村教育主要为当地经济和社会发展培养人才，兼顾向高一级学校输送合格的新生；保质保量逐步普及九年义务教育；大力发展职业技术教育，实行三教（基础教育、职业技术教育和成人教育）统筹；改革教学内容和教学方法；大力培养和培训师资。为了加强对农村中、初级科技人才的培养和提高农村劳动者的素质，1988年经国务院批准，国家教委提出了实施“燎原计划”的设想。其主要任务是：充分发挥农村各级各类学校智力、技术的相对优势，积极开展实用技术和管理知识的教育，培养大批新型的农村建设者；积极配合农业与科技等部门，开展以推广当地适用技术为主的试验示范、技术培训、信息服务等多种形式的活动，促进农业的发展。当年，在全国786个县建立了2870个示范乡。到1992年秋，“燎原计划”已遍及全国1248个县、5838个乡，分别占全国县和乡总数的45.9%和10.7%。

农村教育综合改革是经政府批准，由教育部有组织、有领导、有计划地在全国范围与产业、科技等部门密切配合，贯彻教育与生产劳动相结合方针，进行农村教育改革，在建设中国特色社会主义教育历史上的一项大胆探索。通过几年实验，取得了巨大成就：一是提高了人民对教育和全面贯彻教育方针的重要性的认识。二是促进了教育同经济和科技的结合，取得了可观的经济效益。据有关部门统计，1988—1990年推广实用技术1万余项，新增产值13.78亿元，总利税1.95亿元。三是推动了教育的发展。据1991年对部分示范乡的抽样调查统计，小学入学率达到 98.8%，小学毕业生升入初中比率达到 92.3%。普遍成立了农民文化技术学校，大约有 3000 万农民接受了技术培训。四是推动了农村文明风尚的形成。五是带动了高校和科研部门的改革，加强了教育与实践的联系。六是培养了一批农村干部。由于成效明显，引起联合国教科文组织的重视，1991 年在我国召开了农村国际教育研讨会，并在我国成立了国际农村教育研究和培训中心。

2. 改革城市教育

城市教育改革首先要解决的是中等以下教育如何与当地经济、社会发展结合的问题。国家教委首先从中等城市入手推动此项改革，因为中等城市在国家经济体制改革和经济建设中具有很大作用，它的人才培养和教育发展对农村发挥着支持、辐射作用。1987 年，国家教委开始部署此项改革，先后确定了沈阳、无锡等 15 个城市为城市教育综合改革试点城市。改革的重点是改革教育管理体制，调整、改善教育结构。根据当地的产业结构、经济发展水平和社会发展需要，调整各级各类教育发展的规模和速度，使之形成合理的比例。通过改革，逐步建立起教育与经济之间和教育内部各级各类学校之间协调发展的城市教育体系。

通过几年的努力，改革取得了不少成绩：一是教育的战略地位得到进一步加强；二是政府对教育统筹的认识和能力逐步得到提高；三是中等教育不同程度地扭转了单一普通文化教育的格局，逐步做到了教育结构与经济、产业、就业等结构有机结合；四是九年义务教育有步骤地实施，大多数城市基本普及初中教育。

3. 加强中小学劳动教育课程建设

为了使劳动教育课程设置落到实处，国家教委于 1987 年先后颁发了《全日制普通中学劳动技术课教学大纲（试行稿）》和《全日制小学劳动课教学大纲（试行草案）》。次年，国家教委印发《义务教育全日制小学、初级中学教学计划（试行草案）》和劳动教育课在内的 24 个学科教学大纲（初审稿）以后，小学和初中的劳动教育课大纲即按初审稿执行。1989 年，国家教委又印发《全日制小学劳动课教学器材配备目录（试行）》和《普通中学劳动技术课教学器材配备目录（试行）》。至此，中小学劳动教育课，不仅有课时设置的保证，而且有大纲的导向，还有器材配置的指引，这是新中国成立以来中小学劳动教育课程建设最好的时期。

在这一阶段，全国涌现出一些劳动教育推进成效显著的地区和学校。例如，江苏省苏州市把学校开设劳动教育课列入市教育局的重要议事日程，自行制定劳动教育成绩考核标准及方法，编写教材，召开市劳动教育课教师大会，开展教研活动，举办劳动教育成果展，总结典型经验，参加国家级课题的研究，涌现出一批劳动教育先进集体和个人。由于该市劳动教育工作出色，教育部（国家教委）曾多次在那里召开全国性的劳动教育会议。又如，山西省芮城县风陵渡中学坚持劳动技术课与当地的生产、生活需要相结合，培养出来的学生“升学有望，种地不慌”。该校的经验在当时初中和高中尚未普及的情况下在全国影响很大。

4. 大力抓好勤工俭学

1982 年 8 月 1—10 日，教育部、国家计委、国家经委和财政部联合召开了全国中小学勤工俭学工作会议，会议讨论制定了《全国中小学勤工俭学暂行工作条例》，会后给国务院写了《关于进一步开展合作勤工俭学活动的请示》并附上了上述工作条例。1983 年 2 月 20 日，国务院发出通知，批转了上述文件。国务院通知指出：“开展勤工俭学是全面贯彻党的教育方针，加强对学生的劳动观点教育和劳动技能训练，提高教育质量，培养全面发展的社会主义一代新人的重要途径之一，也是促进教育结构、教育制度改革，发展我国教育事业的一个有效措施。”《全国中小学勤工俭学暂行工作条例》是具有立法性质的文件。后来又陆续发布了“七五”“八五”期间全国中小学勤工俭学发展规划要点、《关于进一步发展中小学勤工俭学若干问题的意见》等重要文件。

由于国务院的指导和教育部（国家教委）等部门的重视，各地和学校提高了对勤工俭学工作的认识，努力坚持育人的正确方向，注意为提高教育质量服务，加强了对校办工厂和农场的管理，提高了其经济效益，勤工俭学事业发展十分迅速。到 1990 年底，全国已有 72 万余所中小学开展勤工俭学活动，普及面达到 84.5%；计有学农基地 45.2 万个，工厂 7.7 万个，第三产业 9 万个；勤工俭学总产值达到 227.5 亿元，纯收入 40.8 亿元。同时，为学生获得德智体美劳全面发展创造了条件。全国涌现出不少先进典型，如吉林省怀德县、天津市第十三中学、黑龙江省讷河县老莱中学等享誉全国。

5. 把劳动教育纳入督导工作内容

1989 年国家教委成立督导机构。1991 年 5 月，国家教委印发了《普通中小学校督导评估工作指导纲要》，其中指出督导评估的内容要点：第一条是“办学方向”，督导学校全面贯彻教育必须为社会主义现代化服务，必须同生产劳动相结合的教育方针的情况。第二条是“学校管理”，督导内容包括“劳动教育、劳动技术教育与社会实践”的教学工作。第三条是“教育质量”，督导内容包括“劳动教育、劳动技术教育”方面的劳动观念、劳动习惯、劳动基础知识和基本技能、生活自理能力等方面的培养。第四条是“办学条件”，要督导场地、教学仪器设备等。开展对学校进行劳动教育情况的督导工作，这是新中国成立以来的首次。

6. 加强对劳动教育方面的科学研究

这一阶段，正值全国教育科学“六五”规划执行的末期、“七五”规划提出和实施的时期、“八五”规划的部署和开始执行时期。在这三个规划列项课题中，中小学劳动教育研究课题越来越受到重视，从其在学科规划组的分布、数量和课题类别的提升情况就可明显地说明这一点。在“六五”规划中，没有把中小学劳动教育研究单独列为课题，只是放在教育理论学科组的“我国社会主义教育方针的研究”课题中进行研究，课题类别为教育部课题。在“七五”规划中，把中小学劳动教育研究单独列为课题，分别在两个学科组列项：在教育理论学科组列了“中小学劳动教育的研究”课题，在基础教育学科组列了“城市中小学劳动技术教育研究”课题，两个课题类别均为教育部课题。在“八五”规划中，有四个课题专门研究中小学劳动教育，分别列在三个学科规划组内，即在教育理论学科组列了“教育与生产劳动相结合的理论和实践研究”课题；在基础教育学科组列了两个课题，“教育与生产劳动相结合的研究与实验”和“普通中小学劳动、技术、职业教育研究”课题；在比较教育学科组列了“教育与生产劳动相结合的比较研究”课题。教育理论学科组的课题类别为中宣部的中华社科基金课题，基础教育学科组的上述第一个课题为国家级课题，第二个课题和比较教育学科组的课题均为教育部课题。

除了全国教育科学规划办立项研究课题外，不少省市还列有一大批地方研究课题。中国教育学会等群众性学术团体也普遍开展了相关的学术研究。

随着教育科学研究的深入开展，人们对劳动教育功能和价值的认识也越来越深刻。例如，“教育与生产劳动相结合的研究与实验”课题组在研究报告中提出了“以劳树德，以劳增智，以劳强体，以劳益美”的观点。这个观点是在借鉴原国家教委副主任柳斌提出的“以劳辅德，以劳增智，以劳强体，以劳溢美”的基础上，根据研究结果提出的，不仅揭示了劳动教育的多重功能和价值，也揭示了劳动教育与德育、智育、体育、美育之间的联系。众多的科研成果，不仅为国家制定有关中小学劳动教育方针政策和决策提供了更多的理论依据，也为中小学劳动教育教学实践提供了更多的理论指导，促进了中小学劳动教育事业的发展。

总之，在这一阶段，在邓小平教劳结合思想的指引下，中小学劳动教育进入新的发展里程。这不仅表现为在教育内部较为系统地加强了学校劳动教育课程建设、丰富了课外校外劳动教育内容、将劳动教育纳入学校督导评估工作的议程、加强了对劳动教育的科学研究等，而且密切了教育与外部经济、社会、科技等的联系，较为充分地实现了劳动教育的多方面功能和价值。

但是，从执行情况看，这一阶段总的情况是，劳动教育发展不平衡，除了比较先进的地区和单位外，一般处于薄弱状态，尤其是城市中小学并未普遍开设劳动教育课，不少校办工厂、农场单纯以营利为目的，很少接纳学生参加劳动。原因是，在这一阶段，党和政府在正式文献中对新的历史时期教育方针的内容没有明确的文字表述，甚至教育界有一种意见主张不再提“教育方针”这一词语，造成对教育方针认识上的混乱；加之拨乱反正后，中小学急于提高教育教学质量，普遍重视智育而忽视劳动教育，把智育与劳动教育对立起来，以致片面追求升学率的错误倾向日益发展起来。

（三）进入改革开放和现代化建设新阶段的中小学劳动教育

这一阶段指从 1992 年到 2011 年，以邓小平 1992 年初南方谈话和中共十四大提出建立社会主义市场经济体制为标志，我国改革开放和社会主义现代化建设进入一个新的发展阶段。在此期间，党中央提出，要把教育放在优先发展的战略地位，并相继提出了实施科教兴国、人才强国等战略，还对全面建成小康社会做出了部署。为实施上述战略和部署，中共中央、国务院做出了多项重要决定，对教育战线工作起到了重要的指导作用。

特别要指出的是，1993 年 2 月国务院印发了《中国教育改革和发展纲要》，提出到 20 世纪末形成具有中国特色、面向 21 世纪的社会主义教育体系的基本框架。其中第 27 条重新明确了教育方针，指出，“各级各类学校要认真贯彻‘教育必须为社会主义现代化建设服务，必须与生产劳动相结合，培养德、智、体全面发展的建设者和接班人’的方针”。这是继 1958 年后，在改革开放和建设社会主义现代化进程中第一次提出的包含教育指导思想、教育目的和实现教育目的的途径的完整的教育方针。由于时代的变化，方针中对教育指导思想和教育目的的表述都赋予了时代内涵。这一方针被列入 1995 年 3 月 18 日颁布的《中华人民共和国教育法》第五条。后江泽民相继在 1999 年全国教育工作会议上和十六大报告中提出，教育要与社会实践相结合，教育要为人民服务。为此，经 2015 年第十二届全国人民代表大会常务委员会第十八次会议通过，上述第五条修改为：“教育必须为社会主义现代化建设服务、为人民服务，必须与生产劳动和社会实践相结合，培养德、智、体、美等方面全面发展的社会主义建设者和接班人。”

在这一阶段，1992—2000年的中小学劳动教育发展状况很好。在继承前一个阶段进入新的里程的基础上，又有了进一步的发展，形成了一个常态化、规范化、有条件保障的中小学劳动教育制度。这主要表现在以下几个方面。

1. 再次明确课程设置及其建设

实行新工时制后，国家教委再次确定了作为中小学劳动教育主渠道的课程设置。在1994年7月国家教委发布的《〈实行新工时制对全日制小学、初级中学课程（教学）计划进行调整的意见〉和〈实行新工时制对高中教学计划进行调整的意见〉的通知》中，再次明确了：小学在三至六年级设劳动课，每周1课时。初中一至三年级设劳动技术课，每周2课时；“为了适应初中学生升学和就业的不同需要”“可以在毕业年级根据当地需要增加劳动技术课课时或进行职业技术教育”。高中设劳动技术课，每周2课时；社会实践活动也排入课表内，每学年2周，在劳动技术课、课外活动或学科教学活动的时间内安排。[9]上述课程设置均配有教学大纲。而且，全国已建立起一支专兼职教师队伍和教研员队伍；配备了必要的设备，有些学校还建立了劳动专用教室；建立了各种类型的劳动实践场地。

2. 继续开展农村教育改革

1995年6月，国家教委发布《关于深入推进农村教育综合改革的意见》，其中第14条规定：“农村中小学在适当年级，要与劳动课、劳动技术课结合，因地制宜地渗透技术或职业教育内容，在初中阶段可开设选修课。要保证学生参加生产劳动和社会实践的课时。农村教育综合改革实验点要继续编写好适应当地中小学需要的乡土教材。”[9]

3. 把劳动教育纳入学校管理规程

1996年3月，国家教委发布《小学管理规程》，其中第30条规定：“小学应加强对学生的劳动教育，培养学生爱劳动、爱劳动人民，珍惜劳动成果的思想，培养从事自我服务、家务劳动、公益劳动和简单生产劳动的能力，养成劳动习惯。”第49条还规定：“小学可按有关规定举办校办产业，从学校实际出发组织师生勤工俭学。”[9]

4. 进一步完善督导内容

1997年2月，国家教委在印发《普通中小学校督导评估工作指导纲要（修订稿）》的通知中进一步明确，在督导学校办学方向方面，要督导“全面进行德育、智育、体育、美育和劳动教育，促进学生生动活泼地主动发展，保障教育目标的实现”。在教育教学工作方面，除督导“劳动、劳动技术教育与社会实践”外，增加了“职业指导教育”以及对“学校教育、社会教育、家庭教育的结合”的督导。在行政工作的常规管理方面，增加了对“勤工俭学”的督导。[9]

5. 把劳动教育纳入家长教育行为规范内容

1997 年 3 月，国家教委与全国妇联共同颁发了《家长教育行为规范》，其中第 5 条规定：“引导子女参加力所能及的家务劳动，支持子女参加社会公益劳动，培养子女的自理能力及劳动习惯。”[9] 把劳动教育纳入家长教育行为规范的内容，这是新中国成立以来的首次。

6. 继续引导开展勤工俭学

1997 年 4 月，国家教委印发了《全国中初等学校校办产业、勤工俭学，“九五”期间发展规划要点》，在指导思想部分明确提出：“坚持兴办校办产业，开展勤工俭学服务于教育事业的根本宗旨，认真贯彻教育与生产劳动相结合的方针，突出育人内容和形式的创新。”同时，还提出了“九五”期间勤工俭学的发展目标，提出“要通过勤工俭学、兴办校办产业创建一批能对学生进行劳动观点教育和劳动技能训练的劳动教育中心”。[9]

2001 年 6 月，教育部印发的《基础教育课程改革纲要（试行）》将劳动教育纳入综合实践活动课程，由于一些地方和学校对综合实践活动课程的实施缺乏经验，对劳动教育不重视且执行中比较随意，导致劳动教育及其课程的作用与实效被弱化，逐渐成为中小学教育中的一块短板。

（四）进入中国特色社会主义新时代的中小学劳动教育

自党的十八大以后，中国特色社会主义进入新时代。中国特色社会主义新时代的奋斗目标是实现中华民族伟大复兴的中国梦，把我国建成社会主义现代化强国。为了实现这一奋斗目标，习近平立足新时代的历史方位，高度重视劳动教育，高举“以劳动托起中国梦”的旗帜，在多个场合多次深刻阐述了劳动和劳动教育的重要性。在 2018 年 9 月 10 日召开的全国教育大会上，习近平指出，要努力构建德智体美劳全面培养的教育体系，培养德智体美劳全面发展的社会主义建设者和接班人。这是新中国成立以来党和国家的最高领导人首次提出将劳动教育与德育、智育、体育和美育并列为“五育”的全面发展教育理念，首次提出要构建“五育”全面发展的教育体系，首次将教育方针中的教育指导思想与教育目的及实现教育目的的基本途径三部分和谐统一起来。

随后，中共中央和国务院均发出文件，对落实习近平的上述指示做出部署。2019 年 11 月，中央全面深化改革委员会第十一次会议审议通过了前文提到的《意见》。2020 年 3 月 20 日，中共中央、国务院正式发布《意见》。至此，劳动教育作为中国特色社会主义新时代教育制度的重要内容的地位得以确立。由中共中央、国务院就劳动教育专门下发文件，这是新中国教育史上的第一次。

习近平在 2018 年全国教育大会上的讲话连同他自十八大以来的多次关于劳动和劳动教育重要性的论述，构成了含有劳动教育的重要地位、目的任务、重要内容、途径方法等多层面的丰富的习近平新时代劳动教育论述，具有重要战略意义，是新中国教育史上又一座里程碑。

认真贯彻落实习近平在 2018 年全国教育大会上的讲话精神和《意见》，将使中小学的劳动教育达到前所未有的新高度。第一，全社会对加强劳动教育重要性的认识得到提升，使人们认识到加强劳动教育是党和国家全面深化改革的一项战略任务，它关系到亿万青少年的全面发展和健康成长，关系到培养担当民族复兴大任的时代新人，关系到党和国家各项事业的兴旺发达。第二，将构建成一个完备的劳动教育体系。该体系的新特点是：大中小学纵向、横向均贯通；学校、家庭与社会三方面形成教育合力；“五育”相融合；独立设置大中小学劳动教育必修课程体系。第三，科学地重构劳动教育内容。劳动教育的重点，除学习文化知识外，学生要以体力劳动为主参加日常生活劳动、生产劳动和服务性劳动，特别要注重结合产业新业态、劳动新形态，选择新型服务性劳动的内容。第四，提高了劳动教育目标的要求。通过劳动教育，除了达成传统的教育目标，包括使学生形成正确的劳动观念、劳动态度、劳动情感，养成良好的劳动习惯、劳动品质以及具有一定的劳动知识和技能以外，特别强调，要提高学生的创造性劳动能力，使学生逐步形成正确的人生观和世界观，立志长大后努力奋斗，报效国家，奉献社会。第五，建立起纵向和横向联系紧密、分工明确的劳动教育责任链条。在这个链条中，除要求党和政府，学校、家庭和社会各司其职以外，还规定了企业公司、工厂农场、群团组织以及有关的社会团体等支持学校开展劳动教育的责任。第六，构建起健全的保障机制。该保障机制包括指导思想、法律法规、物质条件、师资队伍、操作制度、评价激励机制、安全保障机制和组织领导八个方面。

为认真贯彻上述精神和《意见》，各级政府和地方直至学校基层，在当地党委的统一领导下，都已积极行动起来，努力采取各项有力措施，加快补上劳动教育这块短板。

1. 教育部身体力行加强领导和专业指导

（1）将劳动教育摆上重要工作日程。教育部在做出继续深化教育改革，加快推进教育现代化，建设教育强国，办好人民满意的教育的总体工作部署的基础上，多次强调，“切实抓好劳动教育是当前和今后一个时期教育工作的重要任务”，并对如何加强劳动教育做出了全面部署。

（2）大力加强宣传工作。教育部有关负责人及时对《意见》进行了权威解读。在报刊等媒体上连续刊登大量文章或采访，介绍专家学者、校长教师和教育行政干部对《意见》的解读、领会和感悟，并推介了一批优秀的大中小学劳动教育典型经验。

（3）进行实际的专业指导。在大量调查研究的基础上，教育部进一步细化顶层设计，研究制定了《大中小学劳动教育指导纲要（试行）》，对劳动教育目标、内容、途径、方式、评价等予以细化，以加强对地方和学校实施劳动教育的具体指导和专业支持。

（4）着力推动劳动教育长效机制的形成。为确保将劳动教育纳入整个人才培养的教育教学体系中，教育部积极从课程建设、资源配备、人力保障、管理考核等方面，构建劳动教育的长效机制，包括家庭、学校和社会三方协同实施机制。

（5）强化组织领导。教育部按《意见》提出的责任链条，首先做好本职工作，明确实施机构和人员职责，并积极争取与国家有关机构和群团组织、社会团体密切配合，把劳动教育落到实处。同时，督促地方各级教育行政部门按《意见》要求，落实好各项政策和措施。

（6）积极推动有关的教育立法工作。

2. 各地积极行动

据中国教育学会中小学劳动技术教育专业委员会的调查了解，许多地方都在认真学习《意见》和习近平的指示，积极采取措施予以贯彻落实。

例如，上海市正在根据《意见》进一步调整好有关劳动教育的各方面工作，并针对存在的不足，开展了对劳动教育师资队伍情况的调查，拟在调查研究的基础上提出加强培养和培训劳动教育师资队伍的措施。该市已形成系统化、制度化的中小学劳动教育体系：有固定的必修课课程设置；制定有《上海市中小学劳动技术课程标准》；有成套的劳动技术课教材、教参和配套材料；市、区、县各级建立起一支劳动技术课教师和教研员队伍；每个区（县）设有一个劳动技术教育中心，配有专业设备和教师，为本区（县）学校开展劳动教育服务。另外，还建立了相应的教学管理制度，在完成学段教学后进行学业考试，确保劳动技术课程教学得到落实；在探索劳动技术课教学与评价改革等方面，也取得了一定的成果。该市不断在继承以往经验的基础上实现创新，在全国率先将提高学生的技术素养作为劳动教育的总目标之一，提出了“会动手、能设计、爱劳动”的教学目标；同时，在教学内容和模式方面不断拓展和创新，采用项目学习的方式，让学生通过各类技术项目的学习、操作，受到技术思维方法、合作交流意识、技术理解等方面的科学训练、体验和积累，赋予了劳动技术教育新的时代内涵和载体形式。

此外，浙江、江苏、山东、天津等省市在实施劳动教育方面也积累了很好的经验，全国各地许多基层学校也都在积极行动。中国特色社会主义新时代的中小学劳动教育正在迈向新的高度！

历史经验告诉我们，中小学劳动教育要行稳致远，应坚持做到：必须认识到对中小学生进行劳动教育是一项重要的战略任务；必须强化依法治教意识，全面、认真贯彻国家教育方针；必须加大执行力度，将工作落到实处；必须掌握教育规律和学生身心发展规律，避免出现政策偏颇；必须与时俱进，在继承优良传统的基础上不断创新。

参考文献：

[1] 卓晴君，李仲汉．中小学教育史［M］．海口：海南出版社，2000.

[2] 中共中央批转教育部党组《关于解决高小和初中毕业生学习与从事生产劳动问题的请示报告》// 何东昌．中华人民共和国重要教育文献（1949-1975）［M］．海口：海南出版社，1998.

[3] 中共中央转发教育部党组《关于初中和高小毕业生从事生产劳动的宣传教育工作报告》给各地党委的指示 // 何东昌．中华人民共和国重要教育文献（1949-1975）［M］．海口：海南出版社，1998.

[4] 金铁宽等．中华人民共和国教育大事记（第 1 卷）［M］．济南：山东教育出版社，1995.

[5] 何东昌．中华人民共和国重要教育文献（1949-1975）［M］．海口：海南出版社，1998.

[6] 何东昌．中华人民共和国重要教育文献（1976-1990）［M］．海口：海南出版社，1998.

[7] 何东昌．十年历程——建设有中国特色社会主义教育的探索［M］．北京：人民教育出版社，1994.

[8] 李铁映．中国教育改革发展探索——李铁映论教育（上卷）［M］．北京：人民教育出版社，2014.

[9] 何东昌．中华人民共和国重要教育文献（1991-1997）［M］．海口：海南出版社，1998.

构建新时代劳动教育与课程体系

陈云龙①　吴艳玲②

劳动教育是马克思主义教育思想和中国特色社会主义教育制度的重要内容。2020 年 3 月，中共中央、国务院印发《关于全面加强新时代大中小学劳动教育的意见》（以下简称《意见》）。该《意见》的发布，是中国特色社会主义进入新时代以来，针对新时代的新要求，对劳动教育进行的首次全面系统规划，为今后劳动教育的开展指明了方向。

《意见》对劳动教育的目标、内涵以及学校、家庭、社会各方的责任等提出了明确要求，特别强调了要整体优化学校课程设置，构建劳动教育课程体系。课程是学生得以成长成才的基础，是落实劳动教育的重要载体。积极构建新时代劳动教育与课程体系，能够增强劳动教育的实效性，落实立德树人根本任务，培养德智体美劳全面发展的社会主义建设者和接班人。

一、新时代劳动教育及其课程要求

“劳动首先是人和自然之间的过程，是人以自身的活动来中介、调整和控制人和自然之间的物质变换的过程”。[1] 劳动可分为生产劳动和非生产劳动，非生产劳动又可分为日常生活劳动和服务性劳动。新时代劳动教育是国民教育体系的重要内容，具有树德、增智、强体、育美的综合育人价值。《意见》里所指的劳动，既包含生产劳动，又包含非生产劳动。劳动教育课程重点指向在系统的文化知识学习之外，有目的、有计划地组织学生参加的日常生活劳动、生产劳动和服务性劳动，以让学生动手实践、出力流汗，接受锻炼、磨炼意志，培养正确的劳动价值观和良好的劳动品质为目标。课程的设计与实施也将围绕日常生活劳动、生产劳动和服务性劳动等方面进行。从《意见》的要求可以看出，实施劳动教育，应以劳动实践为载体，贯通大中小学各学段，贯穿家庭、学校、社会各方面，与德育、智育、体育、美育相融合，紧密结合经济社会发展变化和学生生活实际，围绕培养担当民族复兴大任的时代新人的目标，着力提升学生综合素质，促进学生全面发展、健康成长。

---

① 陈云龙，教育部基础教育课程教材发展中心副主任，课程教材研究所副所长，副研究员。

② 吴艳玲，教育部基础教育课程教材发展中心博士后，副编审。

二、新时代劳动教育课程的特征

劳动教育课程应把握育人导向，遵循教育规律，体现时代特征，因地制宜综合实施。具体有以下几个特征。

（一）综合性

国家将劳动教育纳入中小学国家课程方案和职业院校、普通高等学校人才培养计划。一是根据大中小学各学段特点，全学段设立劳动教育必修课程，明确劳动教育课时。二是强调在其他课程中结合学科、专业特点，将劳动教育内容有机融入其中，与德育、智育、体育、美育相融合。三是设立劳动周（劳动月），以集体劳动为主，开展劳动教育。

（二）实践性

动手实践是学生在劳动教育课程中的主要学习方式，课程设计应注重手脑并用、安全适度，以体力劳动为主。如统筹安排日常生活劳动、生产劳动和服务性劳动，强化实践体验，让学生动手实践、出力流汗，亲历劳动过程，实现知行合一，培养正确的劳动价值观念，养成积极的劳动情感态度，形成良好的劳动能力、劳动习惯等。

（三）开放性

新时代劳动教育课程不囿于特定课堂的封闭空间、固定不变的限定时段、孤岛割裂的教学资源限制，在时空、内容和形式上具有较强的开放性和包容性，是一个动态、开放、联系、多维的系统。如突破学校围墙的界限，整合家庭、学校、社会各方面的力量全面开展劳动教育；结合当地自然、经济、文化等方面条件，充分挖掘行业企业、职业院校等可利用资源，宜工则工、宜农则农，采取多种方式开展劳动教育。

（四）针对性

新时代劳动教育课程，将针对不同学段、类型学生特点，进行大中小学一体化设计，落实进阶安排，强化学习教育的针对性。如小学低年级可安排整理个人物品，适当参与班级集体劳动；小学中高年级可以校园劳动为主，适当参加公益劳动和家务劳动；初中年级可灵活安排家庭、学校、社会的劳动，以及开展初步职业体验的劳动；普通高中学校可围绕职业体验，开展相应的各类劳动；中等职业学校着重开展提高职业技能水平的劳动；高等学校可围绕创新创业，开展实习实训、社会实践等劳动。

三、新时代劳动教育课程体系构建策略

新时代劳动教育课程体系的构建，应适应现代科技发展和产业变革的新

要求，针对劳动新形态、技术新支撑和社会服务新变化，深化产教融合，改进劳动教育方式，从课程目标、内容、实施、评价、保障等方面进行系统设计。

（一）在课程目标上要体现“聚焦劳动素养，促进学生全面发展”

首先，应从思想认识、情感态度、能力习惯三个方面面向全体学生凝练劳动素养，确立劳动教育目标，促进学生全面发展。具体来说，就是通过劳动教育，使学生能够理解和形成马克思主义劳动观，牢固树立劳动最光荣、劳动最崇高、劳动最伟大、劳动最美丽的观念；体会劳动创造美好生活，体认劳动不分贵贱，热爱劳动，尊重普通劳动者，培养勤俭、奋斗、创新、奉献的劳动精神；具备满足生存发展需要的基本劳动能力，形成良好的劳动习惯。

其次，需要深度挖掘新时代劳动教育课程的独特育人价值，根据不同学段学生的年龄特点和教育培养的要求，分阶段细化新时代劳动教育的目标，精准定位，构建一体化、进阶性的课程目标体系。如对于小学学生，应注重劳动意识的启蒙和卫生、劳动习惯的养成，使其感知劳动乐趣，知道人人都要劳动，体会到劳动的光荣；对于初中学生，应增加其劳动知识、技能，使其初步养成认真负责、吃苦耐劳的品质和职业意识；对于普通高中学生，应使其熟练掌握一定劳动技能，理解劳动创造价值，具有劳动自立意识和主动服务他人、服务社会的情怀；对于中等职业学校学生，应增强其职业荣誉感，提高其职业技能水平，培育其精益求精的工匠精神和爱岗敬业的劳动态度；对于高等学校学生，应增强其诚实劳动意识，使其提升就业创业能力，树立正确择业观，培育公共服务意识，具有主动作为的奉献精神。

（二）在课程内容上要做到“统筹兼顾三方面劳动，随学段变化各有侧重”

新时代劳动教育课程的内容，应围绕日常生活劳动、生产劳动和服务性劳动三个方面来规划设计，统筹兼顾这三个方面的劳动所占比例，结合学生的年龄和身心发展特点，依据学生成长需求，随着学段的变化而有所侧重。如在义务教育阶段以日常生活劳动为主，逐步开展公益劳动、社区服务，适当参加生产劳动；在普通高中阶段开展服务性劳动，参加生产劳动；针对中等职业学校开展生产劳动，提高学生职业技能水平；在高等学校阶段结合学科和专业积极开展实习实训、专业服务、社会实践、勤工助学等，提升学生就业创业能力。

（三）在课程实施上要采取“整合实施，提升综合育人实效”

劳动教育课程是学校整个课程体系的有机组成部分，要落实好劳动教育必修课程，并将劳动教育课程与学校其他课程进行融合，推动家庭、学校、社会相互配合，整合实施，提高实效。

一是开齐开足劳动教育课程，确保劳动教育课程底线要求。按照劳动教育相关要求开设相关课程；按照劳动教育必修课的要求统筹安排课内外时间，可采用集中与分散相结合的方式，系统设计，确保劳动教育课程开齐开足，达到劳动教育课程实施的底线要求。

二是加强与学科的渗透和关联，丰富劳动教育实施渠道。系统梳理道德与法治（思想政治）、语文、历史、数学、物理等课程教材内容，充分挖掘各学科中的劳动教育元素，与学科内容相互渗透，通过常规学科教学进行劳动教育，设计跨学科劳动教育主题单元，开展项目式学习，让学生围绕真实的劳动项目经历提出问题、规划方案、解决问题、评价反思等，亲历劳动教育的实践过程。

三是与其他活动课程整合，强化实践育人。我国基础教育阶段设置了综合实践活动课程，综合实践活动的主要方式包括考察探究、社会服务、设计制作和职业体验。新时代劳动教育课程应与综合实践活动课程充分整合，系统设计，避免课程的交叉重复。新时代劳动教育课程还可与国家安全教育、健康教育、环境教育等各类专题教育进行整合，让学生在各种专题教育中增加生活体验、实践反思，接受劳动教育。

四是以学校为主，形成“家庭—学校—社会”协同育人格局。不应将课堂局限于校内，而应当以学校为主阵地，统筹协调家庭和社会各方的力量，拓宽实施渠道，将劳动教育有机融入整个社会，使全社会成为一个开展劳动教育的大课堂。如发挥家庭在劳动教育中的基础作用，引导学生抓住日常生活中的劳动实践机会，掌握洗衣做饭等必要的家务劳动技能，养成从小爱劳动的好习惯；发挥学校在劳动教育中的主导作用，使学生系统学习、掌握必要的劳动技能，形成马克思主义劳动观；发挥社会在劳动教育中的支持作用，使学生经历生产劳动、新型服务性劳动过程，开展公益劳动，参与社区治理。

（四）在教育评价上要坚持“全面多元，着眼学生长远发展”

对学生开展劳动教育的评价，目的在于通过科学评价帮助学生形成正确的劳动观，促进学生长远发展。评价主体可以包括学生、教师、家长、社会等，评价指标应覆盖劳动教育的全过程要素，结合劳动技能和劳动成果展示、劳动竞赛等活动，全面客观记录课内外劳动过程和结果，反映学生思想认识、情感态度、能力习惯等方面的表现，发挥激励导向作用，特别强调写实记录。

四、构建新时代劳动教育课程的保障体系

劳动教育是一个系统、复杂的工程。构建新时代劳动教育课程体系，需要各方责任主体提供及时、有效的保障，形成立体化、多维度的劳动教育保障体系。

首先，创新体制机制，做到政策保障有力。在开展新时代劳动教育工作中，各级政府应在中央的统一领导下，压实各主体的责任，把劳动教育提上重要议事日程，创新体制机制，建立健全劳动教育安全管控系统，构建劳动教育有效治理体系，保障劳动教育顺利实施。如可以采取政府购买服务的形式，依托社会优质资源建立学工、学农等教育基地，打造以政府为主导、学校为主体，教育基地组织和社会共同参与的劳动教育课程实践新范式。

其次，拓宽教师培养模式，做到师资保障到位。新时代劳动教育课程的有效实施需要一支专业的教师队伍，需要通过这支高素质的教师队伍将劳动教育的规划设计转化为学生的学习实践，从而实现育人的目的。学校要根据实际情况，采取多种措施，建立专兼职相结合的劳动教育师资队伍。如高等学校可以开设劳动教育相关专业，从源头上加强劳动教育师资的培养；开展教师全员培训，提升所有教师实施劳动教育的自觉性；对承担劳动教育课程的教师进行专项培训，提高劳动教育专业化水平等。学校还可以开展劳动模范、技能大师、学生家长等进校园活动，或聘请校外相关行业专业人士担任劳动实践指导教师，加强对学生的实践指导。

再次，开发各类教育资源，做到资源保障充足。构建新时代劳动教育课程体系需要有充足的教育资源，应统筹协调企事业单位、社群组织等各方资源，尤其是要善于挖掘学校周边社区、企业、公益组织资源，并与校内外劳动教育实践基地有机配合，着力解决劳动教育缺抓手、缺载体、缺场景的突出问题，形成齐抓共管、多方协同的劳动教育育人合力。如人类进入人工智能时代以后，智能技术渗透到生产生活的方方面面，学校可以与人工智能企业取得联系，将企业人工智能的现实场景作为学生学习实践的基地，拓展学生学习资源，满足学生劳动教育的需要。

参考文献：

[1] 中共中央马克思恩格斯列宁斯大林著作编译局 . 马克思恩格斯选集（第二卷）[M]. 北京：人民出版社，1995.

融合观引领的中小学劳动教育课程体系构建

管光海[①] 张 丰[②]

2020年3月，中共中央、国务院印发《关于全面加强新时代大中小学劳动教育的意见》（以下简称《意见》）；7月，教育部印发《大中小学劳动教育指导纲要（试行）》（以下简称《纲要》），劳动教育受到高度重视。《意见》提出，整体优化学校课程设置，构建劳动教育课程体系，“在大中小学设立劳动教育必修课程，系统加强劳动教育。中小学劳动教育课每周不少于1课时”。新时代中小学劳动教育课程体系的构建是当前基础教育课程改革的重要工作之一，其构建应当正视当前劳动教育存在的问题，以融合育人的新时代劳动教育观为引领。

一、正视当前劳动教育实施中存在的问题

新中国成立以来，劳动教育一直是中小学教育的组成部分。从中小学劳动教育课程设置看，曾有手工劳动课、劳动技术课等不同形态。新一轮基础教育课程改革中，在综合实践活动课程中设置劳动教育内容，但仅以“纲要”的方式体现，缺乏刚性的课程要求，地方与学校在执行中较为随意。在教育实践中，劳动教育的独特育人价值在一定程度上被忽视，教育与生产劳动相结合的思想淡薄。《意见》与《纲要》的出台，从教育制度和国民教育体系建设的高度确立了劳动教育的重要地位，有助于解决劳动教育被“弱化”的现象。但同时，我们也应正视劳动教育实施中所面临的一些问题。基于近年来国内一些报纸杂志报道的学校实践的分析、2019年浙江省中小学劳动教育调研结果[1]以及近年来劳动教育教研工作中的观察分析，我们认为当前中小学劳动教育实施中存在以下亟待解决的问题。

（一）劳动教育实施的“窄化”“片面化”

中小学劳动教育在实施中存在不同程度的“窄化”“片面化”现象。在目标上，表现为仅以技能、过程或体验等某一方面作为劳动教育目标，忽视劳动价值观的培养以及劳动品质的塑造，更忽视劳动教育对于人全面发展的

① 管光海，浙江省教育厅教研室教研员。

② 张丰，浙江省教育厅教研室副主任。

价值。在调研样本学校中，只有 50% 的学校明确提出培养劳动品质，少数学校提到劳动教育对于学生人际关系、社会责任感等社会性发展方面的价值[2][3]。在内容上，表现为更多局限于农业种植劳动、手工劳动或到工厂参与体力劳动，相对来说，服务性劳动比较缺乏，少数学校安排了服务性劳动，但只限于社区义务劳动、公益劳动，缺乏对现代服务业中服务性劳动的关照。在形式上，表现为体力劳动多，动手动脑相结合的劳动以及指向问题解决的劳动相对少。

（二）劳动教育实施的“形式化”“表面化”

虽然劳动教育逐渐受到重视，但调查发现，学校中成人立场的安排多，学生立场的参与少，有劳动无学习的现象较为严重。这种“形式化”“表面化”的劳动教育主要表现为：学生经历劳动的过程，但缺乏对“劳动是什么”“劳动的价值是什么”等的体认，也缺乏关于热爱劳动、尊重劳动者等劳动观念的引导；学生经历过具体的劳动操作，但缺乏劳动规范意识、质量意识、安全意识等劳动意识的引导，也缺乏劳动要精益求精、专心致志、有始有终等劳动品质的培养；有实践，但缺乏劳动需要付出与奉献的体验，也缺乏劳动是社会成员应尽义务的反思。劳动教育的“形式化”“表面化”不仅体现在学校课内劳动教育中，而且体现在学校安排的家庭劳动、社会劳动中，往往有活动，但缺乏明确目标，缺乏过程指导，更缺乏考核评价。

（三）劳动教育实施的“割裂化”“孤立化”

虽然劳动教育与其他“四育”密不可分，具有树德、增智、强体、育美的功能，但学校劳动教育的实施存在一定的“割裂化”“孤立化”现象。一方面，表现为缺乏从学校顶层设计角层面整体规划劳动教育，劳动教育在学校的定位不清，劳动教育与德、智、体、美“四育”之间关系不明，即使有的学校构建了劳动教育课程体系，但其体系与学校现有课程之间缺乏关联。另一方面，表现为学校劳动教育与家庭劳动教育、社会劳动教育之间割裂，大部分学校还没有意识到要引导家长重视劳动教育，开展家庭劳动教育，相关劳动教育内容也没有在家庭中得到实践，社会劳动与学校劳动教育缺少本质性关联。

二、树立融合育人的新时代劳动教育观

要解决当前劳动教育实施过程中存在的问题，应当树立新时代劳动教育观。在加强劳动教育的背景下，劳动教育观受到了一些学者的关注。[4] 新时代劳动教育观应以落实《意见》关于加强劳动教育的新要求为基础，以融合

育人为核心。

（一）倡导融合育人的劳动教育观

劳动教育作为德智体美劳全面培养的教育体系的重要组成部分，与其他“四育”不是从属的关系，也不能相互割裂，而是相互依存、相互促进的有机整体，形成教育合力，在贯通融合中实现“五育”并举。

劳动教育强调与学生的生活世界、未来的职业世界相融合，要面向真实的生活世界和职业世界，促进学生的社会性发展，帮助学生适应社会、走入社会，不仅为创造美好生活的劳动奠定基础，而且为职业劳动做准备。在参观、模拟、体验职业劳动的过程中，体认劳动不分贵贱，形成尊重劳动者的观念，并形成职业意识。因此，劳动教育要反映时代特征，要与新时代劳动的方式、形态相适应，不仅要注重传统的劳动，而且要关注新兴的咨询、设计、创意等服务性劳动。

（二）强调提升劳动素养，促进全面发展的学生观

要避免劳动教育的“窄化”“片面化”，应追求劳动教育的全面性。在功能上强调社会价值与个人价值的统一。在目标上强调结构性，强调劳动观念、劳动精神、劳动能力、劳动习惯和劳动品质等不同要素，重视学生动手实践能力的培养，重视劳动教育对学生社会性发展的作用。在内容上，坚持日常生活劳动、生产劳动与服务性劳动的协调，强调在统筹规划下的重点实施。在时间上，强调全体性、全过程，贯通大中小学各学段，贯穿家庭、学校、社会各方面。

（三）沟通学科教学与课外实践的劳动教育课程观

要重视劳动教育与学科教学的沟通，发挥劳动树德、增智、强体与育美的功能，促进“五育”融合，学以致用。同时沟通课外实践，与学生个人生活、校园生活和社会生活有机结合。从课程实施的路径来看，应强调不同路径之间相互配合、密切联系的整体性实施。虽然在劳动教育课程实施过程中学校发挥着主导作用，但也要发挥家庭的基础作用和社会的支持作用，还要发挥行业企业在生产劳动、服务性劳动实施方面所提供的专业支持和指导作用。

（四）注重劳动特征的学习真实发生的劳动教育过程观

要避免劳动教育“形式化”“表面化”，有劳动无教育的问题，就要注重劳动过程中学生的学习是否真实发生，在劳动实践过程中融合劳动观念、劳动品质的培养。一方面，要让学生亲历实践，出力流汗；另一方面，要让学生经历项目探索、价值澄清，经历反思、体认、感悟、内化、外化等过程，在过程中培养劳动观念、养成劳动习惯。从教师的行为来看，包括劳动教育学习目标、学习活动、学习支架、学习组织、学习评价的设计与实施。从学生的行为来看，包括实践、交流、评价、反思等。

三、融合观引领的中小学劳动教育课程定位

融合观引领的劳动教育课程，是具有针对性的综合课程，是面向真实问题解决的实践课程，也是促使学生社会性发展的活动课程。

（一）劳动教育课程是具有针对性的综合课程

这里的“针对性”有三个方面的内涵。其一是学习者年龄特点的针对性。劳动教育内容主要包括日常生活劳动、生产劳动和服务性劳动三个方面。劳动教育课程的内容应针对学生年龄特点进行选择，低年级以日常生活劳动为主，随着年级增高逐渐增加生产劳动和服务性劳动。其二是学习者个性发展的针对性。选择内容时要考虑学生的基础、兴趣和爱好。其三是从劳动教育的社会功能来看，教育为社会经济建设奠定基础，因此可以针对地域经济发展的特点有重点地选择生产劳动和服务性劳动内容。

虽然劳动教育课程有一定的针对性，但不是专业课程，而是综合课程，强调在劳动实践过程中进行跨学科学习，注重以项目和问题为主线，实现劳动教育与德育、智育、体育、美育相融合。

（二）劳动教育课程是面向真实问题解决的实践课程

劳动是面向真实问题的探索活动，是人们亲历亲为的动手实践过程。劳动的情境必然是真实的，劳动者所面对的是真实情境的任务。它将考验劳动者理解任务要求、综合运用个人知能、探索解决问题的能力。[5]因此，劳动教育课程要以动手实践为主要方式，以亲历劳动实践引领学习方式变革，让学生在问题解决过程中进行科学探索、工程设计、技术实践，应用学科知识，实现动手与动脑相结合。作为实践课程，劳动教育课程强调应用学习、设计学习、项目学习、操作学习等指向问题解决、注重培养学生实践应用能力的学习方式，以弥补现有基础教育中实践学习相对薄弱的情况以及学术性课程为主而应用性、实践性课程缺乏的缺陷。

（三）劳动教育课程是促使学生社会性发展的活动课程

劳动是促使个体社会性发展的活动。社会性发展就是人的社会属性系统的不断完善和社会参与能力的逐步提高。劳动正是促使个体理解社会，参与社会的重要的社会化过程。因此，劳动教育促进人的全面发展，不仅促进人身心的全面发展，而且促进个体和社会的协调统一及全面发展。劳动教育课

程不仅强调劳动观念、劳动习惯、劳动品质等的形成，而且追求社会责任、合作交往、自我调节等社会性发展。

四、指向劳动素养的课程目标结构和内容体系设计

融合观引领下的中小学劳动教育课程应以培养和发展学生的劳动素养为目标，在课程目标和内容设计中不仅要考虑劳动素养的结构，还要构建与之相匹配的内容体系。

（一）劳动素养的结构性

劳动素养的构建应以《意见》所明确的劳动教育总体目标为主要依据，考虑维度结构、层级结构及要求。从劳动素养的组成部分来说，涉及思想认识、情感态度、能力习惯等不同方面，包括劳动观念、劳动精神、劳动能力、劳动习惯与劳动品质多个维度。

劳动观念涉及劳动、劳动者、劳动职业、劳动成果的认知、态度、价值观，包括“崇尚劳动”“尊重劳动”的劳动态度，“劳动最光荣、劳动最崇高、劳动最伟大、劳动最美丽”的劳动价值观等。劳动能力指完成劳动任务所需要的能力，包括以劳动的方案设计、过程规划、材料与工具选择为主的设计能力，以工具使用、工艺操作为主的操作能力，以及分工合作、共同解决问题的团队合作、协作能力，等等。劳动精神内在认知和外在行为的集中体现，包括勤俭、奋斗、创新、奉献等，既要继承中华民族勤俭节约的优良传统，又要弘扬开拓创新、敬业奉献的时代精神。劳动品质包括能够自觉自愿、认真负责、安全规范、坚持不懈地参与劳动，形成诚实守信、吃苦耐劳的品质。

我们也不能忽视劳动思维的培养。目前国内只有少数专家关注劳动思维。[6][7]劳动是以人脑的感觉、反映和思维为起点的，人的思维贯穿劳动的全过程，人们的劳动动机形成、劳动热情培育、劳动目标确定、劳动方法选择等都取决于思维。[8]劳动思维是一种筹划性思维。从劳动的任务和目标出发，系统分析可利用的劳动资源与受到的约束条件等，通过比较、分析、权衡，选择合适的劳动方式和方法，从而整体规划形成方案，劳动过程中根据实施情况不断优化。劳动思维具体表现为设计思维、工程思维等。

劳动教育课程目标还具有层级性，即各个目标具有不同的层级。实施中应把握劳动教育目标的层级性，针对不同的年龄段提出不同的要求。总之，对劳动素养的结构性把握，要避免过去仅以技能、德育、过程或体验等某一方面作为劳动教育总体目标的情况，走向素养取向的完整的劳动教育。

（二）课程内容的体系

中小学劳动教育课程内容要与劳动素养培养目标相匹配，其选择既要避免随意性，注重规定性、基础性，又要考虑因地制宜，关注选择性、开放性。为此，需要系统地把握新时代劳动教育的内容。

劳动教育内容包括日常生活劳动、生产劳动和服务性劳动三个方面。日常生活劳动教育应立足个人生活事务处理，以家政劳动为主，涉及衣食住用行等，强化自立自强意识，培养设计能力，适应未来生活。

教育与生产劳动相结合是马克思主义关于教育的基本原理，也是劳动教育的基本内涵。不同时期，生产劳动有不同的形态。工业革命前，农业是重要的生产劳动，工业革命以来生产劳动从农业为主向制造业为主转移。因此，生产劳动既要注重农业劳动的可实施性，也要重视制造业、建筑业等工业生产劳动。对于中小学生来说，难以直接经历生产过程，但可以通过到工厂参观感受生产过程，在学校劳动实践室中通过制作模型来模拟、经历生产过程，有条件的学校可以通过劳动实践基地让学生体验生产过程。服务性劳动要考虑公益劳动、志愿服务，更要考虑体现科技发展和产业变化的服务性劳动，例如科技服务、创意设计、现代物流等，还要关照文化、教育、卫生、体育、社区等公共服务相关劳动，侧重指向社会责任、劳动态度、职业认识的培养。

强调劳动教育课程内容的系统性，就是倡导系统分析和设计内容，从多个维度来思考和把握，避免局部、割裂地实施劳动教育，避免局限于某一方面的劳动而片面地实施。

五、注重劳动观念和劳动品质导向的“实践学习”

对于基础教育来说，劳动教育带来的不仅是育人目标和内容的变化，而且深刻影响着育人方式，从原有的过于基于书本的学习走向在实践中学习。

（一）强调亲历实践，不仅关注动手实践，而且关注社会性实践和创造性实践

劳动是面向真实问题的探索活动，是人们亲历亲为的动手实践过程。劳动教育要面向真实生活世界和职业世界，以动手实践为主要方式，以亲历劳动实践引领学习方式变革。强调亲历实践，关注的是直接经验的“做中学”，旨在为学生提供更多动手操作、实践体验、合作学习的机会，丰富学生的学习经历，提高学生的劳动实践意识和能力，培养学生的劳动品格。

强调亲历实践，不仅要关注动手实践，而且要关注社会性实践、创造性实践。社会性实践体现为学习中周边的、人际交往的互动。最新的学习方式

分类学提出，参与就是能力。依据学习者的外显活动或者参与程度，根据不同的知识变化过程和学习结果，可以分成交互方式、建构方式、主动方式与被动方式四种学习方式，四种学习方式对学习活动的有效程度依次递减，这表明参与度越高，学习能力就越能够得到增强。[9]

在新时代，我们加强劳动教育，不能仅限于简单的重复性劳动，而要重视“创造性劳动”。“创造性劳动”的主要行为表征有：劳动中具有擅于变革、勇于创新的品格，具有善于运用科学原理和技术技能以至更多学科知识进行劳动改进的方法与能力，能够在劳动中发现真实的问题并创造性地加以解决，能够积累劳动经验并使其结构化，进而有所发现、有所发明。“创造性劳动”强调劳动行为的创造性、劳动成果的创造性以及劳动知识的创造性。

（二）强调基于劳动观念和品质，开展项目探索，进行价值澄清

要解决有劳动无教育的问题，避免使学生认为劳动教育课程的学习仅仅是活动，而不是对劳动活动意义的深刻思考，应强调基于劳动观念和品质的教学，以核心劳动观念和品质统领劳动实践活动，引导学生超越活动本身，超越对知识和技能的学习。基于核心劳动观念和品质的教学，往往被称为基于大观念或大概念的教学，其机制在于通过基本问题，引发学生对大观念和核心内容的相关探究，激发学生对更多问题的深度思考、热烈讨论、持续探究和反思。[10]

为此，在教育方式上强调项目探索和价值澄清。引导学生从现实生活中发现需要，选择和确定劳动项目，在完成真实、综合任务过程中，经历完整的劳动。劳动教育中的项目探索包括以做事、解决生活问题为主的社会性项目学习和体现创新创意的以产品设计和制作为主的科技类项目学习。项目探索强调规划设计意识，引导学生整体构思项目过程，不断优化行动方案。在项目中，培养学生的劳动能力，促进学生社会责任、合作交往、自我调节等社会性发展。而在这一过程中，需要通过讲解、辩论、阅读、案例、故事进行价值澄清，明晰正确的劳动价值观，并通过评价、交流、反思等方式，促进学生劳动价值观逐渐内化。

（三）通过评价引导，促进体现劳动实践特征的学习的真实发生

要避免有劳动无教育的问题，还应当积极发挥评价的引导作用，促进体现劳动实践特征的学习的真实发生。评价不仅要关注劳动工具选择的合理性、工具使用的规范性和熟练程度，关注劳动强度、劳动效率、劳动时长等劳动实践要素，而且要关注学生劳动实践过程中的参与度、主动性、积极性，还要关注表现出来的规则意识、责任意识和吃苦耐劳、勤俭节约、安全劳动、

创新劳动等劳动品质。

为此，一方面要围绕评价目标开发评价工具，制订劳动任务表现量规，确定学生表现评价的维度、等级以及表现特征的描述。量规的制订需要关注劳动素养水平、评价形式、评价主体以及证据收集等多个方面。另一方面，要选择合适的劳动教育评价方式。不仅要关注过程性评价，在平时劳动实践过程中通过评价及时反馈，采用档案袋这一评价方式，记录劳动教育活动情况，收集、整理有关制品、作品等，纳入综合素质档案中，而且要关注终结性评价，通过作品制作评价学生的劳动能力，通过劳动技能展示评价学生的劳动技能，开展反思性评价，让学生以反思清单或报告的形式明确自身在劳动知情意行等方面的进步情况。

中小学劳动教育课程体系建设是一项系统工程，除以上内容外还包括课程资源的建设、实施的保障等多个方面。作为系统工程，中小学劳动教育课程体系的建设也是一个不断发展的过程，需要系统思考、顶层设计，更需要通过实践不断优化和改进。

参考文献：

[1] 方凌雁 . 劳动教育的现状、问题和建议——2019 年浙江省中小学劳动教育调研报告[J] . 人民教育，2020（1）.

[2] 尹强 . 劳动教育融入学校及家庭生活［N］. 中国教育报，2019-05-22.

[3] 隋桂凤 . 给“劳动育人”一个新转身［N］. 中国教育报，2018-10-24.

[4] 宁本涛 . 重塑劳动教育观［N］. 光明日报，2019-1-29.

[5] 张丰 . 深刻理解“劳动”的属性［N］. 中国教育报，2018-11-14.

[6] 王江松 . 劳动文化的复兴和劳动教育的回归［N］. 中国教育报，2018-11-22.

[7] 王殿军 . 补齐劳动教育的短板［N］. 中国教育报，2018-10-31.

[8] 俞鼎起 . 智本论［M］. 北京：中国经济出版社，2017.

[9] 盛群力，丁旭，滕梅芳 . 参与就是能力——“ICAP 学习方式分类学”研究述要与价值分析［J］. 开放教育研究，2017（2）：46-54.

[10] 格兰特 · 威金斯，杰伊 · 麦克泰格 . 追求理解的教学设计［M］. 上海：华东师范大学出版社，2017.

新时代劳动教育需要观念的更新与行动的创新

李春雷[①] 关春霞[②]

2020年3月，中共中央、国务院印发《关于全面加强新时代大中小学劳动教育的意见》(以下简称《意见》)，7月，教育部又颁布了《大中小学劳动教育指导纲要（试行)》(以下简称《纲要》)，对新时代落实大中小学劳动教育做了具体的部署和指导。一时间，各地、各校开始了对劳动教育的多样化的实施和探索。其实，在中小学校，劳动教育并不是新生事物。近十几年来，劳动教育一直是作为综合实践活动课程中的一项重要内容来推进的。很多省市（区）都编写了“劳动与技术教育”的地方课程教材，不少学校也有自己的校本课程。但新时代国家重提加强中小学劳动教育，并不是简单地在原来“劳动与技术教育”的基础上做点加强或强调，而是面对新时代、新要求，结合立德树人根本任务的落实以及基础教育课程改革的全面整体深化而进行的一次战略部署。如果不站在这样的高度进行全新的学习与研究，仍在原来的劳动技术层面打转转，必然不能适应当前国家对劳动教育的新要求。因此，笔者认为，围绕新时代劳动教育的一个“新”字，学校观念的更新与行动的创新是最重要的。

一、更新观念，提升课程实施内涵

习近平在2018年新年贺词中喊出“幸福都是奋斗出来的”的金句，并在同年9月10日的全国教育大会上再次强调：要在学生中弘扬劳动精神，教育引导学生崇尚劳动、尊重劳动，懂得劳动最光荣、劳动最崇高、劳动最伟大、劳动最美丽的道理，长大后能够辛勤劳动、诚实劳动、创造性劳动。

从习近平的多次讲话中可以感受到，在“会劳动”“能劳动”之前，更重要的是理解劳动的意义和价值，从小树立尊重劳动、崇尚劳动的观念，培养劳动精神。现阶段对劳动观念和劳动精神的强调与重视，基于一段时间以来青少年中存在的追求享乐、崇尚暴富、不劳而获等思想的蔓延。因此，新时代中小学实施劳动教育，从目标到内容到评价，都应更多地转向对劳动价值

① 李春雷，河南省郑州冠军中学校长。

② 关春霞，河南省郑州市金水区教育发展研究中心综合实践活动课程教研员。

观念和劳动精神品质培养的内涵设计，而不能还停留在沿用或坚守过去的劳动技术教育的思想及方法上。对于“劳动精神”，《纲要》中有四个词的解释，即“勤俭、奋斗、创新、奉献”，这为学校实施劳动教育明确了具体内涵。在劳动教育课程设计中，需通过生动活泼的事例，让学生能真正理解、认同劳动最光荣、劳动最崇高、劳动最伟大、劳动最美丽的思想观念，领会为什么说“幸福都是奋斗出来的”道理，以及其内涵和意义。

因此，充分发挥劳动的育人功能，需从原先的过于关注劳动技能培养转向劳动素养的培育。学生劳动素养主要指学生的劳动观念、劳动能力、劳动精神、劳动习惯和品质。未来，国家将要把对学生劳动素养的监测纳入基础教育质量监测。中小学劳动教育的实施必须指向学生劳动素养的培育。

二、突破“课”的边界，整合资源、综合实施

目前国家规定中小学劳动教育课应保持平均每周不少于1课时，但在实施中并不是指每周一课去简单“完成教学任务”。教育部在《纲要》中倡导：“与通用技术和地方课程、校本课程等有关内容进行必要统筹。”因此，教师需要转变“一课一课去上”“一课一课去教”的固定思维，学会整合综合实践活动、研学旅行、各学科课程，以及地方、学校、社区、家庭等资源，统筹规划，整体实施。为此，需要打通课程边界，树立全员参与劳动教育的意识。

首先，劳动教育的实施不是只由劳动教育教师负责。事实上，目前能拥有专职劳动教育教师的学校是极少的。劳动教育与综合实践活动课程在课程规划、实施方式、实施内容、实施评价、资源开发、基地建设等方面有着密切的联系，充分利用好现有综合实践活动课程的师资力量，将劳动教育课程的实施与综合实践活动课程联动整合，是解决师资问题的一个有效途径。

其次，应将劳动教育与学校德育、班团队活动、学生社团组织活动以及学科教学有机融合，在校内形成崇尚劳动、尊重劳动的氛围和体系。

再次，还应发挥区域优势，拓宽劳动教育的实施途径，整合各方面的力量，形成协同育人格局。例如，郑州市金水区区域层面开设了以“家乡特产——枣”为主题的区域特色课程，协调知名品牌“好想你”产业园的资源，辖区内每一届五年级的学生都需要带着与大枣有关的问题，搜集与整理资料，并到“好想你”产业园参观、访问，通过了解枣的种类、生产过程、收藏方法、logo设计等相关知识，体验摘枣、设计包装、“我为家乡特产做代言”等一系列活动，优化整合社区资源，使辖区内学校零散的活动转为高质量的综合实践课程。

三、强化设计概念，从专注“编教材”转向学习做设计

一谈到课程实施，大部分区域和学校领导、教师首先想到的就是“编教材”。很多教师认为没有教材是不能上课的。劳动教育虽然是国家必修课程，但直到2021年尚没有出台课程标准和编写教材。教育部在《纲要》中提出“基于劳动教育教学的实际需要，省级教育行政部门明确中小学劳动实践指导手册编写要求”，因此，目前区域或学校需要编写的最多是“手册”，这应是一份“综合活动手册”。“手册”质量的优劣，取决于手册中的课程设计水平。

除了应整合大量的劳动教育课程资源和案例，如普通劳动者的感人事迹，劳模故事、劳动安全防护、劳动技能指导，以及与弘扬新时代劳动精神相关的影视资料等，还应将劳动教育放入学校整体课程体系中进行整体设计。

《意见》中提到：“整体优化学校课程设置，将劳动教育纳入中小学国家课程方案和职业院校、普通高等学校人才培养方案，形成具有综合性、实践性、开放性、针对性的劳动教育课程体系。”劳动教育不是一个个孤立存在的单一活动，而是学校课程体系中的一个重要组成部分。如郑州市金水区文化路第一小学翰林校区自2016年建校时就规划了开展劳动教育的场地，构建了“知行苑”课程，包括农事劳作课程、劳动创意课程、快乐生活课程三大模块，课程内容不仅有播种、认识蔬菜、秋收、品尝美食，还融入了班级劳动成果展示、义卖会、献爱心等活动。各项劳动教育活动与学校德育、学科教学相融合，形成了学校的特色品牌课程。

设计中还应关注劳动教育的评价。如郑州冠军中学在实施“我们的蔬菜园”课程中，以小组为单位开展活动，从活动前、活动中、活动后三个方面，根据不同的劳动内容制定具体的评价标准，让学生时刻知道自己要准备什么、做什么、达到什么标准，有效提高了学生劳动的积极性，并促进其自我反思，推动课程目标的达成。

四、将单一的活动转化为系列主题或项目

目前很多学校的劳动教育，仍停留在田园劳作、日常家务劳动、学校大扫除、社区服务等单一的技能性层面上，对学生劳动素养的培育比较单一，很难让学生保持持久的兴趣和热情。为此，融入新型的学习方式也是落实新时代劳动教育的重要一环，其中，主题式、项目式学习是目前公认的值得推荐和采纳的学习方式。

教师通过主题或项目的设计，让学生在具有一定挑战性的、真实的、综合性任务中经历完整的劳动过程，不但有助于调动学生参与的积极性，还能

促使学生将学科中学到的知识、技能在完成任务中综合运用，并在过程中培养团结合作意识、克服困难解决问题的能力，以及身体力行、坚持到底等意志品质。

郑州市金水区在2020年初新冠肺炎疫情期间，提出“以项目式学习方式开展不一样的劳动教育”的理念，让学生带着好奇与问题，在家长的协助下，一起研究与开展“蒸馒头”“做一道豫菜”“整理衣物”等不同主题的学习，亲身实践，克服困难，完成任务，自我评价。纬三路小学开展的项目式学习——“桥”，以“构建一座能承重的桥”为驱动任务，让学生自主选择材料（如纸张、木板等），根据桥的构造原理，搭建一座心目中的桥。学生在设计图纸、搭建桥梁、验证稳定性的过程中，通过粘、贴、拉、锯、撕、剪、钉、压等操作，体验了科学技术的应用，经过反复训练与实践，最终完成任务。这样的学习过程，充分发挥了学生的主动性、积极性、创造性，激发了学生的创造欲望和劳动兴趣。

金水区银河路小学，由疫情期间利用家里废旧的纸箱、卡纸、壁纸等绘制新冠病毒简介立体书的成功案例，联系到开发结合学生生活、社会现实的绘本制作课程，使劳动教育与社会生活实际紧密结合。南阳路第三小学学生根据学习非遗课程“剪纸”所获得的知识与技能，以“抗疫英雄”为题材，剪出值得回忆与纪念的情景。这些就是在劳动中创造出来的成果。这些课程的设计，引导学生从现实生活中发现需求，选择和确定劳动项目，体现了对劳动价值体认的落实。

五、学科层面推进劳动教育需内外兼修、深度融合

劳动教育需要与学科教学相融合。目前，郑州市金水区很多学校根据学科与劳动教育的紧密联系，开展了不同学科的劳动教育课程。如语文学科结合教材延伸开展“正月十五制灯笼”，美术学科以水彩画知识开展“让彩绘装点校园”，生物学科利用对比实验探究“绿豆芽的成长”，数学学科结合空间学开展“未来校园3D模型制作”，科学学科根据土壤的知识实践了“腌制咸鸭蛋”，音乐学科结合乐器欣赏开发“走进兰考探寻泡桐制古琴的秘密”等课程，将劳动知识与技能融入学科，培养了学生崇尚劳动与奉献的精神，实现了树德、增智、强体、育美的综合育人价值。但这显然还不够。今后，劳动教育与学科的融合，不能仅靠关联相关活动，在内涵层面如何渗透劳动价值观念和劳动精神的培养是新时代劳动教育的创新点。如《纲要》中明确指出的：“中小学道德与法治（思想政治）、语文、历史、艺术等学科要有重点地

纳入劳动创造人本身、劳动创造历史、劳动创造世界、劳动不分贵贱等马克思主义劳动观，纳入歌颂劳模、歌颂普通劳动者的选文选材，纳入阐释勤劳、节俭、艰苦奋斗等中华民族优良传统的内容，加强对学生辛勤劳动、诚实劳动、合法劳动等方面的教育。数学、科学、地理、技术、体育与健康等学科要注重培养学生劳动的科学态度、规范意识、效率观念和创新精神。”只有与学科深度融合、从内涵到形式内外兼修，才能真正体现学科教学在推进劳动教育上的作用。

六、守正创新，做好传统与现代的融合

中小学劳动教育的实施要处理好继承与创新的关系。首先，必须继承我国优良的劳动传统，将劳动教育与中华优秀传统文化的传承结合起来。如地方传统工艺，地区传统艺人、工匠、劳动模范，民族传统劳动工具的沿革、变迁，劳动技术与形态的变化发展等都是教学内容，要在其中让学生了解先辈的伟大和智慧，充分发挥传统劳动、传统工艺项目等的育人功能。

其次，要注意引导学生崇尚、学习父辈们吃苦耐劳的勤勉精神，节约奉献的优良传统，以及珍惜劳动成果、杜绝浪费、诚实守信等精神品质。

同时，劳动教育也应体现时代性。随着科技发展和产业变革，以及人工智能时代的到来，劳动形态在发生变化，要引导学生尊重体力劳动与脑力劳动，尊重不同职业，鼓励创新，让学生感受开拓创新、砥砺奋进的时代精神，争做新时代的奋斗者，用自己的双手去创造美好未来。

劳动教育的育人价值及实践路径

吴颖惠 ①

劳动教育是社会主义教育思想的重要组成部分，是培养建设者和接班人的有效途径之一。中小学开展劳动教育，就是要着力培养学生的劳动观念、劳动习惯、劳动技能、实践能力和创新精神。习近平的讲话精准阐明了劳动教育的重要意义，他指出“要在学生中弘扬劳动精神，教育引导学生崇尚劳动、尊重劳动，懂得劳动最光荣、劳动最崇高、劳动最伟大、劳动最美丽的道理，长大后能够辛勤劳动、诚实劳动、创造性劳动”。中小学开展劳动教育，就是要充分挖掘劳动的育人功能，合理构建劳动教育的主题课程、科学评估劳动教育成效，为科学、有效、持续地开展劳动教育提供理论和实践依据。

一、劳动教育促进学生德智体美综合发展

什么是劳动教育？劳动创造了人类本身，人类在劳动中生产、延续，劳动也创造了现代社会。教育需要从劳动开始，也需要在劳动中认识自然、认识社会，进而认识人类自身。中小学劳动教育是指遵循中小学学生的身心发展特点，通过劳动教育课程的设置，培养学生树立正确的劳动意识、劳动态度，形成热爱劳动和尊重劳动者的生活习惯，进而形成正确的人生观、价值观和世界观。学校开展劳动教育可以使青少年养成正确的劳动观念、劳动习惯、劳动情感、劳动精神，了解和懂得生产技术知识，掌握生活和劳动技能，在劳动创造中获得幸福，成为德智体美劳全面发展的社会主义建设者和接班人。[1]

新时代的劳动形态是怎样的？随着科学技术发展、人类社会不断进步，人的体力劳动和相当一部分脑力劳动将被机器所替代，未来一定会产生新的劳动形态。技术越发展，劳动对人来说就越重要，劳动的形式和内涵会随着时代发展而不断变化，不再单纯指体力劳动或生产劳动。新时代劳动形态是多种多样的，种庄稼是劳动，设计创意、艺术家表演、科学家研究、作家写作等都是劳动。人类社会不断向前发展，会不断出现新的劳动形态。中小学开展劳动教育，必须认识到现代社会的不同劳动形态，要让学生知道劳动的多种形态，而不是让学生认为劳动就是到农村种植庄稼，工业、商业、新闻、

① 吴颖惠，北京市海淀区教育科学研究院院长。

艺术、科研、服务等各个行业都是劳动。[2]

党的十九大报告中提出要弘扬“工匠精神”，其实质就是一种劳动精神，对自己的工作和产品精雕细琢、精益求精，力求把每件事做到最好、做到极致，这种精神培育正是劳动本身所承载的教育，而在专注过程、追求极致的过程中很可能又会产生新的创意和技术。因此，我们对劳动的理解也应该与时俱进，新时代劳动教育要重视社会劳动形态的变化，不断拓宽劳动教育的内容，更要重视劳动基本态度和基本能力的培育。

劳可育德、劳可培智、劳可强体、劳可悟美。加强劳动教育可引导学生参与劳动实践，促进学生德智体美劳全面发展，从而推进素质教育。现在很多孩子都是独生子女，在德智体美劳五个方面，家长对于智育的重视远远超过劳育。劳动教育在家庭教育中往往被轻视、被淡化、被弱化。第一，德育方面。我们在中小学开展劳动教育，就是要让劳动教育发挥其应有的育人价值和功能。劳动可以培养学生的责任心、意志力，也会带给学生收获劳动成果的喜悦，帮他们增强自信心。第二，智育方面。劳动是创造的基础，劳动过程中需要运用各种知识，可以使学生把课堂上学到的书本知识和实际联系起来，帮助他们增强对书本知识的理解，同时促进脑力劳动和体力劳动的结合。引导学生在劳动教育中学习，不仅有助于锻炼学生的体魄，更有助于激发学生劳动实践的兴趣、挖掘并发展自我潜能。引导学生在劳动实践中发现问题、提出问题、分析问题、解决问题，可以促进学生学习能力、实践能力、创新能力的发展。第三，体育方面。中小学开展劳动教育，可以促使更多的学生走到户外，让身心得到充分的锻炼与舒展，进而促进学生体质健康发展。劳动缺失，会导致技能退化，进而引起四肢退化。通过劳动，让学生的手脚动起来，而不是四体不勤、五谷不分。第四，美育方面。劳动教育可以让学生学会创造美、欣赏美。中小学通过劳动技术、烹饪、篆刻、服装等劳动课程，可以让学生通过亲身劳动，感受美、欣赏美、创造美，进而体会劳动的喜悦。在劳动中，学生不仅掌握了技能，更重要的是养成了良好的思维品质，形成了正确的价值观和世界观。

总之，劳动教育不仅能够锻炼人的体魄，让人的肌体、四肢灵活协调，更能让人的思想得到改观，丰富、充实人的精神生活，提高人的道德品质和审美情操，进而培养人的创造性劳动情感、态度和价值观。

二、劳动教育重在主题任务设计

中小学劳动教育按照活动地点可以分为校内劳动教育、社区劳动教育和家庭劳动教育。我们要结合社区、学校、学生等的实际情况，因地制宜设计任务活动主题，科学有序开展劳动教育。[3] 例如，小学阶段多是通过直接动手的制作活动及体验性活动，让学生感知劳动的美好，愿意劳动，知道劳动的重要性，获得劳动的喜悦感；初中和高中阶段主要是通过劳动方面的体验性学习，使学生体会到劳动的愉快和完成任务的满足，形成对于劳动的正确态度和职业观念，为今后走入社会做准备。

劳动分为日常性劳动、生产性劳动和服务性劳动。劳动教育要从学生身边做起，对于小学生而言，自己的鞋带自己系、自己的书包自己背，把餐盘收拾好、桌子擦干净，上厕所后把厕所冲洗干净等都是劳动，不能把生活中的劳动与劳动教育割裂开来。从小事做起，在学校帮助同学和老师，回到家帮着家长干活，离开公共场所不留下垃圾和杂物，在教室能随手帮老师把黑板擦干净等，这些都是劳动教育。劳动教育要以育人为根本，学校劳动教育课程要致力于通过活动增强学生的劳动体验，使学生掌握相应的劳动技能，形成正确的劳动态度和价值观等。劳动教育主题可以设计成如下几种形式。

（一）校园服务劳动主题

在校园里设计和建立劳动服务岗位，引导学生参与到校园劳动活动之中，在服务过程中体验校园里各种事务性劳动的繁杂性、琐碎性、辛苦性，体验学校管理之不易，后勤服务劳动之艰辛，培养学生“我为人人，人人为我”的劳动服务意识。在服务性劳动中，引导学生体验劳动的艰辛与复杂，感受和尊重校园内的各种劳动人员，增强服务意识和团队意识，培养学生的劳动意识和劳动习惯，在劳动中让学生懂得责任与担当。北京市育英学校基于学生的日常生活，设置了各种劳动服务岗位，从小学二年级到高中三年级做到了班班有劳动服务岗实施、人人参与校园劳动服务活动。这些校园劳动服务岗位包括扫地、拖地、擦黑板；关门、关窗、关电灯；养花、养鱼、维修；分餐、图书管理、桌椅小管家等。学生可以自由选择一个自己心仪的校园劳动岗位，佩戴工作标牌，为学校提供劳动服务，培养自己的服务意识。这些校园服务劳动岗位的设置成了学生自我管理、自我教育的有效途径。

（二）农业种植劳动主题

充分挖掘和利用学校的空闲地，以及周边社区资源，开设相应的种植类劳动课程。学生通过学习此类课程，可以体会劳动的艰辛和收获的喜悦，进而学会理解他人，并学会创造性劳动。北京市海淀区台头小学位于凤凰岭脚下，学校充分利用其地域优势，开设了“一米菜园”，把过去班级集体种植的大块土地用垫子隔开，划分成一块块约 1 平方米的小菜地，2~3 名学生共同经营一块土地，种植各种蔬菜，由此学校开设了“从种子到沙拉”“从小麦到面包”等种植课程，让学生全方位、全过程体验生命、感悟生命。清华附中永丰学校小学部则利用学校闲置地开设了“半亩棉田”课程，让学生体会播种、发芽、开花、收获、展示的种植棉花全过程。这种种植类劳动课程能够引导学生充分体验农业劳动的艰苦，懂得“粒粒皆辛苦”的道理，养成勤俭节约、艰苦奋斗的精神品质。

（三）生活技能劳动主题

“一屋不扫，何以扫天下”，这句话很贴切生动地说明了生活技能教育的重要性。中小学劳动教育可从学生的劳动习惯养成入手，满足基本的个人生存需求，不给他人添麻烦。一个人的日常生活，无外乎衣食住行。“家庭—学校—社区”三方应协同合作，帮助学生养成基本的劳动习惯，掌握基本的生活技能。在家，学生可以学会清洗整理衣物，学会做饭，满足口腹之需；学会打扫和整理房间，创造一个干净温馨的环境，便于学习和生活。目前，有不少学校开设了家政、厨艺、服装、插花等课程，以此提升学生生活技能。新时期劳动教育要在继承传统劳动教育宝贵经验的基础上，重点培养学生掌握现代生活的基本技能，帮助学生养成独立自主的生活能力。着眼于现代生活需要，学校不仅要开设厨艺、服装裁剪等生活技能课程，还要开设人工智能、垃圾分类等现代生活技能课程，将现代生活理念融入劳动教育之中，使劳动教育有效渗透到中小学生日常生活全过程，并取得更好的实践效果。

（四）农场劳动主题

学校通过农场课程，使学生浸润于农业生产环境中，让学生通过参加一周的农业生产活动，学会养鸡、做豆腐、磨豆浆、种菜等，掌握基本的生活技能，增强团队合作能力，培养正确的劳动态度和价值观。北京市海淀区玉泉小学经过几年的实践探索，在北京延庆一座山上租赁了50亩地，为学生建立起“玉泉农场”，让学生在六年的小学学习中，至少每年能够来一次农场，开展为期一周的农场课程学习体验活动。学生来到农场，亲手饲养家禽家畜、亲历农耕劳作、观察自然生态，这是一种劳动教育，是一种生存教育，是一种着眼于当前社会发展的教育，更是着眼于人类未来的教育。劳动教育需要在劳动场景中发生，而不是在教室里听讲学习。农场为深度开展劳动教育提供了一种空间、场所、资源和环境，在真实的场景中，劳动教育才能真实而生动地发生。

（五）志愿服务劳动主题

劳动教育内容不仅是服务自己，还需要服务他人、服务社会。这种服务意识和技能需要在教育实践中不断培养。学生通过参与社会志愿服务，能更好地了解和关注社会，同时提高个人的综合素养和能力。北京市海淀区和平小学组织学生定期到学校附近的北部新区图书馆开展志愿服务活动，帮助图书馆管理员归置图书，引导和帮助读者借书。在帮助他人的同时，学生也学会了文献检索方法，促成了自身的发展。西苑小学利用地处颐和园附近的地理优势，组织学生周末和节假日到颐和园、香山进行“小导游”讲解活动，该活动已经持续了十多年，深受中外游客好评。组织学生积极参加社区安全志愿者、社区环保志愿者等公益活动，是当前开展劳动教育的重要主题之一。

（六）劳模精神教育主题

从某种意义上讲，劳动精神往往在各行各业的劳模个体身上得到完美体现。劳模精神折射出一个时代的劳动精神，展示出中华民族自力更生、艰苦奋斗的崇高品格。开展劳动模范进校园活动，把劳模请进校园，讲授劳动者成长故事，或者组织观看劳模先进事迹宣传视频等，开展多样化的学习劳模活动，能够培养学生的劳动精神。劳模的示范和引领，可以对学生的劳动观和劳动情感起到积极的引领和熏陶作用，最终培养学生正确的劳动价值观。

劳动教育的深入开展，需要以主题活动为载体，通过做中学，增强学生对社会的认识和感知，通过劳动教育，可以实现“知行合一”。“知”和“行”是紧密相连的，“知”从“行”中来，没有“行”就没有“知”。只有从“做”中得来的知识，才是“真知识”。引导学生通过参与有趣、有用、有意义的劳动，达到健脑、健体、益心、益情的教育目的，这必然能够为学生的终身幸福奠定良好的发展基础。

当然，我们需要清醒地看到，有些中小学在开展劳动教育过程中仍然存在认识偏差，主要表现为：第一，对劳动教育的认识简单化，把劳动教育等同于“体力劳动”，认为组织学生开展一些简单的手工活动、义务劳动就是劳动教育。这种现象主要是教育者对劳动教育的本质及内涵认识肤浅所致。第二，把劳动教育等同于“一门学科”，认为在学生中开设劳动实践课、通用技术课和社会综合实践活动课就等于开展了劳动教育。这种认识把劳动教育窄化，没有深入理解劳动教育内容的丰富性及多元性。第三，对劳动教育缺少整体设计，不少学校的劳动教育看上去挺务实，组织学生做事、操作和实践，但实际上缺少系统性、整体性的思考和设计，未能依据学生身心发展状况和社会发展的需要，系统设计和创造性地开展劳动教育。

三、劳动教育需要成效评估引领

评估是深入推进劳动教育的有效措施，劳动教育成效需要进行综合评估。劳动教育的内容及形式，决定了其评估方式的多样性。采用何种评估方式，需要依据学校劳动教育内容、学校劳动教育目标、学生身心发展特点等而定，过程与结果并重。评估目标为激励，以评估来促进学生热爱劳动、喜欢劳动、尊重他人劳动、在劳动中享受劳动的快乐，促进学生的健康发展，达成学校的育人目标。

（一）任务清单式效果评估

任务清单式是指学校结合学生年龄和身心发展特点，依据学生日常的家庭生活，设立具体、细微的家务劳动。引导学生在规定时间内，通过完成一个又一个的任务，养成劳动习惯，形成正确的劳动观和劳动态度。学校设计劳动任务清单，学生自愿选择需要完成的任务，每天填写任务清单，比如劳动任务可以包括：做饭、洗衣、扫地、洗碗、折叠衣服等内容。在家长的支持和配合下，学生完成一个又一个的任务清单，学校则依据任务清单对学生参与劳动教育的成效进行评估。

（二）目标达成式效果评估

目标达成式是指通过完成具体的劳动内容，评估达成目标情况。通常用于劳动课程和主题式劳动活动中。学校依据学习内容，设计星级学习评估指标，通过自评、他评等方式，引导学生参与生活劳动。学校根据学生参与劳动过程中的记录表、劳动效果评估表等，对学生参与劳动活动的过程和结果进行综合评价。

总之，为迎接世界科技革命的新挑战，为适应社会和生产发展的新形式，为促进人的全面发展，需要深入开展劳动教育。这就要求教育者要深入挖掘劳动教育的时代内涵，积极探索实施劳动教育的科学方法，并善于从国外先进的劳动教育经验中得到启示，总结提炼出切合实际并富有成效的方法，切实提高中小学劳动教育的针对性和实效性，真正开启劳动教育全面育人的新篇章。

参考文献：

[1] 顾明远. 高度重视学校劳动教育的育人功能和组织 [N]. 中国教育报，2019-05-04.

[2] 班建武. “新”劳动教育的内涵特征与实践路径 [J]. 教育研究，2019（01）：21-26.

[3] 郭维刚. 新时代劳动教育的实现路径探析 [J]. 教学与管理，2019（10）：41-43.

振兴乡村，发挥中小学劳动教育的功能

杜建群①　刘　丹②

乡村中小学校根植于乡村，是乡村社会生活实践的参与者，与乡村振兴发展关系紧密。2020 年 7 月，教育部印发《大中小学劳动教育指导纲要（试行）》（以下简称《纲要》），明确在大中小学设立劳动教育必修课程。乡村中小学开展劳动教育不仅能让乡村青少年重新认识现代劳动的性质、特点和功能，更能让他们直接参与和体验乡村劳动过程，逐步培养他们的劳动实践能力以及热爱乡村的情感。加强乡村中小学生的劳动教育，能为振兴乡村不断积蓄现代劳动力量，突破振兴乡村发展的人才瓶颈，有效发挥劳动教育对乡村的振兴功能。

一、中小学劳动教育振兴乡村的功能

在马克思主义者看来，劳动教育的本质目标是，通过适当的教育途径培育具有健康劳动价值观、追求社会正义、实现体力脑力结合，以及养成具有自由个性的“全面发展的人”。[1] 中小学劳动教育对乡村的振兴功能是通过具体的教育内容来实现的，蕴含着塑造学生良好劳动价值观、传递必要劳动技能、增强身体认知和提升审美水平等作用，发挥着劳动教育对乡村振兴的德育、智育、体育、美育功能。

（一）德育功能：培育中小学生劳动价值观，内化振兴乡村之劳动美德

劳动教育的德育功能本质在于培养劳动者的劳动价值观和劳动素质。2018 年 9 月，中共中央、国务院印发《乡村振兴战略规划（2018—2022 年）》（以下简称《规划》），指出乡村振兴要注重“强化道德教化作用，引导农民向上向善”，乡村振兴战略的完善，对劳动者的道德素质提出了要求。因此，为提高乡村人才的素质水平，内化振兴乡村之劳动美德，中小学劳动教育需充分发挥劳动教育的德育功能，帮助青少年认识到劳动的价值和意义，把劳动视为实现终身价值的实践，并能以高度的使命感将个体与乡村社会发展相结合，培养学生劳动素质上的道德性、变通性和创造性，从精神层面引领学生

① 杜建群，贵州师范大学教育学院教授。

② 刘丹，贵州师范大学教育学院硕士研究生。

成为真正尊重劳动、尊重劳动者以及爱劳动、会劳动的振兴人才，真正起到引领乡村振兴的作用。

（二）智育功能：丰富中小学生劳动知识，蓄积振兴乡村之技术力量

恩格斯在《劳动在从猿到人转变过程中的作用》中以劳动为研究对象，对从猿到人的智力进化做了对比考察，认为劳动是促进智力发展的成因。因此，劳动教育的智育功能对于振兴乡村的作用，不仅表现在让学生掌握各类劳动知识和技能，还体现在让学生通过劳动场域的体验将习得的知识进行巩固与应用，最终促进个体智力的发展与劳动技术水平的提升。2018 年发布的《中共中央 国务院关于实施乡村振兴战略的意见》指出，“实施乡村振兴战略，必须破解人才瓶颈制约。要把人力资本开发放在首要位置，畅通智力、技术、管理下乡通道，造就更多乡土人才，聚天下人才而用之”，为劳动教育的智育功能发挥提供了政策支持。《纲要》则明确要求各中小学设立劳动教育必修课程且课程性质要依据学段特点，如学生智力发展水平等，课程内容要注重选择新型服务性劳动的内容，这为新时代中小学劳动教育智育功能的发挥指明了方向。

乡村广阔的田野承载着世代人建构的乡村文化智慧，具备着极具张力的实践空间，劳动教育课程若缺乏天然的场域，极易产出三类畸变——畸变为技艺学习、休闲娱乐和惩罚手段，[1]从而使劳动教育的智力技术培养能力弱化，劳动教育课程逐渐偏离振兴乡村所需的技术力量培养目标。因此，基于劳动教育独有的智育功能和国家系列政策的支持，中小学应打造具有乡土特色的劳动教育课程，联结乡村优秀文化、乡村新兴产业等内容，有效促成劳动教育课程的专业性与技术性，为振兴乡村蓄积技术力量。

（三）体育功能：增强中小学生身体认知，拓宽振兴乡村队伍之康健路径

劳动教育蕴含的体育功能兼具健身、习得知识的实践化等效用。在 2020 年 5 月召开的全国政协十三届三次会议上，程红委员提及，我国儿童青少年体质健康主要指标连续 20 多年下降，大多与不良行为习惯、缺乏体育运动、体检不到位等直接相关[2]，深层次原因则在于我国青少年欠缺对身体的认知，进而缺乏相关促进身体健康的合理管理。具体来讲，人的认知发展产生于劳动，并且劳动是联结身体与认知对象的桥梁，是儿童认知产生的必要途径。[3]所有知识与技能的习得均是认知的产物，而未经身体实践、体验的知识与技能对于学生来说，是抽象、不完整、难以理解的，因而学生易产生“割裂”感，不能在深层次对身体形成正确的认知。

乡村振兴的根本保障在于具有数量充足、体质健康和高素质的劳动者。

因此，发挥劳动教育的体育功能，侧重对学生身体认知的培养，拓宽振兴乡村队伍的康健路径，使学生能通过劳动来克服自身的惰性，有规律地增强个体体质，进而促进健康身体的养成。在振兴乡村的话语背景下，劳动教育应将课程内容面向学生完整的生活世界，开发联通学校、家庭与乡村社会的劳动教育内容，激发学生对乡村世界的热爱，奠定学生未来积极投身于乡村事业的思想基础，成为推动乡村振兴的可持续劳动资源，同时也规避了乡村发展边缘化的问题。

（四）美育功能：培养中小学生劳动审美，提升振兴乡村之人居环境

《规划》指出，“乡村振兴，生态宜居是关键”，即注重乡村人居环境的建设，以建设美丽宜居的村庄为导向，最终实现“百姓富、生态美的统一”。而要实现这一切，就需具备一定审美水平的乡村劳动建设者。在大众的认知中，劳动教育与美育的关系似乎不大，但实际上人的审美水平的高低与劳动教育息息相关。劳动教育通过让学生不断地实践体验，科学地揭示了感知美、收获美来源于劳动的真理性认识，美感和审美能力的发展是以劳动实践为基础的，又是随着劳动实践的发展而发展的。[4]然而，学生由于缺乏鲜活的劳动体验，容易失去感受美的知觉和表达体验的情感途径，进而审美能力弱化，形成浅薄的美学品味，无法满足乡村振兴对具备审美品质的劳动者的需求，不利于美丽乡村的建设。

随着社会发展，劳动美学应运而生，即研究人类生产劳动中审美的规律，致力于将“美”融入劳动的各方面，以增强劳动的愉悦感，释放出劳动者的创造力。当劳动教育的美育功能得以发挥时，浸润其中的学生，无论是参加生产性劳动、家庭性劳动或其他形式的劳动，都会基于美学责任感和审美激情积极地用双手和智慧去改变物和环境。通过劳动教育的美育功能的发挥，培养一批批现代劳动者，实现《规划》中“百姓富、生态美的统一”的目标并不遥远。

二、多维路径：拓宽中小学劳动教育振兴乡村的功能

为发挥好中小学劳动教育对振兴乡村的各类功能，我们在课程开发上，要构建中小学劳动教育振兴乡村的知识体系；在课程指导上，增强“家庭 - 学校 - 社会”协同指导，凸显乡村劳动教育集体指导合力；在课程实践上，加强“菜园子”实验田建设，培养中小学生现代劳动实践力，通过多维实践路径的强化，最终促进其振兴乡村的功能均“利用其厚生、功能尽其用”。

（一）课程开发：构建中小学劳动教育振兴乡村的知识体系

从我国中小学当前的整体教育现状来看，许多乡村中小学设置了劳动课，但仍缺乏相应的本土劳动课程，多数仅停留于让学生在学校打扫卫生、回家做家务的表面形式上，未联结乡村新型态、新产业等，因此，要构建中小学劳动教育振兴乡村的新知识体系，以促进与适应时代的发展。构建此知识体系内容应注意三点：一是注重学生在个体生活中形成独立劳动的意识，体验劳动的不易，形成劳动的责任意识，这也是学生健康发展、适应社会发展的重要基础；二是注重振兴乡村的人才需求，赋予其内容较强的时代性，注重振兴乡村的知识、技能、劳动工具等内容的融入，培养学生具备振兴乡村的劳动技能，例如，强调中小学生的公共服务意识，使学生面对振兴乡村相关举措时，具有主动服务和奉献的精神；三是致力于劳动教育教学场域的选择与开发，要突破传统的劳动教育课程形式，发挥乡村中小学校天然的场域优势，如在周边基地进行学习时，可请当地有丰富乡村农业经验的村民参与到课堂教学中，让学生真切地感受劳动的魅力。

（二）协同指导：凸显乡村劳动教育集体指导合力

《纲要》提出，要将劳动观念和劳动精神教育贯穿人才培养全过程，贯穿家庭、学校、社会各方面。劳动贯穿于我们生活的方方面面，在社会、家庭中占据着重要位置。家庭是实施劳动教育的重要场所，家长是学生的第一任教师，要注重“崇尚劳动”家风的养成。家长应深刻意识到劳动对孩子成长的重要作用，积极鼓励孩子自觉、主动参与劳动，要求孩子在每一人生阶段掌握一定的劳动技能，发挥好家庭在劳动教育方面的职能。劳动教育的社会性极强，正因如此，社会劳动也更为丰富。社会是学生未来就业所要踏入的场域，农场、工厂、企业单位等应积极开放实践场所，利用产业新技术、企业劳动方式丰富学生劳动体验；妇联、青年志愿群体、工会等组织应积极搭建多样化的劳动实践平台，引导学生参与公益性劳动服务，促进学生劳动责任意识和劳动体验的升华；此外，社会媒体宣传部门应多传播和歌颂以大众劳动者为主题的作品，弘扬正能量，增强学生对劳动的向往，以劳动为荣。由此，中小学劳动教育通过强化三方主要劳动场域的综合实施，凸显乡村劳动教育集体指导合力，将会蓄积更多力量支持振兴乡村劳动人才的培养。

（三）“菜园子”实验田建设：培养中小学生现代劳动实践力

“菜园子”实验田从微观角度来看，是指在校园内建设一处可供学生体验劳动的场地；从宏观角度来看，除了校内的实践场地，还涵盖校外的场域，可供学生更为真实地体验劳动。为适应社会发展需求，“菜园子”需融入种植、大数据等因素，将其融合为现代劳动实践基地，以此提高学生的劳动实践力。关于劳动实践力，学界尚未形成统一的认识，主要是指人们开展体验、实验和调查等劳动实践活动所应具备的意志品质和行动能力，尤其注重实践、体验。例如，重庆市綦江区针对乡村中小学劳动实践课程非常薄弱的现状，区域化整体构建了基于校园农场的中小学劳动实践课程，形成了能够满足学校开展劳动实践课程的校园开心农场、校园匠心农场和校园生态农场等主题，[5] 极大地提高了当地中小学劳动教育质量和学生劳动实践力水平。学校通过建设“菜园子”实验田，以现代信息技术为载体，以真实劳动体验为基础，创造性地实施劳动教育，以劳养德，以劳育才，让学生在面对真实世界的劳动中养成劳动实践力，掌握劳动知识与劳动技能，成长为能够担当起民族复兴大任的时代新人。

参考文献：

[1] 檀传宝．劳动教育的本质在于培养劳动价值观 [J]．人民教育，2017（09）：45-48.

[2] 程红委员代表民盟中央发言：“健康中国”从儿童青少年健康开始 [EB/OL] .http：//www.xinhuanet.com/politics/2020-05/25/c_1126031772.htm，2020-05-25.

[3] 颜晓程，吕立杰．劳动教育的身体意蕴及其省思——马克思主义哲学的视角 [J]．中国教育学刊，2020（03）：63-67.

[4] 曲波．新时代劳动教育的思想意涵与实践要义 [J]．现代教学，2019（Z4）：1.

[5] 古爱华．校园农场：农村中小学劳动实践课程的区域化探索 [J]．基础教育课程，2020（6 上）：17-25.

初中生劳动教育的现状、问题及对策研究

——基于浙江省综合评价监测数据的分析

周 鸿[①]

当前学生劳动教育状况究竟如何？2019 年，浙江省在中小学教育质量综合评价监测中，就浙江省初中生的劳动实践状况进行了调查。调查覆盖 96 个县（市、区）730 所初中的 41382 名学生、9779 名任课教师、38794 名受监测学生的家长。本文基于监测数据，对劳动教育的认识基础、结构特征、学校实践路径，以及劳动教育对学生发展的影响等进行分析，提出有效开展初中生劳动教育的若干建议。

一、关于劳动教育的认识基础

本次监测从两个方面展开，一是监测学校与家庭有关学生劳动教育的开展情况，二是监测学生的劳动观点、劳动态度和劳动习惯状况，具体包括自我服务、家务劳动、校内劳动和校外劳动四个维度。

根据监测数据发现，学生普遍具有正确的劳动价值观。75.6% 的学生非常乐意参加校内外的各种劳动实践活动，82.3% 的学生“看到地上垃圾总会主动捡起放到垃圾桶”，77.2% 的父母从小就让孩子去做力所能及的事。

教师在劳动教育的意义认识和目标定位方面有较高的站位，能充分认识到劳动教育的综合育人价值。在问及对学校开展劳动教育所持态度时，43.7% 的教师表示非常支持，48.2% 的教师表示比较支持。对比城乡数据，表示非常支持的城市、县城、乡镇农村教师占比分别为 47.9%、43.2%、41.3%；对比学科数据，表示非常支持的科学、数学、语文教师占比分别为 44.6%、44.4%、42%。可见，在对待学校劳动教育的支持度上，城乡与学科差别并不太大，城市教师略高于县城和乡镇农村教师，数学、科学教师略高于语文教师。

家长普遍认同劳动教育能促进孩子健康成长。在问及让学生参加劳动是很好的锻炼问题时，65.2% 的家长表示非常同意，24.4% 的家长表示比较同

---

① 周鸿，浙江省丽水市莲都区教育局教研室评价教研员，高级教师。

意。家长对学校当前劳动教育现状的满意度较高，84% 的家长表示比较或非常满意。同时，对比城乡数据，城市、县城和乡镇农村家长之间无显著差异。

二、初中生劳动实践的结构特征

中小学生劳动实践主要包括学校组织的校内外劳动实践，以及学生自我服务与家务劳动的参与。调查发现，初中生校内劳动实践相对较好，校外实践较为薄弱；自我服务相对较好，家务劳动相对较弱。在自我服务与家务劳动方面，民办民工学校的学生明显强于其他学生，但在校内外劳动实践方面，不存在显著性差异。不同区域与性别的劳动实践状况基本相似（见图 1）。

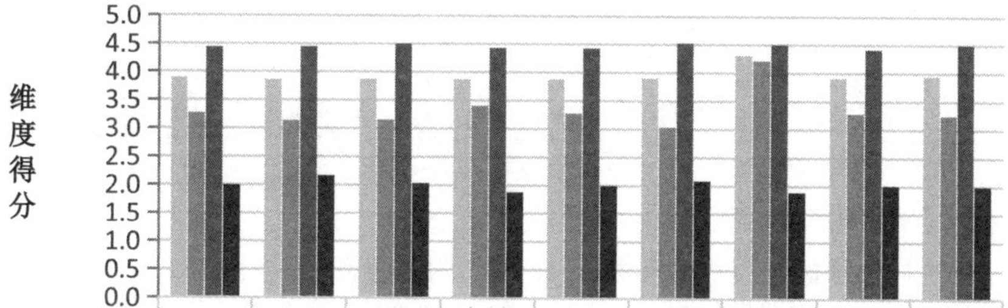

	全省	区域性质			办学性质			性别	
		城市	县城	乡镇农村	公办	一般民办	民办民工	男	女
自我服务	3.9	3.9	3.9	3.9	3.9	3.9	4.3	3.9	3.9
家务劳动	3.3	3.1	3.2	3.4	3.3	3.0	4.2	3.3	3.2
校内劳动	4.4	4.4	4.5	4.4	4.4	4.5	4.5	4.4	4.5
校外实践	2.0	2.2	2.0	1.9	2.0	2.1	1.9	2.0	2.0

图 1 浙江省初中学生劳动实践结构特征

（一）学校组织的劳动实践

进一步分析学生参与学校组织的劳动实践活动情况，表 1 呈现了学生参与校内外劳动实践的类型与频次。

表 1 数据显示，学生校内劳动实践的频率较高，一周一次校内劳动实践的比例达 61.8%。学生参与最多的是校内各类服务岗与劳动实践基地的学习。学生校外劳动实践的类型虽然也比较丰富，但频次总体较少，初二上学期有 24.9% 的学生没有参加过校外劳动实践，参加过 3 次及以上的学生占比不足 20%。初中应是职业生涯体验的起步阶段，有 18.6% 的学生参加过职业岗位体验活动。分别有 38.8% 和 52.8% 的学生参加选项以外的“其他”校内、校

外劳动实践活动，可见劳动实践类型颇为多样。

表 1　学生参加劳动实践的情况

校内劳动实践情况	频率	没有过	一年 1 次	一学期 1 次	一月 1 次	一周 1 次
		2.5%	1.1%	7.9%	26.6%	61.8%
	类型（多选）	实践基地学习	学校各类服务岗	职业岗位体验活动	其他	
		42.3%	51.5%	18.6%	38.8%	
校外劳动实践情况	次数	从来没有	1~2 次	3~6 次	6~10 次	10 次以上
		24.9%	55.3%	16.3%	2.0%	1.4%
	类型（多选）	社区便民公益服务	文化宣传活动	环保志愿活动	关爱他人服务	其他
		22.7%	23.3%	32.8%	30.9%	52.8%

（二）家庭劳动实践

初中生已具备较强的自我服务能力，调查显示，62.1% 的学生每周至少 3 次主动整理自己的生活物品和学习用品。

初中生参与家务情况较好。表 2 呈现了不同区域、性别学生参与家务的频次。

表 2　全省不同区域、性别学生做家务频次

		每天都做	一周 3~4 次	一周 1~2 次	一月 1~2 次	基本不做
全省		15.7%	24.3%	39.4%	12.3%	8.3%
地域性质	城市	12.8%	22.2%	40.3%	15.0%	9.6%
	县城	12.4%	22.7%	41.6%	14.4%	8.9%
	乡镇农村	19.2%	26.3%	37.5%	9.7%	7.3%
性别	男	17.3%	24.6%	36.6%	12.1%	9.4%
	女	14.1%	23.9%	42.2%	12.5%	7.3%

注：数据经过四舍五入。

表 2 数据显示，40% 的学生每周至少做 3 次家务，39.4% 的学生一周做一两次家务。在每天都做家务的学生中，乡镇农村占比最高（19.2%）。从性别看，每周至少做 3 次家务的男生占比 41.9%，高出女生 3.9 个百分点。基本不做家务的学生中，以城市学生或男生居多。可见，乡镇农村学生家务劳动情况好于县城和城市学生。

表 3　周末学生做“烧饭”家务频次

	从不或几乎没有	每月 1 次或 2 次	每周 1 次或 2 次	每周 3 次或 4 次	每天或几乎每天
全省	39.4%	26.8%	22.6%	5.6%	5.6%

表 3 数据显示，周末有 5.6% 的学生每天都会做“烧饭”家务，26.8% 的学生每月会做 1~2 次“烧饭”家务，39.4% 的学生基本不会做“烧饭”家务。

三、实施劳动教育的主要路径

监测数据表明，浙江省初中学校劳动教育路径健全。图 2 呈现了来自教师问卷的学校劳动教育实施情况。

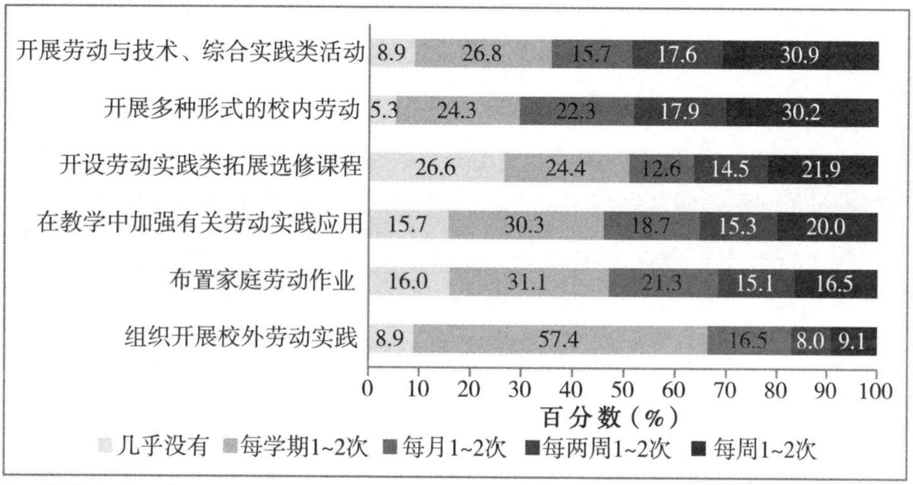

注：数据经过四舍五入。

图 2　学校劳动实践活动分布

由图 2 可知，学校开展劳动与技术、综合实践类活动的必修课程中，每周 1~2 次占 30.9%、每两周 1~2 次占 17.6%。学校开展卫生保洁、绿化种植、以劳动教育为主题的班队活动、社团、兴趣小组等校内劳动的频次较高。在教师组织学生开展校内劳动的频次中，每周 1~2 次占 30.2%、每月至少 1 次占 70.4%。学校还开设如家政、烹饪、手工、园艺等劳动实践类拓展选修课程来丰富课程内容，开设这些课程的频次是每周 1~2 次占 21.9%，每两周 1~2 次占 14.5%。学校以布置家庭劳动作业的形式，推进并评价家庭劳动教育成效，给学生布置家庭劳动作业的频次中，每周 1~2 次占 16.5%、每两周 1~2 次占 15.1%。学校组织开展公益活动、志愿服务、以劳动教育为主题的研学旅行和社会实践等校外劳动实践的频次相对较低。这表明，学校虽然能正常开展劳动实践教育，但其频次相对较低，内容单一，亟需构建起科学的劳动教育课程体系，探索多样化的劳动教育实践路径。

表 4　安排家庭劳动作业频次

	几乎没有	每学期 1~2 次	每月 1~2 次	每两周 1~2 次	每周 1~2 次
城市	13.1%	32.1%	21.2%	14.7%	18.9%
县城	16.1%	30.1%	21.5%	15.4%	16.9%
乡镇农村	17.8%	31.3%	21.1%	15.2%	14.5%

表 4 数据显示，在每周 1~2 次安排家庭劳动作业的教师中，城市、县城和乡镇农村占比分别为 18.9%、16.9%、14.5%。可见，城市教师布置家庭劳动作业情况好于县城教师，县城教师好于乡镇农村教师。

四、推进劳动教育的困难与问题

从监测结果看，尽管浙江省具备较好的劳动教育内外部环境，但仍存在一些困难与问题。图 3 呈现了来自教师问卷的影响学校劳动教育因素。

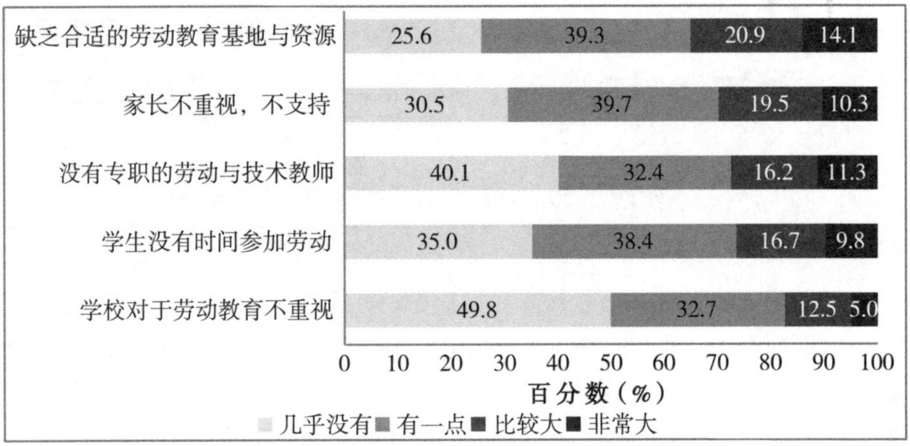

注：数据经过四舍五入。

图 3　影响学校开展劳动实践教育因素的选项分布

由图 3 可知，从影响“比较或非常大”频次看，“缺乏合适的劳动教育基地与资源”是首要因素，“家长不重视不支持”次之，第三是“没有专职的劳动与技术教师”。从影响“几乎没有”频次看，“学校对于劳动教育不重视”是首要因素。这表明，初中教师已普遍认识到劳动场地、家长支持和教师劳动教育专业化水平是影响学校劳动实践教育成效的重要因素。

（一）劳动实践发展不平衡

数据显示，浙江省劳动实践水平总体不高，“优良率”有待进一步提升。劳动实践指数好、较好、一般水平占比分别为 3.4%、50%、46.7%。不同区域的劳动实践水平差异较大，如 A 市劳动实践好、较好、一般水平的占比分别为 4.6%、55.5%、39.9%，B 市相应水平的占比分别为 2.1%、40.8%、57%。不同性质学校劳动实践水平差异较大，民办民工学校劳动实践较好水平的学生占比为 71.4%，远远超过公办学校（49.5%）和一般民办学校（48.5%）。

（二）学校的主导作用不够明显

浙江省对劳动教育虽然一直非常重视，但与国家要求的“中小学劳动教育课每周不少于 1 课时”相比仍有差距。有 35.7% 的教师“每学期 1~2 次或从未”开设劳动与技术和综合实践类活动课程，有 46% 的教师“每学期 1~2 次或从未”在教学中渗透劳动教育，有 47.1% 的教师“每学期 1~2 次或从未”安排家庭劳动作业。

（三）家庭的基础作用不够充分

由图 4 可知，部分家长对劳动教育不重视，19.4% 的家长持有“学生的主要任务是读书，劳动是工作后的事”的观点。8.4% 的家长之所以不让孩子参加搞卫生劳动，是因为担心“学生搞卫生不够干净”。教师认为“家长不重视、不支持”是影响学校劳动教育的第二位因素（非常或比较大占比 29.8%）。

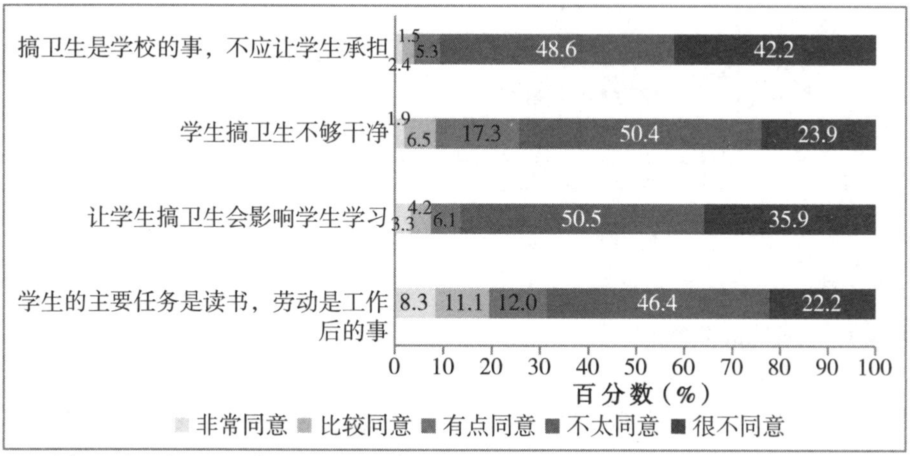

注：数据经过四舍五入。

图 4　家长对劳动实践看法选项分布

（四）社会的支持作用缺位严重

校外劳动实践基地和实践场所较少，教师认为“学校周边缺乏合适的劳动教育基地与资源”是影响学校劳动教育的首位因素（非常或比较大占比35%），乡镇农村教师（37.7%）高于城市教师（32.1%）。可见，乡镇农村更缺乏校外劳动实践基地与资源。另一数据表明，57.7% 的学生未参加过生产劳动，81.4% 的学生未参加过职业岗位体验活动。据调查，缺少相关劳动场所是导致学生校外劳动实践活动无法正常开展的主要因素。

五、劳动教育与学生发展的关系

将劳动实践指数与责任感、学习动力、运动健康、自我认知、家庭教育方式、师生关系、亲子关系、兴趣爱好、家长参与、同伴关系等指数做相关分析，结果如表 5 所示。

表 5　监测指数与劳动实践指数的关系

指数	相关系数
责任感指数	.352**
学习动力指数	.278**
运动健康指数	.256**
自我认知指数	.255**
家庭教育指数	.218**
师生关系指数	.215**
亲子关系指数	.214**
兴趣爱好指数	.207**
家长参与指数	.178**
同伴关系指数	.173**

**：相关性在 0.01 层上显著。

表 5 数据显示，各指数与劳动实践指数之间具有显著的正相关，且劳动实践指数与责任感指数最为密切。

责任感是指学生通过履行一定符合规范的行为来对自己、他人、集体和社会负责的过程，包括履行义务、职责和其他的要求。一方面，责任感强的学生，往往劳动实践也多；另一方面，劳动实践活动恰恰又是提升学生责任感的良好载体，通过劳动实践活动，可以强化学生的担当精神，培养学生的责任意识，使学生形成勇敢、坚毅的品质。

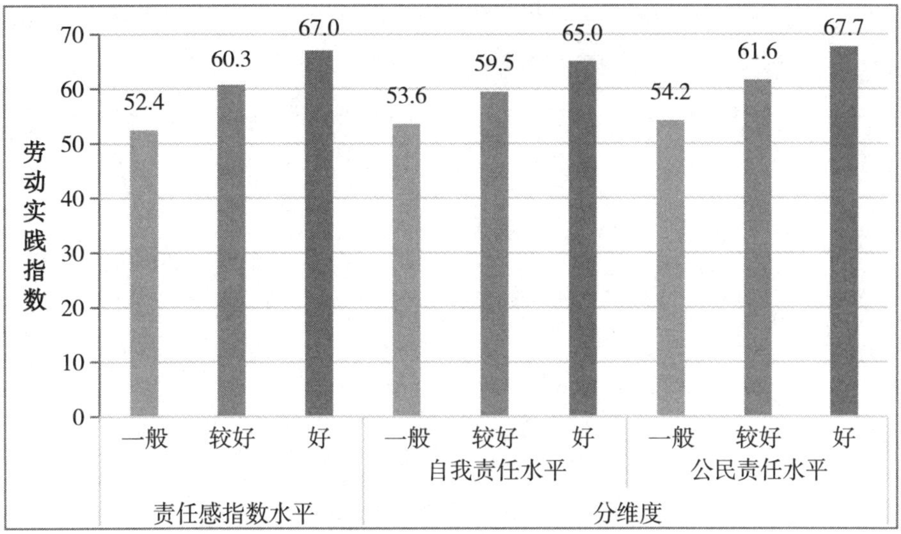

图 5　责任感不同水平下的劳动实践指数得分

由图 5 可知，随着责任感指数水平的提升，劳动实践指数得分越来越高，两个分维度也有类似结论。“公民责任”各水平对应的劳动实践指数得分均高于“自我责任”各水平。可见，公民责任意识对劳动实践的影响相对较大。

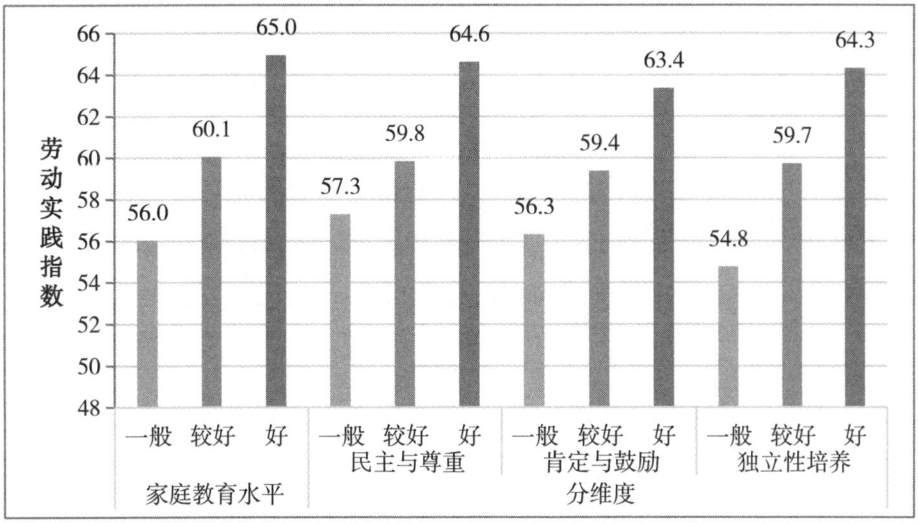

图 6　家庭教育不同水平下的劳动实践指数得分

由图 6 可知，随着家庭教育水平的提升，劳动实践指数得分越来越高，三个分维度也有类似结论。“民主与尊重”各水平对应的劳动实践指数得分均高于“肯定与鼓励”和“独立性培养”各水平。可见，“民主与尊重”的家庭教育方式对劳动实践的影响相对较大。

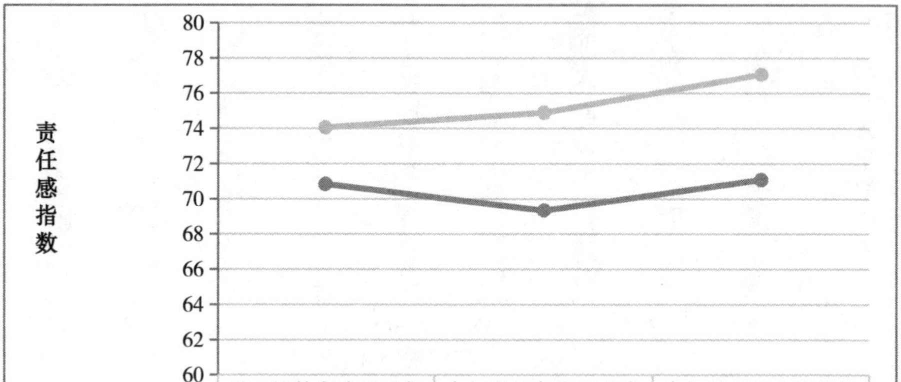

	进入校外实践基地集中学习	参与学校各类服务岗的服务	参加某些职业岗位体验活动
参加	74.1	74.9	77.1
未参加	70.9	69.3	71.1

图 7　不同校内劳动实践类型与责任感的关系

由图 7 可知，从学校组织的各类型常规校内劳动实践活动参加情况与学生责任感关系看，参加校内活动的学生责任感指数得分远高于未参加校内活动者，且参加职业岗位体验活动更有助于责任感的形成。

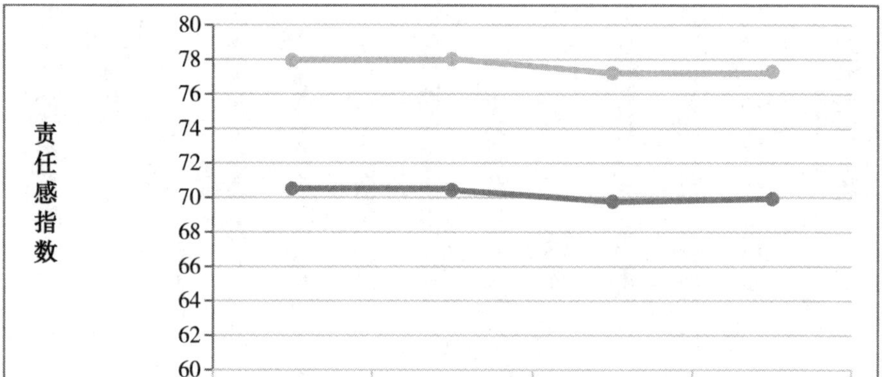

	社区便民公益服务	文化宣传活动	环保志愿活动	关爱他人服务
参加	78.0	78.0	77.2	77.3
未参加	70.5	70.4	69.8	69.9

图 8　不同校外劳动实践类型与责任感的关系

由图 8 可知，从学校组织的各类型常规校外劳动实践活动参加情况与学生责任感的关系看，参加校外活动的学生责任感指数得分远高于未参加校外活动者，且参加社区便民公益服务或文化宣传活动更有助于责任感的形成。

劳动教育具有树德、增智、强体、育美的综合育人价值，充分挖掘其促进学生健康成长的隐性价值具有重要意义。事实上，劳动教育不仅要有物质层面的呈现，而且要有精神层面的升华，要重视培养学生的劳动素养。例如，学生在做家务的过程中，学会了自我管理时间，统筹协调了家务与学习的关系，做事短时高效。学生承担力所能及的家务劳动，培养了独立意识和克服困难的能力，体会到劳动的艰辛，才会珍惜劳动成果，感受到劳动的乐趣，从而形成积极的劳动态度。

六、对策与建议

基于本次监测结果和浙江省当前劳动教育的现状分析，对全面推进初中生劳动教育提出如下建议。

（一）赋予劳动教育新内涵

监测数据表明，劳动教育对学生“责任感”的形成有积极的促进作用；也有研究表明，“责任感”和“学习动力”对学生学业成绩具有显著的正向作用。可见，有必要赋予原有的劳动教育以新的内涵。

中共中央、国务院《关于全面加强新时代大中小学劳动教育的意见》（以下简称《意见》）指出：“劳动教育是国民教育体系的重要内容，是学生成长的必要途径，具有树德、增智、强体、育美的综合育人价值。实施劳动教育重点是在系统的文化知识学习之外，有目的、有计划地组织学生参加日常生活劳动、生产劳动和服务性劳动，让学生动手实践、出力流汗，接受锻炼、磨炼意志，培养学生正确劳动价值观和良好劳动品质。”

可见，在立场上，劳动教育要充分实现教育与生产劳动的“实质”而非“形式”的结合；在内容上，体现一种发展的教育观，重视闲暇教育和消费教育；在功能上，强调劳动之于个体的存在性价值，以赋予个体在劳动教育中获得自我存在的价值感和意义感，丰富其关系属性并提升其审美人格；在实践上，培育学生正确的劳动价值观和劳动态度，构建一种整合、开放性的劳动教育实践体系。劳动教育看重的是劳动素养，而不能理解为开设劳动课。教育方针中所提的德智体美劳都是素养概念，它们并不对应于学科。我们不能说“德”对应于德育学科，也不能把“体”看成体育课完成的任务。同样道理，劳动素养不只在劳动课之中养成。家校的日常打理，班级的卫生轮值、环境布置，学科教学的实物计量、实地调查，各种综合实践课的实践活动，都有劳动素养的培育功能。

初中学生正处于青春期，青春期阶段的孩子身体快速发育，其生理上的日渐成熟促使孩子在心理上寻求独立自主，对父母的依赖逐渐减少，希望摆脱父母的“控制”。但孩子面临更多的挑战和问题，仍然需要家长的支持、陪伴和指导。所以，家长需要转变教育角色、调整教养方式，给予孩子信任和理解，及时给予孩子帮助和指导。在劳动教育中渗透责任意识的培养，激发孩子的学习动力。

（二）构建劳动教育评价指标体系

学校应把劳动教育纳入教学计划，设置劳动课程，培养劳动素养，不断完善劳动教育的方案和保障制度，实施劳动教育精细评价。对照《意见》制定出具有区域特色的劳动教育状况评价指标体系。例如，课程设置一般包括劳动必修课、劳动拓展课、劳动周、学科渗透等，教学实施包括教学内容、教学形式、教学资源和教学评价等，保障机制包括制度保障、师资保障、经费投入和安全保障等，劳动素养包括劳动观念、劳动知识与技能、劳动习惯和劳动实践能力等。课程设置上也可借鉴国外成熟经验，如日本的课程包括家政课、午餐教育和田地教育；德国的课程包括技术、经济、家政和职业技术；芬兰的课程包括手工课、家政课、编程课程及综合课程等。

探索建立劳动教育评价实施策略，通过推行问题清单、任务清单和责任清单来规范和评价劳动教育成效。对照评价指标体系查找本校劳动教育中存在的问题，列出清单，并采取有效措施积极改进；依据学生的身心特征以及本地、本校的实际情况，分类型、分项目详细制定开展日常生活劳动、生产劳动和服务性劳动任务清单，以增强劳动教育的针对性和可操作性；建立责任清单，落实劳动教育责任制，明确各级政府、学校、家庭、企业、社区等各相关部门的主体责任，必要时建立劳动教育负面清单。

同时，将学生平时劳动的结果纳入个人综合素质评价中，教育督导部门则将学校劳动教育结果纳入对学校的发展性考核中，以促进劳动教育目标的有效达成。

（三）建设劳动教育支持系统

劳动教育要渗透到学校德、智、体、美教育之中，离不开家校合作和社会支持。因此，要加强校内外和家庭劳动教育，确保劳动教育有效落实。

学校是劳动教育的主阵地。学校要重视校内外结合的实践基地的开发和利用，梳理学校劳动教育的场地，保证每个班级在校内有劳动实践区，有若干可供学生劳动实践的场地，有可供开展创新性劳动学习活动的专用教室。教师要充分利用课堂这一主阵地对学生进行劳动教育，使其形成正确的劳动价值观；要对班级热爱劳动、劳动能力强的学生进行表扬，鼓励学生向他们看齐。学校要开展相关活动激发学生的劳动兴趣，如举办植树节活动、小制作竞赛等，这既有利于变被动劳动为自觉劳动，又可以提高学生动脑动手能力。

家庭是劳动教育的练兵场。学校的劳动教育以集体为主，较缺乏针对性，这就需要家庭与学校合作，实现劳动教育全员化、个性化。在家庭教育中，应培育孩子的劳动精神以锤炼其勤劳向上的品格，培养孩子的劳动习惯以激发其热爱生活的态度，训练孩子的劳动技能，以提升其实践创新能力。家长应配合学校开展劳动技能培养，可区别于学校课程的专门培养，灵活地安排家务劳动内容，在基本家庭活动中引导孩子学会自理技能和劳动技能，如“会烧饭菜”“会洗补衣服”“会种园”“会修理”等，既能拓展学校教授的内容，又能根据家庭特点对孩子进行补充培养。教师也可以布置家庭劳动作业，形成家校教育合力。

社会是劳动教育的实践台。学生最终要在社会中生存，学校和家长都应组织学生多参与社会实践活动，校外实践劳动既培养了孩子吃苦耐劳的精神，又增强了他们的服务意识和责任担当，这是学校和家庭劳动教育的延伸。加强社会联动，充分挖掘、利用社会各个机构和组织给学生提供的劳动教育场所，促使各类劳动教育实践基地、研学旅行营地以及其他社会资源联动。各级培训部门要组织劳动教育的专项培训班，更好地推动劳动教育师资队伍建设。学校、家长和社会形成教育合力，使劳动教育经常化、日常化。

法国哲学家卢梭说，“一个小时劳动教育给他的，比终日向他讲述所记住的东西还要多”。期待劳动教育越来越实至名归，在校园、在家庭、在全社会蔚成风气，在学生心中生根、发芽、枝繁叶茂；更期待学生“劳力劳心，亦知亦行”，对知识躬身修行、用身体“丈量”世界，多动手实践、多出力流汗，在接受锻炼、磨炼意志的过程中，享受到劳动的快乐与成就，用双手成就美好的人生。

第二章

劳动教育与综合实践活动的关系

劳动教育与综合实践活动课程的关系

冯新瑞[①]

2020年3月，中共中央、国务院印发的《关于全面加强新时代大中小学劳动教育的意见》（以下简称《意见》）明确指出，“在大中小学设立劳动教育必修课程，系统加强劳动教育”，劳动教育将作为必修课程在中小学单独开设。那么，它和现在包含劳动与技术教育在内的综合实践活动课程到底是什么关系？综合实践活动课程中还要不要加强劳动教育？甚至有人担心综合实践活动课程会被劳动教育所取代。认清这些关系，学校将能更好地设置劳动教育课程、全面加强劳动教育。

一、劳动教育与综合实践活动课程的区别

首先，两者的地位不同：劳动教育是“五育”之一，综合实践活动课程是落实劳动教育的课程之一。

劳动教育在历史上曾一度作为“五育”之一被纳入党的教育方针，在促进人的全面发展中发挥了很好的奠基作用，其地位也经历了大起大落，尤其是近些年有被淡化、弱化的趋势。在一些青少年中出现了不珍惜劳动成果、不想劳动、不会劳动的现象，劳动的独特育人价值在一定程度上被忽视。2018年全国教育大会上，习近平强调要努力构建德智体美劳全面培养的教育

① 冯新瑞，中国教育科学研究院课程教学研究所副研究员。

体系，劳动教育再次作为“五育”之一受到全社会的高度重视。《意见》的出台，正是针对当前劳动教育被弱化的现状、贯彻落实新时代党对劳动教育的新要求、补齐劳动教育这个短板的重大举措。

劳动教育作为“五育”之一，是和“德智体美”“四育”相提并论的，是人的全面发展不可或缺的重要方面。劳动教育在中小学实施的途径和德育相似，除了在中小学单独设置劳动教育必修课程外，其他课程也要结合学科特点，有机融入劳动教育的内容。而综合实践活动课程和其他必修课程具有同等地位，自然也要有机融入劳动教育的元素，即便是劳动教育单独开设了，综合实践活动课程的基本活动形式本身也有落实劳动教育的价值，也需要发挥其加强劳动教育的作用。

其次，两者的功能定位不同：劳动教育的重点是培养学生正确的劳动价值观和良好的劳动品质，综合实践活动课程的重点是转变学生学习方式、提升学生的综合素质。

劳动教育不等同于劳动技术教育。“劳动教育当然包括具体的劳动教育形式，学习某些劳动技能也应该成为劳动教育的具体目标之一。但是，劳动教育的本质目标在于确立劳动价值观，让青少年充分认识到劳动对于社会发展和人生进步的重要意义。”[1] 近些年，中小学的劳动教育有渐渐被窄化为劳动技术教育的趋势，促进学生掌握一定的劳动技能日渐成为劳动教育的主要目标，却忽视了劳动教育最本质的价值目标，即劳动价值观的培养。针对一些青少年中出现的不珍惜劳动成果、不想劳动、不会劳动的现象，《意见》从思想认识、情感态度、能力习惯三个方面面向全体学生提出了劳动教育目标，突出强调劳动教育的思想性——强调理解和形成马克思主义劳动观，牢固树立劳动最光荣、劳动最崇高、劳动最伟大、劳动最美丽的观念；体会劳动创造美好生活，体认劳动不分贵贱，热爱劳动，尊重普通劳动者，培养勤俭、奋斗、创新、奉献的劳动精神；具备满足生存发展需要的基本劳动能力，形成良好的劳动习惯。

2001 年，国家设置综合实践活动课程并将其列为必修课程的初衷是为了转变学生的学习方式和教师的教学方式，培养学生的创新精神和实践能力，全面实施素质教育。同时，为了增强课程的综合性、减少课程门类，改进劳动与技术教育实施方式，将其作为一部分内容纳入综合实践活动课程。2017 年，教育部印发的《中小学综合实践活动课程指导纲要》（以下简称《纲要》）明确了该课程的目标是以培养学生综合素质为导向，强调学生综合运用各学科知识，认识、分析和解决现实问题，提升综合素质，着力发展核心素养。

2020 年 6 月，教育部再次修订颁发《普通高中课程方案（2017 年版 2020 年修订）》，其中，将劳动教育从综合实践活动课程中独立出来，作为国家课程赋予了 6 个学分的必修学分。

最后，两者的实施内容不同：劳动教育有明确的内容，综合实践活动课程无固定内容。

按照马克思的劳动学说，劳动分为生产性劳动和非生产性劳动两个大类。对于青少年学生来说，日常生活劳动也是很重要的劳动教育的载体，服务性劳动是体现时代特点的新型劳动形式。因此，中小学劳动教育的内容主要包括日常生活劳动、生产劳动和服务性劳动三个方面的知识、技能与价值观。

虽然 2001 年教育部发布的《基础教育课程改革纲要（试行）》《义务教育课程设置实验方案》中明确了综合实践活动课程内容主要包括信息技术教育、研究性学习、社区服务与社会实践以及劳动与技术教育，但这是当时特定形势背景下的课程实施策略，有着当时特殊的时代背景和对课程实施的现实考量。2017 年教育部颁布的《纲要》中强化了综合实践活动课程的实施方式，明确了将考察探究、社会服务、设计制作、职业体验等作为综合实践活动实施的基本活动方式；强调学校和教师要根据综合实践活动课程的目标，以及基于学生发展的实际需求，设计活动主题和具体内容，并选择相应的活动方式。有关劳动与技术教育的内容，在推荐主题里主要是以设计制作的形式来呈现的。

当然，劳动教育和综合实践活动课程的区别不限于此，在组织实施、评价等细节方面也有很多不同的地方。

二、劳动教育与综合实践活动课程的关联

与两者的差别相比，劳动教育与综合实践活动课程有着更多相同和相关联的地方，这主要表现在以下几个方面。

（一）劳动教育与综合实践活动课程都以价值体认为核心

劳动教育与综合实践活动课程都是为全面贯彻党的教育方针，坚持教育与生产劳动、社会实践相结合的产物，在落实立德树人这一根本任务时都强调实践育人，以价值体认为核心，明确育人导向。国家督学成尚荣认为：“劳动教育的核心应当是价值体认，即让学生在劳动教育的各个层面体验、探究劳动的价值，并使之内化为价值观。”“有什么样的价值体认，就会有什么样的劳动教育，也就会有什么样的劳动状况；价值体认，影响并决定着劳动的意义，影响并决定着学生劳动的自觉水平，也必定影响并决定着劳动教育的

境界。”[2]《意见》明确指出：把准劳动教育价值取向，引导学生树立正确的劳动观，崇尚劳动、尊重劳动，增强对劳动人民的感情，报效国家，奉献社会。我们应当让这些价值体认真正落到实处。

综合实践活动课程也有明确的育人目标，《纲要》强调学生能从活动中获得丰富的实践经验，形成并提升关于自然、社会与自我之间内在联系的整体认识，具有价值体认、责任担当、问题解决、创意物化等方面的意识和能力。在这些具体目标中，以“价值体认”为核心，其余目标都是在满足这个前提条件下落实的。所有主题活动都要以正确的价值为导向，不能为了活动而活动。如果某一主题活动与劳动教育相关，如社区服务类或设计制作类活动，那么它的核心目标应该是价值体认——通过活动实现正确的劳动价值观的培养，在落实责任担当、问题解决和创意物化目标的过程中渗透服务社会、劳动光荣、创造性劳动等劳动观念的引导与体认。

（二）劳动教育的落实离不开实践活动

劳动教育和综合实践活动课程都强调实践育人。虽然劳动知识技能的传授、劳动观念的正面引导，也需要教师进行必要的讲解和点拨，通过讲解让学生掌握实践操作的基本原理、程序，正确使用工具的方法，认清事理、明辨是非等，但劳动教育的落实，不能仅仅依靠教师的讲解。劳动教育落实的主要方式是让学生亲身参加劳动，手脑并用，通过劳动体验劳动的辛苦和快乐，在劳动中磨炼意志、培养吃苦耐劳的精神，体认劳动的价值，提升劳动能力、养成劳动习惯。如果不通过劳动，学生难以体会到劳动的艰辛和快乐，尊重劳动和劳动人民及热爱劳动的情感就难以产生。劳动本身就是实践，这种实践不仅包括体力劳动，还包括社会服务、职业体验、设计制作等多种形式，也是一种综合实践。学生也可以综合运用所学知识解决在劳动中遇到的困难和问题，提升综合解决问题的能力和培养创新精神。这和综合实践活动具有异曲同工之妙。因此，学校和家庭需要给学生创造多种适合开展劳动实践活动的机会。

（三）综合实践活动课程的四种基本活动方式都能实施劳动教育的内容

如前所述，综合实践活动课程的实施有考察探究、社会服务、设计制作和职业体验四种基本活动方式，劳动教育的主要内容有日常生活劳动、生产劳动和服务性劳动。综合实践活动的四种基本活动方式与劳动教育的主要内容有高度的重合性或对应性，如生产劳动教育可以通过设计制作和职业体验等方式来实施，服务性劳动教育可以通过社会服务的方式来实施，日常生活劳动教育可以融入考察探究的方式来实施，让学生不是仅干活出力流汗，而是手脑并用。当然，上述方式和内容并非一一对应的线性关系，事实上，所有劳动教育的内容都需要融入考察探究的方式来实施，正如著名学者柳夕浪所诠释的那样："考察探究既集中体现了研究性学习的基本精神，也是研究性学习的重要形式。同时，社会服务、设计制作、职业体验中可能蕴含探究学习的元素。社会服务要求善于发现他人和社会组织的需求，研制服务行动方案，不是被动执行成人的指令，设计制作强调有自己的创意，职业体验中要求深入理解把握特定职业的超越性精神（内在价值）、专业品质等，这些都离不开学习者的研究态度、科学理性。"[3]

当然，综合实践活动课程实施的四种基本活动方式在实践中不是割裂进行的，在实施劳动教育的内容时可以以某种方式为主，它们可以相互融合、相互渗透，共同落实劳动教育的目标。

此外，劳动教育和综合实践活动课程还有很多相同或相似之处，如都有跨学科性质和综合育人的功能，都能提升学生的核心素养；两者的实施都不是学校单方面的事情，都强调利用学校、家庭、社会多方资源因地制宜地开展活动；两者都强调质性评价，需要纳入综合素质评价中，等等。

三、在实践中要正确处理劳动教育与综合实践活动课程的关系

既然劳动教育和综合实践活动课程都是国家必修课程，那么它们都有各自独立存在的必要性。在实践中，需要摆正劳动教育与综合实践活动课程的关系，既不能用综合实践活动课程掩盖劳动教育，也不能用劳动教育取代综合实践活动课程。学校要根据具体情况因地制宜地规划和设计两类课程，使两者都能发挥各自的优势和功能。

（一）在劳动教育必修课中有机融入综合实践活动课程的理念与方式

如前所述，综合实践活动课程有转变学生学习方式的功能，那么新时代的劳动教育也不能像传统的劳动技术课那样以传授劳动知识技能为主，在确立以培养学生正确的劳动价值观为导向的课程目标下，其课程实施也要有机融入综合实践活动课程的理念与方式。一方面，要把综合实践活动课程的核心理念——研究性学习贯穿于劳动过程之中，让学生带着探究意识去劳动，在劳动中主动发现问题并尝试解决问题，只有这样的劳动才能激发学生热爱劳动的情感，才能让学生积极投入并且创造性地劳动；另一方面，要用社会服务、设计制作和职业体验这样的活动方式来丰富劳动教育课程内容与实施形式，体现新时代劳动教育的特征，感受新时代劳动教育的价值与意义。

（二）在综合实践活动课程中强化劳动教育

应该承认，2001 年起，将劳动与技术教育纳入综合实践活动课程以后，赋予了综合实践活动课程落实劳动教育的功能，也为今天在综合实践活动课程中有效实施劳动教育提供了基础和经验。但不可否认，有些地方由于综合实践活动课程未受到应有的重视，不少学校没有开课或者开得不到位，导致劳动教育在很大程度上受到了削弱。即便是综合实践活动课程开设得不错的学校，也有不少人认为综合实践活动课程是以转变学生学习方式、培养学生综合素质为主，而没有重视对学生进行劳动教育。

2017 年《纲要》出台后，综合实践活动课程在学校的实施受到了普遍重视，各地都在积极推进综合实践活动课程的建设。在大中小各学段、各学科都要加强劳动教育的形势下，综合实践活动课程作为实践性课程仍将是落实劳动教育的重要载体。一方面，要坚持价值体认这一核心目标，加强劳动价值观的培养；另一方面，要积极发挥通过综合实践活动课程的四种基本活动方式实施劳动教育内容的优势，让劳动教育在综合实践活动课程中真正得到加强。

（三）统筹规划劳动教育和综合实践活动课程，使两者有机整合、综合实施

学校可以把劳动教育和综合实践活动课程进行统筹规划，按照《意见》的要求，突出劳动教育的思想性，结合学校办学理念、特色、可利用的资源，依据学生发展状况，对日常生活劳动、生产劳动和服务性劳动三类内容进行整体规划，系统安排课内外和校内外劳动教育的时间，实行集中和分散相结合的方式，把各学科有关劳动教育的内容、跨学科各类主题教育等进行综合设计，以整合的方式实施，充分发挥综合实践活动课程以丰富的活动方式落实劳动教育的优势，既重视对学生劳动价值观、劳动能力的培养，又体现综合实践活动课程的自主性、实践性、开放性、探究性的特征，进而最终落实劳动教育的目标要求，达到以综合实践活动课程提升学生综合素质的目的。

参考文献：

［1］檀传宝 . 加强和改进劳动教育是当务之急——当前我国劳动教育存在的问题、原因及对策［J］. 人民教育，2018（20）：30-31.

［2］成尚荣 . 价值体认：劳动教育的核心［N］. 中国教育报，2019-06-05.

［3］柳夕浪 . 综合实践活动课程呼唤新型课程形态——《中小学综合实践活动课程指导纲要》政策要点［J］. 人民教育，2017（22）：44-47.

意义·目标·路径：劳动教育与综合实践活动课程的统整实施

方凌雁[①]

劳动教育作为新时代“‘五育’并举”的重要举措被纳入人才培养全过程。2020年3月，中共中央、国务院发布《关于全面加强新时代大中小学劳动教育的意见》(以下简称《意见》)，要求劳动教育与德育、智育、体育、美育相融合；除劳动教育必修课程外，其他课程结合学科、专业特点，有机融入劳动教育内容。综合实践活动课程作为一门“同生产劳动和社会实践相结合”的实践课程，是学校劳动育人的专门课程之一。厘清综合实践活动课程与劳动教育的关系，加强综合实践活动课程和劳动教育的统筹设计、整合实施，必将成为学校开展劳动教育课程实践的着力点之一。下面，围绕在综合实践活动课程中落实劳动教育的价值立意，以及实现综合实践活动课程和劳动教育整合实施的目标设计、学习机制等进行探讨。

一、价值分析：综合实践活动课程承担劳动教育任务的优势

综合实践活动课程是一门充分体现马克思主义实践理论的课程，也是一门整合了传统“劳动课”“劳动技术”和“社会实践”而设立的综合课程。作为培养学生社会责任感、创新精神和实践能力的国家课程，在综合实践活动课程领域落实劳动教育有其自身的优势。

(一)综合实践活动课程的“实践性”，秉承了马克思主义劳动实践观

“劳动是人类特有的基本的社会实践活动，也是人通过有目的的活动改造自然对象并在这一活动中改造人自身的过程。”[1]马克思认为，劳动促进“人的自由与解放”“人的全面发展”。他在《资本论》中指出，“未来教育对所有已满一定年龄的儿童来说，就是生产劳动同智力和体育相结合，它不仅是提高社会生产的一种方法，而且是造就全面发展的人的唯一方法”。劳动即人类的实践活动，教育活动中的实践，更需要关注生产劳动和教育相结合。

从综合实践活动课程的理念中可以看到诸多西方先进教育理论的影响和痕迹，如重视“认知源于经验、认知用于实践”的杜威实用主义哲学，强调“回到事物本身时间与存在”的胡塞尔的现象学。作为社会主义教育体系下的

① 方凌雁，浙江省教育厅教研室综合实践活动课程教研员。

课程，综合实践活动课程的“实践”，尽管强调面向学生个体生活和社会生活，但与杜威的经验课程、胡塞尔的现象课程有所区别，它面向的是学生的完整生活世界，体现的是对马克思关于劳动是人类的实践活动，是人类认知的逻辑起点，也是实现人全面发展的唯一途径的观点的具体落实。

理解了马克思主义的实践观，便可以理解将综合实践活动课程作为落实劳动教育的主要课程的缘由，从而在课程实施中做到全面贯彻党的教育方针，坚持教育与生产劳动、社会实践相结合，引导学生深入理解和践行社会主义核心价值观。[2]

（二）综合实践活动课程的“综合性”，体现了新时代劳动教育“手脑并用”的特征

综合实践活动课程作为落实劳动教育的专门课程源于2001年。当时，为落实减少学校课程科目、走向综合化的整体方案思路，国家将原有的劳动技术课、社会实践活动并入新增设的综合实践活动课程，实现劳动教育从分割的技术教育（劳动技术课）、实践活动（校外劳动实践）、思想教育（品德课）整合到综合课程中。综合实践活动课程充分发挥学科性和实践性相结合的优势，引领资源整合和综合素质培养，实现了劳动教育发展的新跨越。[3]

作为一门综合性课程，综合实践活动课程以生活实践为纽带，要求学生运用各学科知识，认识、分析和解决现实问题，强化科技、道德、艺术的内在整合。课程的推行，更有利于劳动教育从单一的体力劳动走向与脑力劳动的融合，促使学校劳动课程从知识技能本位的单一劳动技术课走向体现综合运用和主动参与的劳动实践课。课程倡导学生运用学科知识解决真实问题，很好地促使学生在实践学习中做好劳动和学习的对接，符合劳动教育以现代科学知识为基础、以机器为工具的现代劳动特征。[4]

（三）综合实践活动课程的“具身性”，有利于“知行合一”劳动价值观的培养

综合实践活动课程强调学生通过亲历各项活动获得“体验”“体悟”“体认”，把“具身认知”作为课程的理论基础之一，把身体本身作为一种认知发展的力量。《意见》强调劳动教育要让学生经历必要的出力流汗过程，学生参与日常生活劳动、生产劳动、服务性劳动都应该是“出力流汗”的实实在在劳动。但强调出力流汗，不能将其简单理解为单一的“体力付出”，同样需要关注“手脑并用”。劳动教育的价值在于人体力与脑力的完美结合，是培养“身心一体”“整全身体”之劳动。[5]

新时期的劳动教育突破了传统“身心二元论”的认知束缚，重视以劳树

德、以劳增智、以劳强体、以劳育美、以劳创新的综合育人功能。综合实践活动课程有“具身性”特征，学生主动参与并亲身经历实践过程，体验并践行价值信念，体现“知行合一”，符合劳动教育通过手脑并用的劳动实践提升学生劳动素养的要求。

二、目标厘定：将劳动素养培育嵌入综合实践活动课程目标

劳动教育是学校以促进学生形成劳动价值观和养成良好劳动素养为目的的教育活动。[4] 综合实践活动课程的目标为：“学生能从个体生活、社会生活及与大自然的接触中获得丰富的实践经验，形成并逐步提升对自然、社会和自我之内在联系的整体认识，具有价值体认、责任担当、问题解决、创意物化等方面的意识和能力。”[2] 将以劳动观念、劳动精神、劳动能力、劳动习惯为主要特点的劳动素养培养嵌入课程目标，是综合实践活动课程整合实施劳动教育的前提。

（一）价值体认：以“亲历实践”促进劳动价值观形成

正确的劳动价值观是劳动教育的重要立足点，劳动教育首先要解决认知、态度及情感问题。当前，青少年群体中不珍惜劳动成果、不想劳动的现象屡有存在。浙江省 2019 年的调研发现，有 47.2% 的学生将“劳动不辛苦”作为评价好工作的特征，有 11% 以上的学生认为班级值日可以请人代劳。价值体认的目标体现的是“亲历实践”对学生价值观形成的作用。正如苏霍姆林斯基在《给教师的建议》中所言，“只有通过有汗水、有老茧和疲乏人的劳动，人的心灵才会变得敏感、温柔。通过劳动，人才具有用心灵去认识周围世界的能力”。

将劳动价值观嵌入价值体认目标，需要在学生开展服务活动、日常生活劳动、职业体验活动等亲历实践中，引导他们崇尚劳动、尊重劳动，懂得劳动最光荣、劳动最崇高、劳动最伟大、劳动最美丽的道理。价值体认目标的实现，需要我们充分运用好综合实践这种“动”起来的劳动教育形式，促使学生完成个人生命的价值建构，引导学生树立正确的劳动价值观。

（二）责任担当：以社会责任引领“日常劳动”习惯

劳动不仅是态度，也是责任和习惯，这就需要破解将劳动当作“学校要求我才做”“有时间我才做”的额外事的现实问题。如浙江省 2019 年的调研发现，有 5.5% 的学生认为“学习太忙了，没时间劳动”，40% 的学生“只是有时或偶尔参加家务劳动”。

综合实践活动课程的责任担当目标，便有引导学生将劳动作为学习生活

不可或缺的一部分的要求。责任担当旨在培养学生“围绕日常生活开展服务活动，能处理生活中的基本事务，初步养成自理能力、自立精神、热爱生活的态度，具有积极参与学校和社区生活的意愿”。[2]在责任担当中落实劳动教育目标，即把开展劳动当作学生日常生活中不可推卸的责任。学生在日常生活中遵循“自己的事情自己做，别人的事情帮助做，集体的事情争着做”，并一以贯之，是劳动责任、劳动态度、劳动习惯培养的关键所在。

（三）创意物化：在“生产实践”中提升劳动能力

培养学生勤俭、奋斗、创新、奉献的劳动精神也是劳动教育的主要目标。综合实践活动课程中的创意物化目标的达成，与劳动精神和态度培养高度相关。创意物化目标指“积极参与动手操作实践，熟练掌握多种操作技能，综合运用技能解决生活中的复杂问题”。这一目标的载体是学生经历丰富多彩的生产劳动或模拟生产劳动活动，如各类职业体验活动、设计制作活动等。

综合实践活动课程中的设计制作、职业体验等常见活动形式都强调学生在实际生活中、特定岗位上经历劳动过程。学生参与各类手工制作、陶艺、木工、家电使用、绳结、模型设计等设计制作项目，是学习并运用劳动技能的过程。学生参加各类军训、学工、学农、职业岗位体验等活动，是体会职业劳动的艰辛、感受各行各业职业精神的过程。为此，对接劳动教育的创意物化目标，既要求学生在动手操作、岗位体验中融入大胆想象，体现创新创意，引导学生产生积极劳动体验，同时也感受并传承坚守执着、精益求精、追求极致的工匠精神。

（四）问题解决：在“手脑并用”中激发劳动智慧

新时代的劳动教育是“手脑并用”的教育，要为学生创造动脑创新的机会，让学生的劳动对接并运用知识。这和综合实践活动课程中的问题解决目标指向一致。

问题解决目标要求学生能在实践探索的基础上，提出具有一定新意和深度的问题，综合运用知识进行分析，用科学方法开展研究，增强解决实际问题的能力。将问题解决目标放置到劳动教育领域，需要我们引导学生在开展劳动时强化问题意识和研究意识，通过“研中学”“做中研”的方式，结合学科知识，重视知识和技术的运用，运用智慧、创造性地开展日常劳动。

三、统筹策略：依托项目活动推进劳动教育主题

综合实践活动课程是以项目或主题为依托的学习活动，其学习方式具有实践性、研究性、综合性的特点。在学校课程的统筹推进中，需要优化课程

结构比例，确保和劳动课程相关板块的主题项目的统筹设计，更需要引导学生以问题解决的形式开展劳动主题活动，在经历完整的劳动任务过程中提升劳动素养。

（一）序列设计：加强劳动实践项目的“层次性学习”

中小学生劳动教育包括日常生活劳动、生产劳动和服务性劳动。对应到综合实践活动课程的活动领域，社会服务、设计制作、专业体验、考察探究领域都可以开展。每一个板块都需要依据学生年龄和经验进行层次性的设计。以社会服务活动为例，依托这一板块开展日常生活劳动和服务性劳动成为必然，优化课程设计，需要体现由近到远、由己及人的序列化递增，逐渐引导学生的劳动由自我、家庭、学校服务进阶和延伸到社会服务。

1~2 年级，重点引导学生做好自己的日常生活管理，开展日常服务，做好家庭劳动，为家人提供服务。例如，开展“生活自理我能行”主题活动，引导学生自己清理自己的生活用品，自己洗袜子、系红领巾、刷鞋、洗水杯；进行学习用品分类和整理，参与到日常的扫地、叠被子等力所能及的自我服务劳动中去。开展“家务劳动我能行”主题活动，引导学生做力所能及的家务劳动，如洗菜、洗水果、整理饭桌、洗碗筷等。

3~6 年级，可以侧重让学生参与学校和社会的服务学习和日常生活劳动活动。例如，通过“争做集体小能手”“我是校园服务者”主题活动，引导学生积极投身到学校的日常劳动中去；通过“我是社区服务者”“尊老爱幼好少年”“交通秩序我维护”等主题活动，引导学生积极参与到社会实践和志愿服务中去。

7~9 年级，更多的是开展能够体现社会责任担当的公益服务活动。例如，开展“走进敬老院”“农事季节我帮忙”“禁毒宣传活动”等主题活动，通过公益性服务，让学生学以致用地参与到服务性劳动中来，承担更多的社会责任。

10~12 年级，可以开展“扶助身边的弱势群体”“做个环保志愿者”“参与公共文化服务”等主题活动，增加生产劳动的比重，将职业体验、劳动精神感受以及劳动创造价值的深度感受融入劳动体验中。

综合实践活动课程注重创设实践学习的真实情境。学校可根据已有的劳动教育资源和场所因地制宜地进行设计，并注意主题的均衡设置，不能用其他实践活动替代劳动活动，也不能用劳动活动覆盖综合实践活动。

（二）项目实践：加强劳动教育实践的“做中研”

综合实践活动是以真实问题解决为导向的实践学习活动。开展劳动教育实践，可根据劳动主题，将问题前置，以问题解决为导向组织开展劳动实践项目。

项目实践的学习流程为：首先，学生结合劳动实践活动，在真实情境中选择适合的劳动项目；其次，学生围绕自己的劳动项目寻找团队伙伴，进行劳动项目方案设计；再次，学生根据设计的劳动项目方案，进入劳动实践现场开展劳动实践活动，期间，教师应鼓励学生综合运用所学知识、技能；最后，学生就自己经历的劳动实践活动，围绕劳动价值意义的建构进行实践反思。

以浙江省某小学开展的《太空黄番茄的种植实践》项目为例。活动设计阶段，学生在活动开始前查询“太空种子植物”“太空黄番茄”等知识，进行种植项目的整体规划。种植实践阶段，全程参与太空黄番茄的育苗、移栽、施肥等种植实践活动，对太空黄番茄的生长状况进行观察记录，了解其生长规律，在“太空黄番茄种植”社区活动中撰写种植日志和观察日志。收获展示阶段，开展成果统计、成果品尝、主题绘画、爱心传递、远程分享等丰富多彩的活动。活动结束后，撰写《太空黄番茄的种植实践研究报告》，在报告中用具体数据总结太空黄番茄的种植优势，表达参与太空植物种植体验的乐趣和感悟。

系列主题项目举不胜举，再如《我和小树同成长》项目可引导学生植树、养护树、观察树；《跟着节气去劳动》项目可引导学生把农历节气研究和劳动实践结合起来，感受中国传统“农耕文化”等。学生依托问题解决式的劳动实践活动，带着研究任务进入劳动现场，不仅亲身实践，而且主动发现、主动实践、主动研究，更能发挥自身劳动的主动性、积极性和创造性。

（三）融合实施：落实劳动教育实践的“开放性作业”

综合实践活动课程中的活动项目都是长周期性的开放性作业，跨度为一个月甚至更长，且要求将学生自己的成长环境作为学习场所，并在实践活动中与学校、家庭、社区保持持续的互动。新时代的劳动教育强调学生劳动价值观、劳动精神、劳动思维等深层次素养的培养，这是一件需要持之以恒去做的事；同时，也要求构建起学校、家庭、社会的责任链条。在这方面，可发挥综合实践活动课程开放性作业的优势，将其用于劳动教育实践。

其一，做好周期性学程规划。将劳动教育主题活动作为长周期的学习进程，例如“生活自理我能行”主题活动，教师在设计学生的日常生活劳动任务完成时间时，通常以习惯养成的周期为阶段，学生需要坚持 21 日的打卡实践才算完成一个阶段的劳动实践任务。经历完整的劳动过程是一种深入性实践，不仅仅囿于掌握某一种劳动技能，或者浅尝辄止的体验活动，这样更有助于促使学生的劳动实践真正成为付出的过程、坚持的过程、吃苦的过程。

其二，以课堂为操练台、生活为实践场。虽然劳动教育是校内外结合、课内外结合的教育活动，学校课程充分发挥主导作用，但课堂仅仅是劳动教育的操练台、加油站，广阔的、面向真实生活情境的劳动活动才是学生真正的实践场。综合实践活动课程承担着以课内学习引领课外实践的使命，即在实践活动课中，通过设计、交流、反思、操练等形式，引导学生在有效的课内学习时间内对接乃至引领日常生活劳动、服务性劳动，开展劳动实践周活动等。

以劳动观念、劳动精神、劳动能力、劳动习惯为特征的学生劳动素养的提升，是一个循序渐进、逐步积累的过程，学校要用好综合实践活动这门“实践”课程，加强其与劳动教育的统筹设计、整合实施。这有助于充分发挥学校课程的优势，落实习近平关于“懂得劳动最光荣、劳动最崇高、劳动最伟大、劳动最美丽的道理，长大后能够辛勤劳动、诚实劳动、创造性劳动”的教育要求。

参考文献：

[1] 冯颜利 . 为何要高度重视劳动与劳动教育［J］. 人民教育，2020（1）：13-14.

[2] 教育部 . 中小学综合实践活动课程指导纲要［Z］. 教材〔2017〕4 号，2017-9-25.

[3] 张雨强，张书宁 . 新中国成立 70 年劳动教育的历史演变——基于教育政策学的视角[J]. 中国教育学刊，2019（10）：61-67.

[4] 檀传宝 . 劳动教育的概念理解——如何认识劳动教育概念的基本内涵与基本特征［J］. 中国教育学刊，2019（2）：82-84.

[5] 颜晓程，吕立杰 . 劳动教育的身体意蕴及其省思——马克思主义哲学的视角［J］. 中国教育学刊，2020（3）：63-67.

综合实践活动在落实劳动教育中的担当

乐素芬 ①

将劳动教育作为国家必修课程纳入人才培养的全过程，对于学生的成长和全面发展具有非常深远和重要的意义。而同样作为国家必修课程的综合实践活动课程，同样承担着劳动教育的重要任务，其课程目标、内容与活动方式等也决定了综合实践活动在劳动教育中应有的责任担当。尤其是在现阶段，新时代劳动教育课程的建设刚刚起步，应充分发挥综合实践活动课程的实施经验与优势，为劳动教育的有效落实提供助力与基础保障。

一、进一步挖掘综合实践活动课程中的劳动教育价值

（一）综合实践活动的课程理念与目标指向体现劳动教育价值

北京师范大学教授檀传宝曾指出："对应于身体与精神（知、情、意）诸元素，体、智、美、德四种素养是人的基本素养。劳动素养十分需要，但它是德、智、体、美素养的综合……劳动教育是人的基本素养到真实社会实践的'中介环节'。""劳动教育的核心目标只能是德育——劳动价值观（情感、态度、价值）的培育。"[1]综合实践活动是一门以培养学生综合素质为导向，面向学生个体生活和社会生活的课程，其课程总目标提出使学生具有价值体认、责任担当、问题解决和创意物化等方面的意识和能力。其中价值体认置于首位，责任担当强调学生自理能力和社会服务的能力与意识，问题解决和创意物化这两个目标都含有劳动教育的目的。特别是创意物化，要求学生动手操作实践，解决生活中的问题，创意设计、动手操作、技术应用和物化，体现了创造性劳动。有质量地实施综合实践活动课程，能为劳动教育"树德、增智、强体、育美"的综合育人目标服务。

（二）综合实践活动的课程内容涵盖大量劳动教育主题

综合实践活动课程内容的基本形式是主题活动，《中小学综合实践活动课程指导纲要》按四类主要活动方式推荐了 152 个主题活动。[2]其中，社会服务活动有"家务劳动我能行""我是校园志愿者""争当集体劳动小能手""我为社区做贡献"等；劳动技术类有"我有一双小巧手""学做简单家

① 乐素芬，浙江省宁波市北仑区教育局教研室综合实践活动教研员。

常餐”“生活中的工具”“安全使用与维护家用电器”“巧手工艺坊”等；职业体验有“今天我当家”“我是小小养殖员”“找个岗位去体验”“我喜爱的植物栽培技术”等，主题活动的名称体现出劳动教育的指向。考察探究类的主题活动虽然以考察探究为主要活动方式，但往往会融合其他几种活动方式，也有机包含了劳动实践等活动。此外，各地开发的综合实践活动课程资源包、活动手册等也有大量的劳动教育主题。以浙江省教育厅教研室组织编写的《综合实践活动课程》为例，“快乐的小农夫”“学做家务活”“小值日大学问”“我是种植小达人”“教室盆栽我做主”“教室环境我布置”“教室用品小改进”“校园护绿小使者”“我是值周生”等活动主题分布在各个年级，是实施劳动教育很好的载体。这些主题活动涉及日常生活劳动、生产劳动和服务性劳动，能够不同程度地达成劳动意识启蒙、劳动习惯养成、劳动知识技能学习等目标。

二、综合实践活动课程方案为学校劳动教育规划提供参考

劳动教育的国家顶层设计要求设置劳动教育课程，形成劳动教育课程体系。学校如何因地制宜、因校制宜地梳理现有资源，总结已有经验，串珠成链，依据国家规定做好学校层面的劳动教育规划，是现阶段亟须解决的重要问题。而学校的综合实践活动课程方案经过多年的实施和完善，已形成具有学校个性特色的课程内容体系，可以为学校劳动教育规划提供参考，使两者相互融合、深化。

（一）综合实践的主要活动方式助力劳动教育的开展

综合实践活动作为一门地方管理、校本开发的国家课程，是实施劳动教育的重要途径。学校的综合实践活动课程方案往往按四类主要活动方式规划各年段活动主题：“设计制作”是让学生运用各种工具、工艺进行设计，动手操作，将自己的创意、方案付诸现实，转化为物品或作品，以此提高技术意识、工程思维、动手操作能力等；“职业体验”是让学生在实际工作岗位或模拟情境中见习、实习，包括学工、学农，通过体认职业角色，获得对职业生活的真切理解，发现自己的专长，培养职业兴趣，形成正确的劳动观念和人生志向，提升生涯规划能力；“社会服务”是让学生在教师的指导下走出教室，参与社会活动，以自己的劳动满足社会组织或他人的需要，如公益活动、志愿服务、勤工俭学等，让学生在满足被服务者需要的过程中获得自身发展，促进相关知识技能的学习，提升实践能力，形成服务他人、服务社会的情怀。学校综合实践活动课程方案的这四类活动方式，与以实践活动为主要形式的

劳动教育完全吻合，助力、保障劳动教育的有效实施。

（二）劳动与技术实践类课程拓展劳动教育的内容

劳动与技术教育作为综合实践活动课程中的一项重要内容，自 2001 年以来，各地都十分重视，并进行了很好的探索与实践。有的地方是将劳动技术作为综合实践活动课程中“设计与制作活动”要运用的技术、技能来落实的；有的地方则早已将其作为独立的课程，以地方课程或校本课程的形态实施。例如，浙江省在义务教育阶段开设有独立的劳动与技术课程，对接高中的通用技术课程。一些地市在此基础上还结合本地实际情况开发了劳动与技术课程、编写了劳动与技术教材，如宁波市初中劳动与技术教材按年级分为《制作与探究》《技术与创新》《电工与电子技术》。在学校层面，也有很多劳动实践类课程，如生活技能类的家政课程、厨房达人、西点烘焙等；种植养殖类的中草药种植、蘑菇坊、鱼乐园、快乐农夫等；传统工艺制作类的剪纸、篆刻、金工木工，金丝绣、手工编织等；以培养创新人才为目的的创客课程或 STEAM 课程等；初高中还有生涯规划类课程如职业启蒙课等。在当前规划、落实劳动教育课程时，应将这些课程进行有效的整合、规范和进一步优化提炼，在此基础上将其纳入学校劳动教育规划之中，而不是另起炉灶，造成综合实践活动课程与劳动教育课程内容的交叉与重复。

（三）校园主题活动丰富劳动教育的形式

校园主题活动既是综合实践活动的重要课程资源，也是实施劳动教育的重要阵地。如学生喜爱的六一儿童节、校园果蔬采摘节、作物丰收节等，通过精心设计，能够增强劳动教育的丰富性和实效性。例如，宁波市北仑区白峰小学在六一儿童节组织了别开生面的“庆六一劳动技能擂台赛”，针对不同年级设置不同级别的擂台项目，激励学生挑战自我，增添学生展示热情，让学生在掌握更多的生活自理本领的同时，丰富课余生活。有的学校还利用校内种植的蔬菜、水果开展采摘节、丰收节活动，并将收获的成果用于爱心义卖，让学生在参与劳动实践、体验劳动快乐的过程中感悟劳动的美丽，在学习生活中留下深刻而又美好的记忆。这类校园主题活动原本就是学校综合实践活动课程不可缺少的内容，学校也应将此纳入劳动教育规划，作为劳动教育的重要内容，通过课程化实施，培养学生综合素养，同时丰富劳动教育形式，激发学生劳动的内在需求和动力。

（四）家校社联结强化劳动教育的效果

广泛开展劳动教育实践活动，发挥家庭在劳动教育中的基础作用，学校在劳动教育中的主导作用，社会在劳动教育中的支持作用。[3] 学校、家庭、社会三位一体对教育产生合力已成为共识，劳动教育也不例外。学校应该从学校、家庭和校外（社会）劳动三个维度规划劳动教育内容，与综合实践活动课程内容有机整合，强化劳动教育的效果。首先，校内劳动除了在课程中落实、在校园活动中加强的部分外，还包括大量的班务整理、校务劳动，如班级保洁、校园公共场所保洁，教室、校园的绿化美化等，有条件的学校还可以在校内开辟种植养殖园地供学生活动。其次，学校根据不同年级的特点，结合综合实践活动课程设置不同的家务劳动活动主题，提供家务劳动清单，家校联手，让学生在家务劳动的学与做中，练习劳动技能，养成劳动习惯，培养家庭责任感。再次，学校将综合实践活动中的社会服务活动主题、职业体验类主题，与校外劳动结合，根据已有的校外基地及资源，按年级设计社会劳动项目，宜农则农、宜工则工，让学生经历劳动过程，强化劳动教育。

三、综合实践活动与劳动教育融合实施的实践思考

（一）项目化学习设计：解决实际问题，让劳动更有价值

项目化学习强调以学生为中心，提倡“做中学”，让学生主动探索现实世界的问题和挑战，在研究过程中领会、学习更深刻的知识和技能。2019 年 7 月 9 日，在国务院新闻办举行的《关于深化教育教学改革全面提高义务教育质量的意见》新闻发布会上，教育部副部长郑富芝指出：“劳动教育不是单纯的劳动，和工人和农民的劳动不完全一样，劳动是措施、是载体，主要是通过劳动达到劳动教育的目的，培养孩子们正确的世界观、人生观和价值观。”采用项目化学习的方式开展劳动实践活动，可以让学生在解决实际问题的过程中感受劳动的价值。

以宁波市北仑区小港学达小学某班开展的“窗帘绑带的设计与缝制”活动为例。该活动缘起于有学生发现开窗上课时，窗帘随风拂动，十分影响坐在靠窗位置的同学听讲。经过观察，大家发现全校所有教室的窗帘都没有绑带，存在同样的问题。于是该班学生与班主任商量后，发起了“为全校窗帘做绑带”活动。他们先设计制作自己班级的窗帘绑带，再统计全校教室和教师办公室所需绑带数量，制作完成后主动与其他班级取得联系，将他们制作的绑带安装在全校教室和教师办公室。看到自己创造的劳动成果不仅为学校解决了实际问题，还使窗帘看上去更加美观，学生获得了满满的成就感。更重要的是，在教师和同学的夸赞和感谢中，他们感受到了劳动的光荣和美丽。

又如，长江小学依托校内小农田“知辛园”，开展了“二十四节气自然作物的探究与种植”项目活动。学生通过查找资料、咨询长辈、采访农民、亲

手栽种、浇灌，收获的不仅是成熟的作物，更有对二十四节气的了解、对种植技能的掌握，在体会劳动辛勤的同时感受劳动的伟大，在感受节气神奇的同时领略古人的智慧。

（二）强调关键要素：在社会服务与职业体验中树立责任与情怀

校外（社会）劳动与综合实践活动中的社会服务、职业体验结合，根据关键要素进行课程化实施，能帮助学生增进责任心，树立服务情怀。

以宁波市北仑区泰河学校的“赛事志愿服务”为例。第一步，明确服务对象。北仑体艺中心是中国女排、中国男篮的训练基地，经常承办相应的赛事，学生需要在志愿服务前对体艺中心及其承办的相关赛事作深入的了解，明白服务对象的需求，然后结合自己的能力，确定服务内容。第二步，制定服务活动计划，保证服务活动的顺利进行和有效到位。女排与男篮的赛事服务，项目多、要求高，涉及礼仪、引导、卫生、宣传、啦啦队等，具有一定的专业性，需要进行相应的学习、模拟演练，才能顺利走上服务岗位。第三步，志愿者分小组各司其职，根据计划开展服务行动，经历不同的服务体验，感受用自己的劳动为他人提供服务所带来的成就感、获得感。第四步，反思服务经历，分享活动经验。学生在真实的赛事服务中，真正达成价值体认、责任担当等育人目标。同样，在职业体验活动中，也要抓住关键要素，让学生在实际工作岗位上或模拟情境中见习、实习，体认职业角色，获得对职业活动的真切理解，发现自身专长，培养职业兴趣，形成职业意识。

（三）兼顾过程与结果：在评价中引导学生树立正确的劳动教育观

“学而不评非课程”，劳动实践活动要达到劳动教育的目的，离不开评价。将评价贯穿于活动过程和结果，不仅有助于学生劳动习惯的养成，还能培养尊重劳动、崇尚劳动的态度。

例如，北仑区淮河小学设计的劳动教育评价，坚持正面引领、正向强化，运用劳动实践记录手册、劳动实践星级评价单、劳动实践护照等，让学生实时记录、积累劳动实践的过程和感悟。其中劳动实践记录手册以小组为单位，记录与保存本组实践活动中的主要资料、突破、成果、感悟等；劳动实践星级评价单包括劳动实践项目、劳动实践时间，在积极参与、实践操作、服务意识三方面进行自评、组评和他评，最后对劳动实践进行活动总评，评出优秀（三星），良好（二星），有待努力（一星）；劳动实践护照是学校在上述两项评价的基础上，给记录完善、资料丰富、星级评价良好以上的学生颁发相应的劳动实践护照，护照结合不同板块、不同内容，设计为一朵盛开的太阳花，一学年一次总评，护照达到一定数量的学生可以优先获得其他实践活动的机会和成为学校“阳光少年”的候选人。

总之，劳动教育不是一项简单的活动，劳动教育课程建设更需要系统的、整体的精心设计。在学校开发实施劳动教育课程中，要在很好地梳理整合地方、学校已有经验的基础上，注意加强与学科课程，特别是综合实践活动课程的关联，发挥综合实践活动课程的优势与特点，使其为更好地促进国家对劳动教育要求的落实，实现劳动的独特育人价值助力、护航。

参考文献：

[1] 檀传宝. 开展劳动教育必须解决好的三大理论问题[J]. 人民教育，2019(17)：34-35.

[2] 中华人民共和国教育部. 中小学综合实践活动课程指导纲要[M]. 北京：北京师范大学出版社，2017.

[3] 中共中央，国务院. 中共中央国务院关于全面加强新时代大中小学劳动教育的意见[M]. 北京：人民出版社，2020.

融合劳动教育的学校综合实践活动课程开发案例

王雄飞①　庄　重②

伴随着基础教育课程改革的不断深化，综合实践活动课程作为一个紧跟时代发展的课程领域，改变了人们对传统劳动课程设置和教育教学方式的认识，已经逐渐发展成为劳动教育的新型载体。综合实践活动课程在提高学生劳动意识、培养劳动兴趣、强化劳动责任、养成劳动习惯、提升劳动能力上逐渐显现出不可替代的作用。[1]同时，由于劳动教育具有生活化、实践性强的特点，将其融入综合实践活动课程可以更好地贴近小学生的真实生活和满足时代发展需要，引导学生在生活实践中学习，在探究、服务、制作、创新中学习，利用所学的劳动知识和劳动技能分析、解决现实问题，并综合利用学校、家庭、社区等多方面资源，真正体现劳动教育的价值。因此，把劳动教育与综合实践活动课程相融合，开发符合现代劳动教育理念的综合实践活动课程并积极实施，对树立学生的劳动观念、培养学生劳动素养、促进学校劳动教育发展具有重要意义。下面以北京市陈经纶中学嘉铭分校在小学阶段的课程实践为例，探讨融合劳动教育的学校综合实践活动课程的开发与实施。

一、融合劳动教育的校内综合实践活动课程

（一）自我劳动教育综合实践活动课程

自理能力、日常生活能力是小学生首先要具备的劳动能力，劳动教育应该先从小学生的日常劳动技能教育开始。为此，结合实际条件，陈经纶中学嘉铭分校开设了“日常整理小达人”综合实践活动课程，重点解决学生日常劳动能力缺乏的问题。

该课程结合主题式课程教育理念，通过创设真实的生活情境，从思想和行为两个方面对小学生进行劳动实践教育。在劳动技能的培养上，采用课上讨论、演示、分析、实践、改进、总结等多种方式，让学生深入学习、体验、理解、掌握各种劳动技能；此外，在课后组织学生进行强化练习，不断巩固和提高学生的劳动水平。[2][3]为了帮助学生形成自主自觉的劳动习惯，学校

---

① 王雄飞，北京市陈经纶中学嘉铭分校教师。

② 庄重，北京市陈经纶中学嘉铭分校副校长，小学高级教师。

定期组织学生开展劳动技能评比大赛，评选出各年级、班级的“日常整理小达人”，树立劳动榜样，激发学生的劳动热情，弘扬劳动光荣的劳动精神，并通过手抄报等文字方式，评比、展示部分优秀学生作品，激发学生思考，促进学生深入理解劳动教育的意义和价值，帮助学生形成正确的劳动价值观。

通过开展“日常整理小达人”劳动实践活动，学生不仅学会了管理自己的日常生活，提高了生活自理能力，而且慢慢学会了管理自己，在日常行为上变得更加从容有序，进而有效地管理并控制个人情绪。此外，该活动的实施，还帮助学生学会与他人相处，懂得如何分工协作，高效完成对个人生活场所和公共环境的清理。更重要的是，学生通过日常的整理工作，改善了原有的劳动观念，明白了通过自我劳动可以让个人的日常生活更美好、更和谐，树立了热爱劳动、积极劳动的劳动意识。

（二）种植类劳动教育综合实践活动课程

在当前的城市生活中，学生接触大自然和各种农林植被的机会越来越少，许多学生对某些瓜果蔬菜的来源分不清楚。为此，学校开展了“美化校园，认领小菜园”的综合实践活动，让学生在劳动中认识蔬菜、品味生活。

课程分四个步骤实施。第一步，引导学生明确课程的劳动教育目标：正确辨识各种植物，知道瓜果蔬菜的来源及其生长过程，学会植物种植的劳动技能。第二步，组织学生实地参观种植基地、观察体验，了解多种瓜果蔬菜的基本种植方法。第三步，让学生收集资料，开展“做课件、辨五谷”的自主学习活动，并进行小组展示讨论，了解各种常见农作物和种植步骤；然后，开展“勤动手、学种植”活动，让每个学生种植自己感兴趣的农作物，记录植物在播种、发芽、长叶、开花、结果等各个环节的生长现象，以照片和文字的形式制作植物生长报告，仔细体验种植农作物的劳动过程。第四步，活动总结，评出优秀种植员，分享种植经验，展示种植成果。

该学农类劳动教育综合实践课程，让学生通过劳动实践了解种植各种农作物的过程，他们不仅认识了多种绿植，而且学会了许多种植方面的劳动技能和方法。学生通过视觉、嗅觉、触觉等感官亲身感知绿植，发现了平时没有注意到的生命科学现象，促使自己用劳动的方式关注自然、热爱自然、保护自然，树立正确的劳动实践观。该课程让学生体验了植物生命的可贵，明白了粮食的来之不易，从而更加珍惜农民的劳动成果，同时也培养了他们身体力行、勤俭节约的劳动精神和劳动素养。

（三）志愿劳动教育综合实践活动课程

劳动教育不仅要提高学生个体的劳动素养，还要让学生形成用劳动服务他人、服务集体的优秀劳动品格。因此，学校倡议并开发了助人为乐的志愿服务劳动活动课程，且根据不同年级学生的身心特点，所开发的课程和活动内容各不相同。例如，考虑到小学低年级学生处于学习的起步阶段，学校开展了小学高年级学生一对一帮辅低年级学生识字、晨读、计算等活动，这不仅使低年级学生的学习需求得到满足，体会到知识的价值，激发了学习劳动的热情，而且促进了小学高年级学生对知识和学习方法的进一步理解和掌握，让他们在帮辅低年级学生学习的同时，品味到劳动的价值和意义，激发了自主学习、自主劳动的热情。

（四）创新劳动教育综合实践活动课程

为了拓展学生的视野，加强他们对现代科技的认知，提升他们的科学探究能力，学校对校内的各种科技资源进行了开发、整合，并不断地在实施中加以改进。目前，学校已经完成名师工作室、植物园、社会大课堂等校内实践基地的建设，并在每个校内实践基地开发了有助于学生核心素养发展的综合实践活动课程，如设计类课程、天气观测课程、环保创意课程等。通过这些具有综合性、创造性特征的劳动实践活动课程的学习，学生体会到动脑思考、劳动创造价值的意义，体会到通过自己的劳动解决现实生活问题的乐趣。

二、融合劳动教育的校外综合实践活动课程

（一）家庭劳动教育综合实践活动课程

家庭是落实和巩固小学生劳动教育的重要场所，小学生劳动能力、劳动习惯和劳动意志的养成离不开家庭教育的持续配合。在具体的实践活动中，其课程有以下几个实施步骤及注意事项：一是明确开展家庭劳动活动的时间、地点；二是家长和教师充分考虑学生的自主性与主体性，对学生的实际劳动水平进行评估；三是准备好实践活动所需的各种工具和材料；四是明确开展活动的形式和方法，在实施过程中，家长可根据实际情况对活动方案、活动计划进行灵活改动，同时也要及时了解学生的活动情况并给予适时、适量的指导，以确保活动的有效开展；五是在实践活动中，家长应注意与学校、社区保持密切联系，以便取得多方的支持与帮助。

以“家庭环境保护”课程为例，该课程分为三个环节。环节一是家庭环境保护小妙招：发现学习生活中的环保窍门，研究窍门中蕴含的科学原理；学习形式有小组分工收集资料、自我学习、向家长或专业人士咨询、材料和方法准备、集体展示、向全校广播并推广、集体点评、颁发奖励等。环节二是家庭环境保护成果展示：制作或者绘制你在家庭环境保护方面做的贡献，

以及装饰家用的作品等，也可以用视频进行展示。环节三是家庭环境保护经验交流：在家里定期举办全家的环境保护经验交流会，了解不同的环保知识和经验；同时，可以和家长一起从事某项环保活动，增进亲子感情。

（二）社区劳动教育综合实践活动课程

“社区是我家，服务为大家”，学校生活和家庭生活都是居民社区生活的一部分。为此，学校联合社区，开展了一系列建设文明社区、利民惠民服务活动，开发了相关服务培训课程。课程内容紧紧围绕社区内需要继续服务但缺少人力的项目，同时，兼顾安全和时间。在家长的大力支持下，学生开展了丰富多彩的职业体验类志愿服务活动，活动内容涉及文明创建、禁毒宣传、法制宣传、敬老尊老、绿化家园、健康生活等。例如，组织学生做社区义工、半天环卫工等，开展职业体验学习，参加清除社区小广告、打扫居民楼楼道、整理码放共享单车、为敬老院献爱心演节目等活动，这些贴近实际生活的社区实践活动，为学生创造了广泛接触社会的机会。形式多样的社区劳动教育活动，大大提高了小小劳动者们自我教育、自我管理的能力，在培养劳动技能的同时，也使他们深刻认识到自己不仅仅是学校的主人，也是社会的主人、国家的主人，自己的一言一行都会对社会、对国家产生影响，从而树立正确、高尚的劳动价值观。

社区劳动服务活动还增强了小志愿者们团队学习的自觉性，使参加活动的小学高年级学生养成了刻苦勤奋的良好学风，培养了观察能力、思考能力、想象能力及发现问题、分析问题和解决问题的能力，形成了完善的科学探究能力训练方式方法，为他们在生活中实施创新型劳动打下了良好的基础。

（三）社会劳动教育综合实践活动课程

为了更好地开展小学生创造性劳动实践活动，进一步拓宽学生视野，促进学生核心素养的提升，学校经过大量的调研、体验和实践研究，确立了包括北京科学中心、朝阳区图书馆、中国宋庆龄青少年科技文化交流中心等一批高质量的校外实践基地。结合基地资源，配合经验丰富的基地教师，学校开发了适合不同学段学生的基地类劳动教育综合实践活动课程，课程内容覆盖自然、人文、科技等各个领域。

例如，学校和北京科学中心携手开发了适合不同学段学生的“三生”实践课程，从“生命、生存、生活”三个维度，围绕多个主题，向学生进行自然、科技、社会等领域诸多现实问题的介绍，启发学生自主探究、自主选择研究方向，鼓励学生独自或以小组合作的形式，开展多层次、多领域的实践活动。该系列课程旨在通过开放探究的形式，让学生自己发现世界的奥秘，培养自主学习的能力和勇于探索的精神。

又如，学校与朝阳区图书馆合作开发了传统文化系列劳动体验课程。课程不仅包括传统节日相关知识的介绍，还邀请了民间艺术大师给学生讲授及展示与不同节日和习俗相关的中国传统民间技艺。课程中，学生亲自动手实践，体验中华优秀传统文化的魅力。课程激发了学生研究中华优秀传统文化的兴趣，让学生勇于动手、乐于动手，在劳动中感受文化魅力、树立文化自信、形成劳动光荣的思想意识。

综合实践活动课程是落实新时代劳动教育的重要载体。融合劳动教育的综合实践活动课程要充分将校内和校外劳动教育内容进行有效结合和贯通，让学生在潜移默化的生活、学习中逐渐养成热爱劳动、勤于劳动的习惯与品质；同时，在课程开发和实施过程中，要注意运用多样的教育形式，设置丰富多彩的学生感兴趣的劳动教育内容，引导学生全方位地进行劳动锻炼，树立劳动意识，学习劳动技能，提升劳动素养。

参考文献：

[1] 郭丽．综合实践活动视阈中的劳动教育［J］．现代教育科学（普教研究），2014（3）：143-144.

[2] 章振乐．基于新劳动教育理念的综合实践活动的有效设计与实施——以“开学活动”为例［J］．教学月刊·小学版（综合），2018（4）：57-60.

[3] 刘艺慧．多元融合：学校劳动教育新视角［J］．江苏教育，2019（26）：13-14.

第三章

劳动教育的课程化实施

劳动教育，中小学校的应为与可为

郑亚君[①]

劳动是人类赖以存在和发展的基础。社会的进步和发展离不开劳动。然而，一段时间以来，劳动教育在家庭、学校和社会中有被弱化、软化，甚至淡化的倾向。新时代，劳动教育作为“五育”之一被纳入全面培养的教育体系，地位大大提升。发展和创新劳动教育，是贯彻落实习近平讲话精神的重要内容。2019 年 6 月 23 日，中共中央、国务院印发的《中共中央国务院关于深化教育教学改革全面提高义务教育质量的意见》(以下简称《意见》)，明确指出，要“充分发挥劳动综合育人功能，制定劳动教育指导纲要，加强学生生活实践、劳动技术和职业体验教育”；“家长要给孩子安排力所能及的家务劳动，学校要坚持学生值日制度，组织学生参加校园劳动，积极开展校外劳动实践和社区志愿服务”。开展好劳动教育，发挥好劳动教育的综合育人功能，是贯彻落实《意见》精神的具体表现之一。

那么，在劳动教育上，中小学校有哪些应为和可为呢?

一、确立劳动教育“一”核心目标

中小学开展劳动教育，核心在于培养学生正确的劳动价值观。增强价值体认，让学生在各个层面体验、探究劳动的价值，并将之内化为自己的价值

① 郑亚君，浙江省衢州市第三实验学校校长。

观，是教师的首要之责。为此，全体教师应系统学习、认真研讨，充分领会习近平有关加强劳动教育的讲话精神和相关文件意图，深刻理解劳动教育的价值和意义。学校可通过多渠道多形式的宣讲，让学生懂得：劳动本身就是这苍茫大地、洪荒宇宙中最美丽、最神奇的一道风景线；劳动创造着美，人类一切艺术的起源，音乐、文学、美术、体育、科技等都离不开劳动；幸福是奋斗出来的……还可通过微信、板报宣传，消除学生对于劳动的错误认识和做法，引导家长和学生坚决抵制“两耳不闻窗外事，一心只读圣贤书”的腐朽思想，坚决纠正“只要读好书，家务活你不用干不用管”的错误观念，坚决避免“不好好学习就惩罚劳动”等不当的教育方式，营造良好的劳动教育舆论氛围。

肯定劳动价值、颂扬劳动精神，仅仅靠学习、宣讲是不够的，还应融情于境，付诸实践，让劳动价值观念内化于心，外化于行。

二、关联劳动教育“双”实践场所

学校是劳动教育的牵头方、协调方，是校内劳动教育的当事方、家庭劳动教育的指导方、校外劳动教育的促进方和参与方。学校劳动教育具有计划性、系统性和专业性，更具有直接的、鲜明的育人自觉。学校要把劳动技术课列入教学计划，开足课时，用好设备，规划好课程；要充分结合当地资源，开发开设家政、手工、园艺、非物质文化遗产等劳动实践类拓展课程，融劳动教育于学校各育活动课程之中，协同发展。

家庭是学生最主要的劳动实践场所，家长是学生最重要的劳动情感启蒙者和劳动习惯培养者。家庭教育应紧紧围绕日常家庭生活中最刚需、最便利且适合学生年龄特点的“家务活”，重点培养学生的居家劳动意识、劳动习惯。教育学生自己的事情自己做，父母的事情帮着做，全家人的事情一起做。在劳动中，强化其作为一名家庭成员的角色意识，增强他们的责任心，培养他们的良好品德与情操。

本着大劳动教育的理念，学校和家庭都要主动对接各社区和部门单位，督促社会各界积极建立劳动教育的平台，丰富劳动教育的资源，完善劳动教育的协作与反馈机制，让学校和家庭劳动教育的成效有检验场。

三、构建劳动教育“三”落实机制

落实劳动教育要坚持目标导向和问题导向相结合，结合学生实际，构建具有协同性、系统性和整体性特征的落实机制。

（一）协同性

以学校劳动教育为支点，发挥家庭的基础作用，扣好日常劳动教育的第一粒纽扣，撬动社会的支撑作用，开拓劳动教育的大课堂，形成家庭、学校、社会合作育人的体系，体现劳动教育的协同性。

例如，衢州市第三实验学校于2019学年第一学期开学初就向家长发放了一份调查问卷："您认为本年级孩子适合学做哪些家务劳动？"之后将回收的意见征集表进行了整理，结合不同年级的课程需求整合出了1~6年级学生参与家务劳动的建议。每个年级各有12条建议，每条建议各不相同，能力要求呈递进式提升，如"在家能进行垃圾分类""学洗袜子、红领巾""学会淘米，并能用电饭煲烧出软硬适中的米饭""饭前盛饭、摆碗筷"等。考虑到劳动教育不是一蹴而就的，需要长时间的习惯养成，衢州市第三实验学校还让家长和学生订立"亲子契约"，"契约"的各项内容都由家长和学生共同商议决定，班主任是见证人。

在"契约"的约束下，家校协同，立足日常，坚持点滴小事天天做，敦促"好习惯66天养成"。教师布置，家长督促，每日打卡。一段时间过后，就有家长在朋友圈感慨道："学校推出的这个劳动打卡活动真是好啊，孩子现在每天都很自觉地帮我做家务，做得也很好，有模有样的。"

（二）系统性

以中小学为重点，形成大中小学相互衔接的劳动教育体系，对培育不同学段学生的劳动素养，促进青少年劳动意识、能力、习惯相统一的终身发展具有重要作用。系统性必须落实到课程中才能实现，为此，衢州市第三实验学校进行了如下实践。

1. 在学校开设的实际劳动课、主要相近课程（如劳动与技术）和相关课程（道德与法治、语文、科学等）中渗透劳动意识、习惯和能力的培养。组织教师将课程内容进行整合，鼓励教师开展劳动课教研活动，开展劳动教学案例评比等，不断提升教学质量。

2. 在学校日常教育教学活动和管理工作中渗透劳动教育。引导学生从书包书桌的收纳整理、个人卫生、教室保洁做起，进而参与废品回收利用、值日值周活动；组织学生参与校园的净化、绿化、美化，如开学季组织学生拔一拔操场、墙缝里的杂草，擦一擦积了灰尘的教室门窗，搬一搬、分一分新到的书本等。

3. 在学校开设的社团和拓展性课程中渗透劳动教育。广泛开展与劳动实践有关的兴趣小组、社团，如木工制作、花艺、绳艺、石艺等；广泛组织以劳动教育为主题的班会课、手工劳技展演、勤工俭学汇报等；适时组织与劳动教育相关的节日活动，如端午节包粽子、缝香包，中秋节做月饼，母亲节制作手工挂件等。

4. 在学校开展的家校共育平台和活动中渗透劳动教育。开设“亲子齐劳动，幸福久久长”的家长进课堂系列活动，开展“边播种边收获”的家长开放日亲子游戏活动，组织“劳动怎能成为惩戒手段”家长学校主题演讲等。

5. 课程内容依年段特点设置。我们还与临近的幼儿园和本教育集团的初中部进行了衔接，边实践边改善，注重资料积累，以期形成序列化的校本课程。

（三）整体性

对劳动教育与各项专题教育的关系进行关联，避免“单打一”，形成“多对多”，产生“聚合—叠加”效应。在具体教育教学活动中，前瞻性地通盘规划，创造性地一体策划，高效能地整合实施，体现劳动教育的整体性。

例如，2018 学年第二学期期末，衢州市第三实验学校三年级语文学业测试题作文题为“热爱劳动从我做起”，引导学生思考劳动的价值，记录劳动的场景，表达劳动的体验，以期进一步激励学生热爱劳动、投身劳动。四年级阅读理解题则选取一位年逾 90 岁的女士仍然坚持工作而获得“年度女性奖”的事迹为素材，让学生懂得劳动者最可爱，坚持劳动最值得被尊重。

又如暑假作业，学校发出“三倡导”：倡导学生承担力所能及的自我劳动、家务劳动、社区劳动，亲身参与营造干净优美的环境，热爱生活；倡导学生在田地、山林、草场或劳动教育实验区参加农业生产、观察禾苗生产、感受割麦插禾，体会收获的美好；倡导学生参加各种工业、商业、服务业活动，感受各行各业产品与服务的丰富多样以及生产技术的日新月异。

日常中，学校将劳动教育与节约教育相结合，在劳动实践中增强学生厉行节约的意识；将劳动教育与自立教育相结合，与培养学生终身受用的良好生活习惯、学习习惯相结合，倡导“吃自己的饭，流自己的汗，自己的事情自己干”的精神，培养学生坚韧不拔的意志品格；将劳动教育与各种志愿服务活动相结合，培养学生的公益意识。

总之，学校在设计劳动教育课程时，应协同家庭和社会，从目标内容、方式、评价等方面做一个比较完整的规划，正确定位，合理分工，密切配合，常态化、长期化地推进，真正把劳动教育落到实处。

中小学劳动教育课程文化与课程实施

倪　娟①

2018年教师节，习近平在全国教育大会上做了重要讲话，明确强调“要在学生中弘扬劳动精神，教育引导学生崇尚劳动、尊重劳动”[1]。劳动教育重新纳入教育方针，再现“‘五育’并举格局”。

一、中小学劳动教育课程文化

劳动教育体现着党和国家教育方针的内在要求，也是培养社会主义建设者和接班人的必然要求。然而，近些年一些地区、学校在劳动教育方面有所松懈，劳动教育的工具性价值也没有得到足够重视。在价值选择日趋多元的现阶段，我们要立足社会主义核心价值观的培育，坚持以社会主义核心价值观教育为主线，理解、把握劳动教育课程的文化内涵、价值取向与功能定位等，以指导和推进中小学劳动教育课程实践。

课程具有文化性，被视为文化本体，是具有自律性、内在性、独特性的文化属性与品质。[2]课程文化是按照一定社会发展对下一代获得社会生存能力的要求，对人类文化的选择、整理和提炼而形成的一种课程观念和课程活动形态。[3]课程文化是学校文化的重要组成部分，需要从教育理念和活动形态方面予以体认和实践。劳动课程文化可视为劳动教育课程形态和实践活动中体现的规范、价值、信仰和表意象征符号的综合体。学者徐长发认为，劳动教育是人生第一教育，具有文化属性。[4]新中国成立以来，我国在劳动课程领域进行了一系列改革，这一进程中有一个文化问题——劳动课程本质上不是纯粹的技能活动，而是一种价值赋予的体现，是一种文化主体的自觉。从文化实践的角度看，劳动教育作为一门课程，是“教劳结合”的一种实践形式，在校内具体为社团、兴趣小组等，在社会泛化为公益劳动、志愿服务等，在家里落实为学生力所能及的家务劳动。[5]这一实践形式旨在对学生进行以社会主义核心价值观为前提的劳动态度的培养，是对社会主义事业发展所需的劳动实践能力的培育。因此，中小学劳动教育课程文化需要同时关注民族性和时代性。

从课程文化的基础根源和进阶发展的角度看，课程文化既需要有立足自

① 倪娟，江苏省教科院基础教育研究所所长，江苏省政府督学。

身、独具特色的民族性，更要有不断丰富发展、开拓创新的时代性。一方面，尽管随着社会的不断发展，劳动的基本形态和特征也发生着深刻的变化，但中华传统文化始终将辛勤劳动视为个人和民族的发展基石和动力，始终将劳动教育作为民族文化教育的重要组成部分，中华民族伟大复兴梦想的实现，仍然需要每一个中国人靠劳动来达成。另一方面，随着生产力的不断发展，经济全球化、价值多元化、人工智能化趋势带来劳动方式的不断发展，在劳动机会、劳动资源、劳动能力方面的发展不平衡、不充分现象较为普遍，劳动价值、劳动方式上的多元化倾向日益突出，劳动基本态度、基本观念、基本感情上的认识呈现复杂化趋势。我国劳动教育课程需要对劳动内容与劳动方式的发展变化予以充分重视，赋予当下中小学劳动教育以新立场、新内容、新功能和新路径。在劳动教育民族性、时代性的考量过程中，还需正视国内社会、学校和家长群体仍怀有“学而优则仕”“重脑力劳动，轻体力劳动”等陈旧的教育价值观和片面的教育质量观等既有的教育文化糟粕。就目前家长、学校追求更高的升学率、更多的选择机会、更优的教学业绩的实情看，导致劳动教育在家庭、学校和社会层面被软化、弱化、淡化的情况普遍存在。因此，我们尤其要谨防劳动教育的研究和实践受到陈旧文化的影响，主动选择与新的课程文化内涵相适宜的课程实施模式。

劳动教育不仅关系到教育内部如何培养人的问题，更与整个国家的国民经济发展紧密相连。[6]所有劳动，其共同特征就是要付出时间、体力、知识、技能。劳动教育的社会价值在于培育具有社会责任感、创新精神和实践能力的劳动者。广大青少年对劳动个体发展和社会进步价值意义的认同，对新时期劳动技能、劳动习惯、劳动态度的实践，决定着国家和民族的未来，关系着中华民族的前途命运。劳动教育作为促进青少年全面健康发展的重要载体和途径，既是素质教育的重要内容和范畴，更是教育链接生活、职业、新兴创客世界的重要纽带，承载着整个社会劳动创造水平不断提升和国民经济持续发展的重任。劳动教育的社会意义是多元的，不能将其窄化为某一方面。[7]人们通过劳动，积极参与社会实践，通过提升劳动素养和能力，能够促进平等的劳动创造，维护社会系统的公平正义，逐步成为中国特色社会主义公民的自觉追求。劳动创造，蕴含着劳动者爱国、敬业、诚信、友善的公民价值准则，彰显着自由、平等、公平、法治的社会层面的价值取向，体现着富强、民主、文明、和谐的国家层面的价值目标，有助于形成对社会主义核心价值观的理性认同和实践内化，具有极为重要的教育和社会实践价值。

正确认识和处理中小学劳动课程的全面育人价值，使其在人的全面发展教育中的地位和作用切实发挥，需通过各学科课程予以贯彻落实，其价值内生于其他各学科课程、其他各育之中。劳动教育的外延极为宽泛，与德、智、体、美各育之间相互融合，但不能被德、智、体、美所抵消、替代，应当发挥并实现劳动课程独特的育人功能。中小学劳动课程改革自20世纪末进入“社会实践期”以来，逐步成为学生综合素质培育的重要载体。这一时期的劳动教育以获得良好技术素养、培养学生综合素质为目的，强调综合实践活动课程设置，将原有整体的劳动技术教育划分为劳动教育和技术教育两个部分，劳动教育作为部分内容融入其中。现阶段的劳动教育强调“教劳践结合”，随着社会经济的发展，劳动者所需的劳动能力和素养结构、水平要求也在不断发展。随着劳动教育研究和实践的不断增强，劳动教育课程的全面育人价值逐步被挖掘和凝练。马克思说，“教育对所有已满一定年龄的儿童来说，就是生产劳动同智育和体育相结合，它不仅是提高社会生产的一种方法，而且是造就全面发展的人的唯一方法”[8]。当下劳动教育倡导的是一种整合的教育观，即劳动将作为一种学校文化，以课程整合的方式，将学科教育、德育、校园文化建设等建立成一个有机的统一体。[9]

二、中小学劳动教育课程实施

劳动教育作为一种教育构成，是教育者在一定时空中对受教育者的劳动精神、知识、意识、态度、情感、意志、技术、技能、习惯等施加影响的一种教育活动。劳动教育要将其内生价值与中小学教育的各个环节和各个方面结合，切实发挥劳动教育课程的全面育人功能。劳动教育实践中要充分重视其课程文化建设发展所面临的各种错综复杂的问题与矛盾，采取一种解放思想、实事求是的科学态度，从国情、校情、课情出发，针对课程中的具体问题进行研究，围绕劳动课程的目标、内容、实施和评价层面搭建分析框架，分析并提出解决问题的方向、方式、策略。

（一）课程目标：以内容的丰富实现价值取向的多元

劳动包括创造物质财富和精神财富的活动，是人类生存生活、社会运行、国家发展的基本前提。随着社会经济的发展，劳动结构不断发生变化，劳动的外延不再局限于原有框架，劳动形态越来越丰富多样。在形式化、制度化教育环境中，业界对劳动教育在工具理性方面的理论性批判和改造性实践从未停止过，在这种基于辩证和统一的“交锋”中，劳动教育的人性价值得到释放和认同，即：劳动教育是追求人的自尊、自重和自爱的人性解放过程。

因此，劳动教育仍然是实现人的自由全面发展教育目的的基本路径。[10]

劳动教育的特殊性在劳动这一教育核心环节中得以呈现，并通过劳动所蕴含的道德性、教育性以及精神性，突显自身的正当性。[11]因此，劳动教育课程体系的建构需要融入社会主义核心价值观，建立多元价值取向的课程目标体系，体现于中小学劳动课程的实施过程中，以保障劳动教育课程目标的顺利实现。劳动教育课程目标中蕴含着一整套丰满的“多元共生”“和谐发展”“全面进阶”的理念，既需要强调情感、态度和价值观培育，重视创造性思维能力培养的价值取向，也不能忽视掌握劳动知识和技能、获取生活经验的价值取向。目标取向的多样化与内容的丰富性之间相辅相成，有了多元化劳动课程目标取向，劳动教育活动的丰富性也有了可能；同样，丰富的课程内容，有利于实现课程目标的多样。因此，我们需要形成合理的劳动课程实施保障制度，让“通过劳动谋求发展”成为社会的普遍认识，为社会的健康发展灌注积极、高尚、具有活力的价值意识。

通过对国外劳动教育的审视考量，可以发现，在教育发达国家的劳动教育共同的标志性话语体系中，映射着深层次的文化价值定位，如美国强调教育与劳动的结合，受其一贯的实用主义传统的影响，发达的工业生产催生出健全的教劳结合模式；瑞典具有悠久的重视手工艺教育的历史文化基础，手工艺教育思想始终对瑞典劳动教育的形成和发展产生着重要的影响，手工课、技术课和家政课成为瑞典义务教育阶段三门独立设置的科目，构成劳动教育课的主要内容；作为我国近邻的韩国实行“勤劳精神涵养教育”，在初等和中等教育阶段，通过小学的“实科”课程和初中的“技术·家庭”课程，从“家庭生活”“技术世界”两个维度帮助学生积累多样化的实践经验，培养学生形成对于职业的正确价值观以及解决实际问题和探索职业前途的能力。有鉴于此，我国的劳动教育课程要在内容体系上结合不同学科特点，挖掘提炼在融合中存在的共同标志性话语体系，明确定位深层次的文化价值，从而切实提升劳动课程改革的文化自觉和劳动课程建设的文化含量。

当前，我国教育行政部门通过《义务教育课程设置实验方案》（2001年）和《普通高中课程方案（实验）》（2003年），将国家规定的综合实践活动课程、通用技术课程作为实施劳动教育的重要渠道。我们应注重将劳动教育与各门学科教学、德育活动等结合，根据各学科的教材内容、教材特点的个性与共性，挖掘内涵，找准结合点，将课堂教学与校内外活动有机结合。

（二）实施方式：强化参与、合作与体验多样结合

中小学劳动课程的根本价值在于育人，这也是劳动课程文化最为本质的特征，始终以学生为课程主体，社区、学校、家庭中的劳动活动为主要内容，课程实施空间广阔，涵盖着社区、学校、家庭在内的多个时空。劳动课程的目标价值取向、内容挖掘、实施方式等均当指向“具体的人”的参与、理解、体验和发展。当前，中小学劳动教育的培养目标落在培养学生的“核心素养”上，发展学生的正确价值观、必备品格和关键能力，是对立德树人根本任务的贯彻和落实。在劳动课程的设计和实施中，要进行劳动观点、劳动态度、劳动习惯的教育，[12]要充分考量具体课程实施方案中的文化主体及其自觉。

现代课程观念认为，课程实践上应体现为参与、合作、理解体验等为标志的课程实施文化。[13]在此观念的基础上，我们需要在劳动课程实践中不断丰富劳动教育与终身教育的课程实践文化，即：在落实马克思主义“教劳结合”的思想根基的基础上，结合创新创业的时代召唤，为当代的劳动教育与生产生活实际相结合的实施，提供基本的路径方略和丰富的路径样态。我国的劳动教育在课程改革实践中，逐步趋向于一种以“参与、合作、体验”为基本方式的课程实践文化，是从忠实取向到相互调适取向，再到课程创生取向的文化迁移过程，是从追求“技术理性”到追求“实践理性”，再到追求“解放理性”价值取向的进程，在一定程度上体现着劳动教育课程改革的发展方向。恩格斯说：“一切社会变迁和政治变革的终极原因不应当在人们的头脑中、在人们对永恒的真理和正义的日益增进的认识中去寻找，而应当在生产方式和交换方式的变更中去寻找。”[14]我们要认识到劳动教育不仅有校内、校外劳动教育的丰富的课程形态和多样的教育方式，还可以通过家庭劳动、社区劳动与学校劳动教育相互融合实现补偿，如立足校园文化建设，通过与学科结合、与德育活动结合、与校外公益劳动结合，丰富劳动教育形式；依托教育资源，开展种植等特色实践课程，拓展劳动实践课程基地；利用家庭联系，开辟家长资源课、家庭生活场所，形成劳动教育合力等。[15]同时，还要明确，劳动教育要将德育、智育、体育、美育有机联系起来，必须基于国家发展的战略诉求和时代发展的现实需要，立足提升学生综合劳动素养，从教育本质层面理解和践行劳动课程实施文化，使教育真正适应人的自身变革和发展的需要，最终实现教育培养全面发展的人的改革目标。

（三）课程评价：营造多主体的综合化样态

劳动课程评价的关键在于对整个基础教育环境的把握，需要洞悉社会、学校和家庭环境中教育对生命力量的孕育和发展，既要基于当下教育事态，又要超越目前的教育生活。目前，我国劳动教育课程实践仍然停留在技术理性、工具理性的水平层次上，“学而不考”造成学校重学科、轻劳动技术，家长、学校、社会把升学作为学生学习的主要任务。因此，要落实劳动教育课程的多元主体评价，让劳动课程文化中的评价观念和实践水平作用得以发挥，以促进教育现实和理想之间的碰撞交织。第一，劳动教育的评价要关注学生对劳动教育价值意义的理解，不能以简单的“多、少、对、错”来表述。第二，我国劳动教育落实于综合实践活动、通用技术课程的实施，以及其他学科教学和少先队活动课中的有机融入。每一门学科都是学生洞察世界的一个维度或视角，通过劳动观察世界必然是多维、多元和多样的，因而劳动教育的评价必然是主体多元、方法综合的。第三，真正把劳动教育与德育、智育、体育、美育等其他类型的教育视为综合、多元评价的范畴，通过综合、多元评价谋求劳动课程乃至整个教育的发展。第四，发挥教育行政督导作用，探索建立校内劳动教育评价制度，通过中高考评价终端适度引起学校、家长、社会对劳动教育的广泛重视，营造良好的社会氛围。

参考文献：

[1] 吴晶，胡浩．坚持中国特色社会主义教育发展道路 培养德智体美劳全面发展的社会主义建设者和接班人[N]．中国教育报，2018-9-11.

[2] 程红兵．课程文化建设及其影响的实践研究——以上海市建平中学为例[D]．上海：上海师范大学，2010：20.

[3] 裴娣娜．多元文化与基础教育课程文化建设的几点思考[J]．教育发展研究，2002（4）：5-8.

[4] 徐长发．劳动教育是人生第一教育——对习近平总书记“以劳动托起中国梦”重要思想的学习体会[N]．中国教育报，2015-5-6.

[5] 王连照．论劳动教育的特征与实施[J]．中国教育学刊，2016（7）：89-94.

[6] 冀晓萍．劳动教育将全面突围[J]．人民教育，2015（17）：30-33.

[7] 文新华．论劳动、劳动素质与劳动教育[J]．教育研究，1995（5）：9-15.

[8] 中共中央编译局．马克思恩格斯文集：第五卷[M]．北京：人民出版社，2009.

[9] 章振乐．正心立德 劳动树人——小学“新劳动教育”的实践与思考[J]．中国特殊教育，2017（5）：27-29.

[10] 肖绍明，扈中平．重释劳动教育的人性意义[J]．现代教育论丛，2013（4）：7-12.

[11] 赵荣辉．劳动教育正当性之思[J]．当代教育科学，2016（4）：7-10.

[12] 黄济．关于劳动教育的认识和建议[J]．江苏教育学院学报（社会科学版），2004（5）：17-22.

[13] 裴娣娜．现代课程与教学论新视野文库·总序[M]．北京：教育科学出版社，2005.

[14] 中共中央编译局．马克思恩格斯选集：第三卷[M]．北京：人民出版社，1972.

[15] 陈辉榕．浅谈劳动教育校本课程的开发与实施[J]．新课程导学，2018（3）：48.

劳动实践育人的课程化落地

金华星[1]

成长中的孩子，不但需要知识的浇灌，更呼唤实践的锤炼；既需要教师、家长和社会的呵护，更期待经历大自然的风雨。现在的孩子普遍存在不珍惜劳动成果、不会劳动、不想劳动的问题，劳动实践在他们的成长发展中严重缺席，亟须补上这一课。当前，劳动教育的价值越来越受到社会的重视，劳动教育的新样本不断涌现，很多先行学校积累的“以劳立德、以劳增智、以劳强体、以劳育美”的成功经验，不断激励和启迪着广大实践者。浙江省绍兴市柯灵小学在新课程改革实践中一直走在探索前沿，具有较好的课程开发和综合实践活动设置基础，注重实施劳动实践教育，开发了一批劳动实践课程，其中《多彩生活》是浙江省精品课程，《小灵娃生活素养》课程群入选绍兴市第二批精品课程群，学校被选为浙江省首批劳动实践教育项目试点学校。一直以来，学校主要通过课程的优化整合来推进和落实劳动教育。

一、劳动教育的实施途径

（一）基础性课程抓拓展

1. 改造《信息技术》的内容结构。随着社会的发展，家庭计算机已经普及，计算机应用已经渗透到生活的各个领域，家长和教师的信息素养普遍提高。对我校的学生来说，他们基本上从小就能接触计算机和信息技术，完成现有《信息技术》的教学内容已经无需当初设定的教学时间。为此，学校对《信息技术》学科的教学内容做了适度的改造，增加基础的人工智能内容。学校在普及的基础上，着重抓课外拓展和后续培优工作，渗透人工智能应用和编程技术，并积极组织学生参与各级机器人竞赛等相关活动，增强学生的思维与动手实践能力，培养学生面向未来和现代化的劳动素养。

2. 聚焦《劳动与技术》中的专题内容。一直以来，学校在开好劳动与技术课的基础上，聚焦其中的“绳艺”和“纸工”内容，将传统的编绳与现代3D打印技术结合，制作小型挂件，深受学生喜爱；将一般纸工发展成创意建模，在动手动脑中拓展主题创意实践，广受学生欢迎。

---

① 金华星，浙江省绍兴市柯灵小学校长，高级教师。

3. 丰富《综合实践活动》中的劳动项目。捕捉综合实践中的劳动项目，锁定“衣、食、住、行、环保”等专题，开发了《多彩生活》《五好生态》《小灵娃生态素养》《小灵娃生活素养》等系列课程，加强对学生的自我服务劳动教育。

（二）拓展性课程抓统整

在众多的拓展课程中，以劳动实践领域的内容为主线，开发了“金、木、水、火、土”五行课程群。

1.“金”系列。紧扣时代脉搏，通过3D创意打印、能力风暴机器人、乐高机器人、航模、建模等课程，培养学生面向未来的现代化的劳动素养。

2.“木”系列。根据现代社会对复合型人才的需求，开发了以艺术造型为开端的陶艺、以设计创意为开端的金石篆刻、以科学知识为开端的小制作、以技术为开端的木工坊、以数学为开端的立体搭建等跨学科的STEAM课程，培养学生的跨界思维和综合素养。

3.“水”系列。在《多彩生活》课程的基础上，着重对学生进行自我服务和家务劳动素养的培养，开发了清洁、整理、女工、修理和家务劳作等“准家政”课程，培养孩子从小具有自己的事情自己做、家里的事情帮着做、集体的事情争着做的意识和能力。

4.“火”系列。通过烹饪、烘焙、茶艺、面点等美食课程，让学生亲历美食的制作过程，掌握基本的烹制技能，在品尝美味的过程中享受劳动的欢乐，进一步培养和发展学生的自理能力。

5.“土”系列。即校园种养殖课程，开发了小农场种植、我爱养花、无土栽培、现代养殖等课程，让学生走进自然，亲近泥土，体验挥汗的欢乐，向往丰收的喜悦。

（三）主题实践活动抓专题

在各项主题实践活动中，学校提取劳动实践教育因子，加以课程化改造和专题性实践。

1. 社会实践中的劳动基地考察。在外出社会实践活动中，学校更多地选取到田间地头、工厂车间、山区农村考察劳动实践基地，先后组织学生走进蔬菜大棚、荷湖村、苏泊尔生产车间、富盛竹园等，让学生零距离了解劳动生产现场，感受劳动过程，体验劳动的艰辛和伟大。

2.“免考生去哪里”课程中的劳动体验。每学期末，学校对各班评出的学科免考生专门开设了混龄组班的“免考生去哪里”课程，额外奖励他们多参与一些体验性和实践性活动的课程，而不必回到原行政班参与学科考试。这些“免考生去哪里”课程中安排了较多的劳动体验课程，例如，去农家乐做饭做菜、烧大灶，去农场承包一块地种菜种瓜，去农科院参与割稻劳动，去农户家帮忙掰玉米、收大豆等。

3. 研学旅行中的劳动实践。在外出研学活动中，学校组织学生去黄酒馆体验做酒，去荷湖村参观农耕博物馆，去茶园采茶，去山村和农户同吃同住、劈柴烧饭体验农家生活等。

4. 日常生活中的劳动岗位。学校将校园生活中的班务和校务工作作为劳动实践岗位和劳动实践教育阵地，将校园中的部分工作开辟成志愿服务岗，作为劳动教育的资源，让劳动实践教育渗透到学生的日常生活中，伴随学生的校园生活真实发生。

二、劳动教育的实施要点

（一）将劳动素养纳入校本核心素养，使劳动教育融入学校整体课程框架

劳动素养是浙江省绍兴市柯灵小学“灵健”核心素养的重要方面，坚毅、勤勉、有序、博涉等都是劳动素养的重要表征。学校从素养一端出发，为劳动教育预设了美好的期待和目标。从劳动知识、劳动技能、劳动方法、劳动情感、劳动态度、劳动精神、劳动价值等多个维度设置和设计培养目标，使学生参与劳动实践，体验劳动艰辛，热爱劳动过程，珍惜劳动成果，享受劳动欢乐，向往劳动创造。在学校整体课程框架中，为劳动实践教育预留“灵健课程群”板块，在顶层设计中为劳育预设一席之地，架构分层、分类、应需、应时的综合课程体系。例如，依据年龄分层设低段、高段自我服务型劳动课程；依据劳动领域分类设自我服务、社会公益、职业技能体验等劳动实践课程；依据学生需求分设普及性劳动实践基础课程和选修性劳动实践提高课程；应时代发展分设传统基础型和未来创新型劳动实践课程；依据劳动实践区域分设家务、班务、校务劳动；依据劳动性质分设简单生产劳动、技术劳动和工艺劳动。为不同学习风格、学习方式、学习节奏的学生在不同的空间设计有过程、有体验、有思辨的劳动实践路径，在引导和支持中培养学生的劳动素养。

（二）注重劳动教育的实践性，给学生提供大量操作和体验的机会

劳动素养必须要在劳动实践中才能习得，劳动教育必定是一种劳动实践教育，实践性是劳动教育的必然属性。学生的基本学习方式主要为操作性和体验性学习，学生的基本学习样态主要为综合实践活动，有效的组织方式主要为任务驱动性的项目式学习。

1. 设置劳动实践教育项目。根据需要和可能，面向现实和未来，结合学校的基础和条件，合理设置项目，并提前预设课程化实施，适时进行课程化开发。

2. 开辟劳动实践教育场地。实践活动必须保障合适的场地，设置项目的同时需要考虑有无必要的场地，项目开设前必须同步开辟相应的场地。这个场地可以是固定的，也可以是临时的；可以是室外的，也可以是室内的；可以是共用通用的，也可以是专用独用的；可以是校内的，也可以是校外的。

3. 集聚劳动实践教育资源。任何项目的开展，必须有充足丰沛的活动资源。开拓和集聚实践活动的资源，是组织安排实践活动的前提，劳动实践教育活动更是如此。教师要善于发动学生和家长提前准备丰富的实践资源，因为准备资源的过程就是实践活动的过程，非常有利于劳动实践活动的顺畅、高效开展。

4. 安排劳动实践教育时间。将大部分的拓展课程实践活动排入课表，以保障教师的教学时间和学生的学习时间。根据劳动实践的特点，很多项目是需要安排长时间分散并持续展开的，这就需要保证一些课余的、固定的、周期性的零碎时间“专项”用于该项目实践，如对作物的观察养护、对动物的日常饲养等。而有一些劳动是需要安排大块时间保障的“大工程”，需要灵活安排课程的组织形式，采取月课程、学期课程等形式保障其实施。

5. 开展动手实践教育活动。劳动教育的要义是动手实践，劳动教育不仅仅只是洒扫庭院、洗碗拖地、拔草锄地等劳作内容的回归和增加，劳动教育的实质应是动手实践的唤醒和激活。内容上增加和拓展具体的劳动项目是劳动教育的刚需，在方式上克服纸笔学习的单一取向、加大实践操作的环节容量，更是劳动教育的呼唤。劳动教育必须克服纸上谈兵，注重学用结合和实践取向，让学生享受学习的真实发生，了解知识的产生过程。

（三）与科技教育“联姻”，增强劳动教育的现代感和对未来的适应性

劳动教育需要面向未来、面向世界、面向现代化，劳动教育的方向是创新探究。进入新时代、迈向国际化的劳动教育，不能仅仅局限在田间地头的传统种植养殖，不能仅仅满足于家庭的洗衣做饭，迎接现代化和面向未来的劳动教育，同样需要将视野拓展至科技创新的领域。基于任务驱动的创客实践，注重跨学科学习的STEAM项目，重在问题解决的人工智能学习，都是当下劳动教育的时代命题。劳动教育更需要创新精神赋能，学校将大量的劳动技术拓展性课程定位在注重科技创新的“金”系列和注重跨学科生态整合的“木”系列，就是基于这种考量。

三、劳动教育的进一步改进思考

（一）劳动教育的核心素养如何有效落地

劳动教育的精髓在于奋斗精神和吃苦耐劳品质的培育。劳动教育固然需要培育学生基本的劳动技能，如多数学校普遍开设的烹饪、烘焙、茶艺技能，或种植中的浇水、施肥、培土等方法，但并不仅止于此。这些是劳技课程的内容，不是劳动教育的全部。劳动教育的根本目的是培养学生自己的事情自己做、公益的事情争着做的责任担当，体会自己动手、丰衣足食的劳动境界，克服不劳而获、坐享其成的享乐主义思想，明白生活靠劳动创造、人生也靠劳动创造的至理真义，避免少劳多得的畸形择业观和人生观的滋生蔓延。为此，学校就要尽可能减少那些学用远离甚至学用分离的课程设置，杜绝游戏化、走秀式的“体验性”教育内容，减少过度保护、过分包装的劳动教育的形式安排，多一些流汗体验和体力参与，多一些“野蛮其体魄”式的内容设置，多一些“劳其筋骨、饿其体肤”式的意志锻炼。劳动教育重在人格的健全和精神的锤炼，但怎么保障这些核心素养的有效落地，怎样正确、合理、科学定位与表述劳动教育的培养目标和教育价值，怎样避免粗放式、浅表性、碎片化地实施劳动实践教育，尚有很长的路要走。

（二）劳动教育活动如何更好地促进学习方式和教学方式的深刻变革

如何使劳动实践教育课程实施渠道综合化，做到课上课下结合、校内校外打通、家庭社会参与，甚至获得社区支持，逐渐构建社会化的联合联动机制；如何使实施形式深层化，开展项目式学习，引进任务驱动、情境探究、实践体验、协作分享等要素；如何组织学生或学习小组自主提出活动方案、记录实施过程、撰写总结报告、参加展示交流等；如何更好地促进学习方式和教学方式的深刻变革，尚需要学校持久用功。

（三）如何以切实、便捷而有效的评价促进劳动教育的真实发生

劳动教育的途径在自然融合。劳动教育固然需要开设专门的劳动课程，但劳动教育的魅力更在唤醒沉睡的劳动教育资源，其生命和活力在于点滴渗透和日常生活中的自然融合。日常生活中那些衣食起居的现实场景不能弃之不顾，校园生活中那些清洁保洁的真实机会不能拱手相让，家务劳动中那些自己动手的教育价值不能视而不见。劳动教育，潜伏于现实生活中的点滴劳动实践，怎样让学生自愿、乐意地投身这些日常的劳动实践，怎样培养学生辛勤劳动、诚实劳动、创造性劳动的习惯，尚需要制定配套评价的顶层设计和构架。

花园、果园、微田园，“五育”并举谱新篇

李　桦[①]

四季芬芳、瓜果飘香。近年来，这样美好的景象越来越多地出现在四川省都江堰市的中小学校园里，一片生机盎然，与孩子们的活力相映成趣。这是都江堰市实施学校“三园·四美”工程的生动表现。其中，“三园”建设重在加强区域德育、智育、美育和劳动教育等的整体推进。如今，全市52所中小学校中，进行“花园、果园、微田园”建设的学校分别达到100%、80%、40%，“花园、果园、微田园”已成为都江堰教育的一道独特风景。

一、开展“三园”建设，探索区域“五育”并举新路径

从区域层面推进德智体美劳全面发展的教育，不仅要开齐开足开好国家课程方案中规定的相关课程，更应将综合实践活动课程、劳动教育课程与各学科教育相互融合渗透，将地方课程与学校课程进一步整合，建立起能够体现综合育人实效的学校课程体系。2018年，都江堰市以“校园优建工程”为契机，启动学校“三园·四美”工程建设，并制定了《都江堰市中小学校劳动教育“三园”建设实施意见（2018年）》（以下简称《“三园”建设实施意见》），要求各校因地制宜，以打造校园内的“花园、果园、微田园”为核心，建立师生劳动实践基地，形成“三园”劳动教育课程体系，旨在以区域劳动教育和学校美育的建设为切入口，促进德智体美劳教育的整体提升。

都江堰市在探索区域“五育”并举新路径方面有着得天独厚的条件。首先，校内有地。2008年汶川地震后，全市所有学校均按国家校舍建设标准设计重建，生均用地达到规范要求，所有学校均有适当空地可开辟为校内劳动教育及综合实践基地。其次，校外有点。都江堰素有“天府之源”的美誉，拥有良好的农业耕作传统，新建的“精华灌区”整合了历史文化、空间布局、区位功能等元素，保护文化遗产、展示农耕文明、传承生态智慧、彰显天府文化，成为学校针对劳动教育及优秀传统文化教育，开展德育、美育等，构建新时代全面育人教育体系的重要平台。最后，步调一致。四川省正深入贯彻落实习近平总书记来川视察要求，都江堰市争取率先建成“美丽宜居公园

① 李桦，四川省都江堰市教育局党组书记、局长。

城市”和“国际化生态旅游城市”，中小学校根据《“三园”建设实施意见》相关要求（表1），全面推进“三园”建设，让师生动起来、校园美起来，为助力都江堰市实现“两个率先”而积极行动。

表1 《“三园”建设实施意见》目标、内容及路径要求

<table>
<tr><td rowspan="3">目标</td><td rowspan="3">聚焦劳动素养、劳动习惯、劳动态度、劳动知识</td><td>学校</td><td>校园每处都是一个小景点，每所学校都是一个微景区，充分发挥环境育人功能</td></tr>
<tr><td>教师</td><td>面向全体学生，成为劳动教育的指导者和参与者</td></tr>
<tr><td>学生</td><td>亲历劳动，从思想认识、情感态度、能力习惯三个方面凝练劳动素养，为学生的终身发展和人生幸福奠基</td></tr>
<tr><td rowspan="3">内容</td><td rowspan="3">统筹兼顾，各有侧重</td><td>核心内容</td><td>以校内劳动为主，因地制宜，建立“花园、果园、微田园”校内劳动实践基地</td></tr>
<tr><td>学科融合</td><td>丰富劳动教育实施渠道，打破学科之间、课堂内外、校园内外的边界</td></tr>
<tr><td>课程建设</td><td>建立学校劳动教育课程体系，小学低段、小学高段、初中、高中各有侧重，最终实现全员、全方位、全过程育人的劳动教育新格局</td></tr>
<tr><td rowspan="4">路径</td><td rowspan="4">统筹实施，提升综合育人实效</td><td rowspan="4">四结合</td><td>与校园文化建设相结合</td></tr>
<tr><td>与三级课程体系建设相结合</td></tr>
<tr><td>与综合实践活动相结合</td></tr>
<tr><td>与家庭教育、社会教育相结合</td></tr>
</table>

二、落实“三园”建设，开辟区域“五育”教育新天地

都江堰市在充分保证国家课程开齐开好的基础上，结合地方实际加强劳动教育、美育等，通过“三园”建设，为学校强化家国情怀及优秀传统文化教育、增强学生综合实践体验、改进学习方式、拓宽劳动教育途径等找到了新的突破口。都江堰市要求把“三园”建设纳入学校整体的课程设置方案，科学设计“花园、果园、微田园”学习项目，统筹安排课外综合实践时间，构建了符合新时代要求的学校课程体系，以劳动教育和美育为切入口，充分发挥综合实践的育人功能，以劳树德、以劳增智、以劳强体、以劳育美、以劳创新，促进学生全面发展。

（一）突出课程综合性

各学校将“三园”劳动课程与德育、智育、体育、美育相融合，充分发挥综合实践活动的育人功能，使学生牢固树立“劳动最光荣、劳动最崇高、劳动最伟大、劳动最美丽”的观念，感受校园、家乡的美丽，培育家国情怀。例如，树德中学都江堰外国语实验学校将“开心农场”微田园建设与语文学

科相融合，形成了“感悟生命”“与植物对话”等系列写作、演讲课程；与艺术课程相融合，形成了园艺种植分享会、洋葱故事会、农产品展览会等活动课程；与生物学科和信息技术相结合，建立农作物标本站，形成了“物联网运用”课程；开发园艺分享 APP 等，并延伸出“葵花心语”心理健康课程（表 2）。各学校通过“三园”建设找到了劳动教育与学科相融合的契机，结合学科特点渗透劳动的意义和价值，引导学生形成正确的价值观。

表 2　树德中学都江堰外国语实验学校“开心农场”劳动课程体系

课程名称	课程核心词	课程说明
第一季 自然之声	感悟	参与园艺种植，感受生命历程，开展生命教育；感悟合作与分享；感悟陪伴、呵护背后的责任与担当等
	对话	学会与植物对话，与参与种植的同学对话；学会写植物成长日记，从而与自己的内心对话
	发展	通过园艺种植过程陶冶情操，提升个人修养
第二季 艺术之美	发现	增强观察力，积极解释身边的人、事、物
	欣赏	善于发现美的事物，愿意分享自己的感受和体会，能把美好的事物用自己的情感、言语进行解读。例如，开展园艺种植分享会、洋葱故事会、农产品展览会等
	创造	从园艺美到心灵美，能赋予所种植物、种植过程积极的意义；能够创造性地开展活动、设计活动。例如，建立农作物标本站、运用物联网、开发园艺分享 APP 等
第三季 心境合一	共鸣（思想）	初步具备珍爱生命、积极适应、情绪管理的能力
	共情（情感）	开展自我悦纳、沟通合作、承受挫折、心理复原、自主学习、创新实践等教育活动，促进学生之间形成积极的团体
	共梦（价值观）	学生能创造性地在园艺过程中开展自学活动，学生之间形成良好的互动。例如，心理协会的组织管理能力增强、班级参与意识增强等

又如，光明团结小学将“三园”劳动课程与德育融合，形成了“桃李芬芳”品格教育课程。学校的桃林成为德育教育基地，不仅使学生摒除了伤害桃树、乱摘桃子等不良行为，还让学生养成了爱护花草树木和环境卫生、珍惜劳动成果等良好习惯。尤其是学校每年在桃子成熟季节设立的“采摘节”，成为以分享劳动果实为主题的劳动周活动，让学生体会到劳动的快乐和价值。“桃李芬芳”课程还与语文学科相融合形成“吟桃花”特色课程，与美术学科融合形成“画桃花”和“桃花社”手工课程，与科学学科融合形成“赏桃花”课程，与音乐学科融合形成“听花音”课程，培养了学生欣赏美、创造美的

能力。

与此类似的还有李冰中学的“科技种植园”、土桥小学的“青青田园”、青城小学的“银杏篱园”等，学校的课程设计者充分利用“三园”资源将劳动教育与德育、智育、体育、美育相结合，培养学生敢于创新、勇于担当、善于合作的精神品质，让他们懂得劳动创造美好生活的真谛。

（二）突出课程实践性

“三园”课程为学校系统开展综合实践活动搭建了新的平台。课程遵循教育规律，让学生参与符合其年龄特点的多样化综合实践活动，学会简单的劳动技能，养成良好的劳动习惯等。例如，蒲阳小学在“三园”课程建设中，将学校的“阳光花园”作为校园劳动实践基地，采用“包干区”的方式，将花园的管理，如浇水、除草、卫生、病虫害防治等分配到各班，让全体学生参与到日常劳动实践中，并以班级为单位在全校开展评比活动，促进日常劳动的有效开展。其中，“四季花开”是一项重在实践的劳动课程，学生在劳动教师、科学教师和花草种植专业人员的指导下，到育苗室里亲自动手学习当地常见花木的育苗、扦插、移栽、管理等技术。

都江堰市特殊教育学校在“三园”建设中，充分利用企业和社区的有利资源，构建起符合学生成长规律的本土化劳动课程体系。天生花木有限公司为学校修建花草种植大棚，并对多肉植物和花草的种植给予技术指导；中海集团为学校捐建果园，负责果树的选购和栽种指导；在社区的协调下，学校还开辟了6亩校外田园。学校将“三园”劳动课程分为多肉盆栽、花草种植、果树管理、农场种植四大类，并与康复课程相结合，融入特殊儿童康复教育中。多样化的劳动实践，让学生牢固树立了劳动最光荣、劳动创造幸福的观念，培养了特殊儿童自立、自强的信心和劳动技能，为他们将来顺利走向社会、自食其力奠定了良好的基础。

目前，都江堰市“三园”建设中的“花园”建设已覆盖100%的中小学，北街小学有“菁菁花园”，永丰小学有“蒲公英花园”，沿江小学有“清心园”，龙池小学有“小龙人花园”……各校的花园都已成为学生日常劳动的场所，让全体学生“动手实践、出力流汗，接受锻炼、磨炼意志”，通过强化劳动实践，培养健全的身心和良好的品格，提高综合素养。

（三）突出课程实效性

“三园”课程进一步突破校园空间，整合社会力量，不断丰富学校教育资源，构建了一个开放、多元、多维的“五育”教育课程体系，体现了新时代促进学生全面发展的课程特点和要求。例如，驾虹小学借力周边的虹乡农场、圣寿源高科技蔬菜园、金胜猕猴桃基地，拓展和形成了“一场一园一基地”，构建了“三元层级课程”，即耕读文化课程、耕读实践课程、耕读探究课程。其中，耕读实践课程又分为校内种植课程和基地培训课程，1~6年级学生人人参与校内种植课程；4~6年级学生参与基地培训课程，并根据学生的认知水平、知识积淀，由易到难，三个年级分别对应一个社会实践基地（分别为虹乡农场、金胜猕猴桃基地、圣寿源高科技蔬菜园）。课程分为春季和秋季课程，学生每月参加两次基地集中培训，在专业农业技术人员的指导下，参加适当的生产劳动，了解农业发展与产业变革，培养科学精神、创新能力，形成正确的世界观、人生观、价值观。

又如，友爱学校为保障学校“五彩田园”课程的有效实施，针对不同学段学生实际，采取了集中劳动和分散劳动相结合的方式。即按照“应季耕种菜单”“日常护理手册”“成果分享报告”等要求，1~2年级分散实施，主要与日常生活劳动相结合。其他年级分时段集中实施：3~6年级统一安排在每周二下午，主要参与田园护理、季节性耕种活动，让学生养成劳动习惯，学会合作，体会劳动光荣；7~9年级统一安排在周五下午，主要参与田间护理、种植、收割与蔬菜的分享，培养学生认真负责、吃苦耐劳的品质，初步懂得劳动创造价值，树立劳动服务意识。

全市学校通过“三园”建设，深度挖掘新时代劳动教育课程的独特育人价值，充分发挥劳动教育的主导作用，结合实际开辟了各具特色的学生综合实践基地，不但使各校劳动教育得到规范开设，还丰富了劳动实践途径，强化了学生综合实践体验，形成了具有综合性、实践性、开放性、针对性，有特色的百花齐放的学校课程体系，有力地促进了德智体美劳教育的全面落实。

三、拓展“三园”建设，谱写区域育人新篇章

都江堰市实施“三园·四美”工程，以“三园”建设为抓手，创新区域教育管理机制，实现“五育”并举，促进学生全面发展，取得了系列成果。在此基础上，都江堰市将继续以立德树人为宗旨，强化劳动教育，进一步提升学校课程的综合育人实效，并重点从以下3个方面思考和行动。

1. 进一步挖掘“三园”建设的综合育人功能

将“三园”建设内容、目标进一步与德育、智育、体育、美育、劳育相整合，与学科学习相关联，探索“三园”文化；积极开展“特色校园”“魅力校园”“多彩校园”“美丽校园”等的建设，系统构建新时代课程及评价机制，促进学校多样化、特色化办学，形成具有都江堰特色的“五育”并举育人新模式。

2. 进一步扩展“三园”建设的外延

进一步挖掘、整合都江堰丰富的自然资源和优秀文化传统，同时将城市规划与区域教育相结合，实现都江堰精华灌区、康养产业功能区在传统农耕文化基础上植入乡村产业研发等现代元素，将川西林盘串联成网，大力推动生产方式变革。引导学校进一步依托本土资源建立多元化的学生综合实践基地，加强家国情怀、优秀传统文化教育，持续丰富学生的劳动体验和热爱家乡、热爱劳动的情怀，涵养学生正确的世界观、人生观和价值观。

3. 进一步形成多方联动机制

抓住都江堰市创建全国文明城市的契机，与社会各界形成联动机制，引导家庭树立良好家风，搭建活动平台，共同支持学生深入城乡社区、福利院和其他公共场所参加志愿服务，开展公益劳动，参与社区治理。探索建立全面实施“五育”教育的长效机制，开创家庭、学校、社会合力育人的良好局面。

校园农场：农村中小学劳动实践课程的区域化探索

古爱华 ①

今天我们所面对的农村中小学生，虽然生长在农村地域，但生活离生产劳动和社会实践相去甚远，“五谷不分”“四季不识”已成为农村少年儿童的普遍表现。加强农村中小学劳动实践课程的有效实施，显得异常迫切。

2016 年，重庆市綦江区面向全区 98 所中小学校，抽取 1800 余名校长、中层干部、任课教师和三年级、五年级、八年级的 24000 余名学生，通过实地观察与个别访谈的形式，开展了“綦江区中小学校劳动课程及综合实践课程实施现状调查”。经统计分析发现，农村中小学在劳动实践课程的实施上显得非常薄弱，主要存在四个方面的问题：一是课程管理缺位，学校普遍将知识传授型课程作为管理的重心，劳动实践课程处于学校管理的极限边缘，干部、教师将其视为“不务正业”的“玩耍课”“放松课”；二是课程资源缺少，无场地、无设施、无教材、无师资现象普遍，课程实施得不到应有的资源支撑，让劳动实践课程“无米下炊”“无人下厨”；三是课程开发缺乏，劳动实践课程在课程目标、课程理念、课程框架、课程内容等方面缺乏科学合理的校本化开发，让劳动实践课程成为“无源之水”；四是课程评价缺失，相对于传统的学业评价而言，劳动实践课程既无评价指标，也无操作规范，无法对教师和学生形成课程实施的有效导向，让劳动实践课程成了“找不到坐标的航船”。

鉴于此，重庆市綦江区立足区域实际，充分发挥农村中小学在自然条件和乡土资源方面的优势，开展了基于校园农场的中小学劳动实践课程区域化构建。以促进学生“在劳动实践中主动、全面地发展”为行动出发点，以“五爱”（我爱农场、我爱家乡、我爱土地、我爱劳动、我爱生活）定位课程价值，确立了“循序渐进和系统建构”“尊重规律和回归自然”两大课程实施理念，明确了有保障、有内容、有过程、有成效的“四有”课程管理目标，运用全域行动、全员育人、面向全体、全程评价的“四全”课程实施策略，让全区中小学劳动实践课程的开发与实施得到根本改善，从而有力地推动了区域农村中小学教育教学质量的提高。

① 古爱华，重庆市綦江区教育科学研究所副所长。

一、自主、合作、共享：建设校园农场的区域化模式

重庆市綦江区通过理念引领与选点试验、重点建设与普遍要求、自主建设与综合协调、现场观摩与激励督导等几大策略的管理实践，引导中小学投入劳动实践课程实施的区域化行动当中，建成区域“一中心多基地遍布校点”的校园农场劳动实践育人实体，其中包括学生劳动实践基地管理中心、四大学生劳动实践基地（园）和遍布全区每所中小学校的100余片校园农场，总面积超过1000亩。

在推进校园农场建设的过程中，形成了三种行之有效的建设模式。

一是自主模式。即由有条件的学校组织师生及其他员工对学校自有校园空地、菜地或租用流转的周边土地进行自主规划、圈场、归垅、改良等，形成能够满足学校开展劳动实践课程的“校园开心农场”“校园匠心农场”“校园生态农场”等，学校对其拥有自主使用权。

二是合作模式。即通过多方协调、双方协商，以“业主主导、学校参与”的合作形式，就近开展校园农场的建设、种植、管护、教育实践，学校在“社会实践周”“劳动实践日”“综合实践课”中，按照需要组织学生到农场中参与劳动实践课程学习，学校对校园农场拥有协议使用权。

三是共享模式。即通过区教委统筹，各中小学共同享用教育系统统一建设的劳动实践基地和区农委引资开发建设的农业产业博览园等教育实体资源，有计划地组织学生到基地（园）中开展劳动实践课程的学习体验，将校园农场向社会进一步扩展，这既能够让社会资源得到充分利用，又放宽了学校教育的边界，让学生在更加开放的社会环境中去接受劳动实践教育。

二、学科融合、主题整合：基于校园农场的劳动实践课程开发

只有深入开展劳动实践课程体系的建设，才能真正发挥校园农场在落实立德树人根本任务中的教育价值。重庆市綦江区站在国家课程校本化和主题学习地域化两个角度，以教育性、实践性、趣味性、探究性为四大课程建设原则，将学科融合和主题整合作为全面建设劳动实践课程体系的两条核心路径，让全员育人、面向全体、主动发展、全面发展的理念实实在在地贯穿于课程体系的建设中。

（一）学科融合，让校园农场成为全员育人、面向全体的新课堂

为提高课程的实施质量，我们建立了基于校园农场的国家课程校本化开发机制，一线教师广泛参与，深钻课程标准与教材，有机结合课文教学内容，将劳动实践课程融入各学科课程的教育教学中，打破传统课堂对学科教学的

限制，让学生走出教室、走进农场，让每一名学生都全身心地投入劳动实践与学科知识相融合的新课堂学习中。

重庆市綦江区通过学科融合路径开发、建设的劳动实践课程，主要分为两种类型。

一是学科渗透式劳动实践课。各学科教师以国家课程、教材相关内容为基础，将劳动实践的元素渗透其中，让学生在劳动实践中身临其境地开展学科课程学习，在知行合一、手脑结合中获得情感、态度、价值观的全面发展。如小学语文教材中《菜园里》《春风吹》《植物妈妈有办法》《荷花》《触摸春天》《落花生》《草虫的村落》等课文；小学数学教材中数数、数的加减、长度、图形、测量、面积、角度、分数、比例、空间、概率等内容；小学科学教材中细胞的认识、新的生命、食物、种子、土壤等知识单元，都成了学科教师融合、渗透劳动实践教育的主要内容。

二是学科话题式劳动实践课。学科教师结合教学内容，以与学生生活紧密结合的某一话题为主线索，创设情境，开展既基于校园农场又具有学科特点的话题式劳动实践课。如语文教师开发的“植物的生命”“古诗中的农场”“农场的四季”“种子的力量”；数学教师开发的“种植中的数学”“农场里的统计学”“农场图表”“农场的成本与产出”；政治教师开发的“农民与土地”；生物学教师开发的“农场里不同的生命”；化学教师开发的“植物生长与化学反应”；地理教师开发的“气候与农场”；美术教师开发的“美术作品中的农场”；等等。这些话题式教学，既丰富了学科综合学习内容，又丰富了劳动实践教育的样态，渗透了劳动意识和劳动素养教育。

（二）主题整合，让校园农场成为学生主动发展、全面发展的历练场

为发挥劳动实践课程在智商、情商、财商等方面对学生发展的重要作用，我们引申出四大主题课程：农场科学、农场情感、农场财经、农场文化。

农场科学主题课程，不仅包括在各学科融合基础上进一步突出劳动实践元素的课程，还包括不同学科有机整合开发的劳动实践课程。如“二十四节气与农场”主题课程，既有语文阅读教学中的“节气”群文内容，又有历史学科中的历法知识内容，还有生物、地理学科关于植物特性、环境气候等方面的内容。与此相类似的课程还有“农具力学”“科学除草”“昆虫与仿生”“农场的衣服”等。

农场情感主题课程，主要由植物隐喻型情感课程和劳动关系型情感课程两大部分组成。植物隐喻型情感课程，是运用拟人化的手法，将农作物萌芽、生长、枯老、病害、死亡等自然现象与人类相比拟，从而引导学生在认识自我、认识他人、认识自然、认识社会、认识挫折等方面获得生动的情感体验，如“植物的脾气”“植物的力量”“植物的一生”“植物的朋友”“植物的敌人”“植物的天空”等主题课程。劳动关系型情感课程，是让学生在自主劳动、问题探究、小组合作中，充分参与“我与生活”“我与自然”“我与队友”“我与对手”“我与团队”“劳动者与劳动对象”等主题的学习、体验，让学生的自我认知能力得到整体提高。

农场财经主题课程，主要指向与经营校园农场有关的财经元素认知，包括投入、产出、成本、利润、收支、市场、投资、储蓄、信贷等基本知识，主题课程有“校园农场的投入规划”“让农场产出最大化”“农场的年度利润”“蔬菜市场的行情波动”“农场电商”“校园农场账务实践”“储蓄与投资”等，按照中小学生财经素养发展情况予以分阶要求和合理设计。

农场文化主题课程，包括物质文化和非物质文化两个方面。农场物质文化主题课程指向农家厨食、农家服饰、农家院落、农业景观、一般农具、农业机械、传统作物等内容；农场非物质文化主题课程涵盖农耕技术、农语村言、农源文字、农家故事、农家传俗、历法节气、节日礼仪、农民版画、农家陶艺、农歌民舞、乡土戏曲、农家制药、香茶技艺、农民运动、农业生态、农家环保等内容。每一项或几项内容都以生动的主题名称呈现，成为既贴近学生生活现实，又能激发学生学习兴趣的劳动实践课程，如“我爱厨房”“美丽的农具”“和谐农场大家庭”“爷爷奶奶的歇后语”“农场就是汉字发源地”“小小农民版画家”“家乡的金山银山”等。

三、规划、实践、升华：依托校园农场的劳动实践课程的区域化实施

（一）科学规划，为劳动实践课程的区域化实施提供充分保障

课程规划，既是课程开发的重要组成部分，也是课程实施的基础。依托校园农场的劳动实践课程规划，主要包括三个层面：一是课程分阶规划，即在不同学段规划不同要求的课程序列内容，并在课程开发和研制过程中予以不断完善，如“农民版画”农场文化主题课程，小学低段有“贴纸农民版画”“植物媒材农民版画”；小学中段有“吹塑纸农民版画”“一版多色农民版画”；小学高段有“木版农民版画”“套色农民版画”；初中学段有“绝版农民版画”“同题异构农民版画”“自由创意农民版画”等。二是课程年度规划，即针对各年级段提出劳动实践课程年段规划指导意见，由学校根据具体情况予以选择组合，形成学校必修与选修、单课时与多课时相结合的课程年度规划，如乐兴小学五年级的劳动实践课程，除语文、数学、科学每学科两课时的渗透式课程

外，还包括“落花生和她的一生”（多课时综合型劳动实践课）、“艺术创意落花生”（农场文化艺术多元实践课）、“农家传俗中的美丽落花生”（农场文化探究性实践课）、“落花生餐桌走秀”（农场文化厨艺实践课）、“落花生的投入与产出”（农场财经实践课）等以“落花生”为主线的主题课程。三是课程资源规划，即干部和教师在课程分阶规划和年度规划的总体框架下，对专业教师和辅助人员、课程经费、材料设施、时间段与课时数、农场空间及选点、教学支持信息资源等开展系统的规划，确保劳动实践课程的有序实施。

（二）精心实践，为劳动实践课程的区域化实施强化育人实效

重庆市綦江区研制出台了《綦江区劳动实践课程教学规范》，将中小学劳动实践课程的管理与教学情况作为教育督导评估考核指标之一，运用现场会、专题会、主题教研等方式提供必要的舆论与教研支持，运用常规督查与专项抽查抓好落实，全面推动劳动实践课程的区域化实施，让爱农场、爱家乡、爱土地、爱劳动、爱生活的“五爱”情感教育贯穿于学生的劳动实践过程中。其课堂实践呈现出三大特点：课前准备充分、课中展开有序、课后拓展有效。

课前准备主要包括师生在课题选立、目标拟定、学情分析、课时计划、方法选择、资源筹集、活动策划、流程设计、细节落实等方面的工作。教师在参考课程与年度规划、充分论证项目或主题必要性及学生发展需求的基础上，确立具有区域乡土特色的课题名称，制定包含培养学生劳动观念、劳动精神、劳动习惯等维度的教学目标，计划好课时，选择好组织方法、教学方法和学习方法，师生共同参与筹集劳动实践所必需的各种资源，策划设计好劳动实践活动和整个教学流程，逐一落实好组织管理、场地清理、任务分配、心理调适、劳动安全等方面的每一个细节，做到教师胸有成竹、学生有备而来。

课中主要由课前动员、活动分组、任务分配、工具材料领取、实践过程指导、中段小结、现场展评、课堂小结和延伸作业等几大部分组成。课前动员是组织学生有序实践的重要环节，主要让学生明确实践要求、目标，遵守实践纪律和安全规范；在活动分组中，根据教学目标要求，一般4~6人为一组，按学生性别、个性特点，采用组间同质、组内异质的方法进行分组，有时也根据学生志愿进行分组；在实践过程指导中，教师或助教根据学生实践需要，突出重点，开展全班整体指导、小组指导和个别学生指导，帮助学生突破在实践过程中遇到的难点。

课后通过实践小结、课后反思、课后评价、延伸作业、劳动成果展示与应用等途径予以拓展，让劳动实践产生更深层的育人实效，充分发挥劳动实践课附生性和延展性的教育作用。

（三）拓展升华，为劳动实践课程的区域化实施挖掘发展空间

劳动实践课程的区域化建设是一个共性与个性、静态与动态发展的过程。为了推动中小学劳动实践课程的全面实施，綦江区教委在 2019 年先后颁布了《关于加强中小学生劳动教育的通知》《关于进一步规范中小学生参加社会实践教育的通知》等文件，各中小学校在参考上述文件关于劳动实践课程实施的指导性意见基础上，结合本校特点，提炼实践经验，对劳动实践课程不断进行优化，使劳动实践课程的育人效能在实施中得到进一步升华。这主要有课程拓展、成果拓展、文体拓展、家校拓展、社会拓展等行之有效的方式。

课程拓展，是劳动实践课程在实施中得到不断完善的过程，能够让主题/项目课程更加丰满。一般情况下，课程拓展以主课带副课的形式呈现，如教师在开展“农具与力学”教学的过程中，不断拓展“农具”所蕴含的文化内涵，开发出“农具的产生与发展”“农具的美感”“农具的改良和创新”三大副课，供学生自主选修或延伸学习。

成果拓展，主要包括劳动实践课程物质成果展示、学习成果展示、能力与技术展示三大方面，通过多种形式展示拓展课程实施的空间。物质成果展示，是师生在劳动实践课程教与学中所取得的过程性、自然性成果展示，如农作物果实展示、农场变化展示、经济收益数据展示等，常以现场参观、观摩交流的形式开展；学习成果展示，是对学生在劳动实践课程学习过程中所形成的，能反映学生在观念、知识、能力等方面得到发展的物化成果予以公开展示，如学习笔记本、实践记录册、财经账务簿、学习心得、劳动制作成品等的展示，常以陈列、展出的形式开展；能力与技术展示，是学生实际操作能力方面的现场展示，如厨艺大比拼、陶器制作表演、竹篾工艺制作表演等，常以比赛、表演的形式开展。

文体拓展，是与劳动实践课程实施相关的以美育作品和体育活动为主要内容的拓展，其主要内容和形式包括美术作品展览、文学作品评比、民歌创编与演唱表演、农家体育项目比赛等。美术作品包括在劳动实践过程中所形成的绘画、摄影、泥塑、绘本、工艺等，作品常以农业、农场、农民为题材；文学作品包括以劳动实践为内容的小品文写作、朗诵词、演讲稿等；民歌创编包括学生个人或集体编创的歌词、歌谱；民歌演唱包括学生以农业实践为题材的民歌独唱、民歌合唱、民歌联唱等；农家体育项目比赛，则是在参考农民运动会项目、征求师生意见的基础上，因地制宜设置比赛项目与表演项目，教师和学生全员报名参与，从而形成的别开生面的劳动实践活动课程。

家校拓展，是劳动实践课程生活化的重要途径，也是学校联合家庭开展

课程的有效方式。在实际操作中，教师利用周末与节假日的时间，给学生布置劳动实践家庭作业、假期作业，由家长予以指导和评价，然后收集、上传作业成果，通过网络平台予以分享。教师在作业手册的编制中，常常给家长和学生提供多个选择性主题，如“学做家常菜”“经营家庭菜地”“家禽喂养”等，然后针对每个主题的具体情况，对实践目标、内容、建议流程、要点提醒、安全提示、评价要点、成果呈现、家长指导要点等给出较为详细的文字或图形说明，让每一名学生都能更好地参与家庭生活实践。

社会拓展，是在区域化整合课程资源的基础上，将劳动实践课程的实施面向社会拓展，从而更好地融入学生社会生活中的一种形式。区域化整合课程资源，包括行政管理资源、土地资源、人力资源、农业文化资源、农业科技资源、农企榜样资源等；拓展内容包括“农业社会管理机制调查探究”“区域土地类型与分布考察”“农业人才的分类与培养调查”“农村人文景观采风”“现代农业体验”“农民企业家成长报告”等。

四、学分银行：导向学生主动发展、全面发展的全息评价

评价是课程体系的重要组成部分，能够对师生产生重要的价值导向作用。在劳动实践课程评价体系建设中，除了运用教学常规督查、同行课堂观察、学年问卷调查、家长和学生满意度测评、教学成果分析等方法开展学校评价和教师评价外，重点对学生评价的目标、内容、指标、方式、工具、平台进行系统开发与建构，建成了以学分银行为平台的区域化劳动实践课程评价体系。将劳动实践评价与综合素质评价相融合，纳入学业评定、表彰奖励、升学推荐的结果应用中，对学生主动发展、全面发展起到了良好的导向作用。

（一）过程表现纳入学生综合素质评价档案

在基于校园农场的劳动实践课程评价体系开发中，将学生学习及运用劳动实践知识的思维与能力、在劳动实践中自我管理与人际管理的能力、认识与应用劳动实践财富的能力、耕作文化理解与耕作实践知识学习应用的能力等内容作为评价的一级指标。在各项一级指标下，分别设立了对应的二级指标，囊括了观察能力、记忆能力、想象能力、逻辑思维能力、管理能力、学习习惯、情绪管理、意志品质、团结交流、财经常识、劳动价值、商品交易、货币兑换、理财实务、作物常识、土地常识、文化理解、劳动技能、劳动成果等内容，同时明确了各项二级指标的评价观测要点。例如，“情绪管理”的评价观测要点为“积极参与开心农场的课程学习，用自己的激情和健康快乐的情绪感染同学”；“意志品质”的评价观测要点为“能克服劳动和相应活动

中的各种困难和挫折，培养顽强的意志品质和吃苦耐劳的精神”。不同的评价内容和指标以不同的实证材料为评价依据，包括师生观察、心得感悟、活动照片、实践成果等。

（二）开发学分银行育人平台

与地方建设银行合作，以“学分币”为基础，开发“学分建设银行”（以下简称“学分银行”）育人平台。学校通过一定的管理规则组建学分银行管理团队，行长、副行长、财务部长等所有管理职位均由学生代表担任，学生在劳动实践过程中所获得的一切学分均可以折算成“学分币”，学生每人一个“账户”和“存折”（或磁卡），然后通过学分银行开展存储、兑换、消费与投资的金融体验。在金融体验活动中，学生可以用自己所积累的一定数额的“学分币”，在学分银行内设的“学分超市”中购买相应的商品。“学分超市”根据学生不同年龄特点和需求设置商品，既有学习用具、图书等实物类商品，也有组织同伴游戏、老师的拥抱、班主任一天的笑脸等精神类商品，还有同桌学业达标、全班获取荣誉等投资类商品。学分银行通过传统人工运行模式的成功试验后，充分利用现代信息技术，开发电子终端机、电脑软件系统和手机“APP”，形成学分银行电子信息操作平台，让学生的金融体验更加便捷，家校互动更加充分。

基于校园农场的农村中小学劳动实践课程的区域化实践，为落实立德树人根本任务开辟了一条行之有效的路径，相关研究成果先后两次参加全国教育创新成果公益博览会展出。质量监测数据显示，区域学生综合素质水平发展状况良好，学生在综合实践、科技发明、艺术成果等方面不断取得优异成绩，地区教育满意度水平获得大幅提升。

基于校园农场的农村中小学劳动实践课程的区域化构建，既是“扎根中国大地办教育，同生产劳动和社会实践相结合，加快推进教育现代化、建设教育强国、办好人民满意的教育”的生动实践，也是创建培育“活的教育材料”，运用“活的方法”，造就“活的教师”，培养“活的学生”[1]的现代化教育。这对培养学生社会主义核心价值观，弘扬中华民族优秀传统文化，促进学生发展核心素养落地具有深远的实践意义。

参考文献：

［1］黄云熔．陶行知“培植生活力”思想研究述评（2001—2017）［D］．福州：福建师范大学，2018：46.

“山水田园”构建劳动教育新样态

王树峰①

“天下无一物无礼乐。”教育是基于物质、超越物质的人的精神与灵魂的再造。[1]要克服空泛的劳动教育，载体建设是重要的前提，这是劳动的具身性、对象性、实践性所决定的，是劳动教育实施的“牛鼻子”。因此，劳动教育必须有一定的载体。然而提到当下校园的劳动教育场所，是否有足够的格调唤起学生劳作的热情呢?

“日出而作，日入而息”的山水田园，承载着浪漫诗意的文化皈依，承载着诗化哲学的精神传统。南山湖小学是江苏省南通市通州区实验小学教育集团“孵化”的一所新校区，启用伊始即以“山水田园”劳动课程的建设为着力点，构建劳动教育的新样态，形成了劳动教育特色。

一、田园精神：劳动课程的新意蕴

劳动精神是劳动课程的核心。对劳动精神进行寻根溯源，就不得不提传统文化对田园精神的歌咏。山水画和田园诗营造的审美意境，有着“关心劳动者”的大德性，有着“寄情山水间”的大情怀，有着探寻“天人合一”的大哲思。

南山湖小学伴湖而建，是一所融在自然山水中的学校。基于传承和创新，学校努力建设“山水田园”式劳动场域，作为“田园精神”的物化载体，承载着物型与意义趋同的课程价值追求。校园建设以“天人合一”的原生态山水气象为基点，取山造境，取水喻志，丰富了“山水田园”的地表文化。挖土成湖，微波粼粼；堆石成山，怪石嶙峋；喷泉游鱼，相逐成趣；绿植丰富，层次立体……学校呈现出可视化、立体感极强的园林格局。前瞻的理念配合前置的设计，让南山湖小学校园氤氲出一片“山水风光，田园诗情”的意境，呈现出一派“仁者乐山，智者乐水”的气象。[2]

---

① 王树峰，江苏省南通市通州区实验小学教育集团南山湖小学，一级教师，南通市小学语文学科带头人。

二、三维一体："山水田园"课程的目标构建

劳动教育的课程目标有公认的三维向度：一是塑造劳动观念，二是掌握劳动知识和技能，三是养成劳动习惯与品质。[3]物象有限，意象无穷。因着"山水田园"这一载体，劳动教育的三维课程目标构建得以形意兼备，得以具象归一。

"山水田园"塑造劳动观念。天人合一思想源远流长，在此基础上衍生的山水田园诗自成一派，歌咏自然和田园生活，大多以农村的景物和农民、牧人、渔父等劳动者的劳动为题材，彰显出难能可贵的"崇尚劳动、尊重劳动"的观念态度，这为实现"塑造劳动观念"的课程目标提供了宏大的资源调用可能性。

"山水田园"承载"知行合一"。人们用"四体不勤，五谷不分"来讽刺有些文人的短视和孱弱，而田园劳作彰显了"知行合一"的课程目标，"一分耕耘，一分收获"，土地之上的收获是检验"知行"的重要标准。田园中有实实在在的劳作，因为"草盛豆苗稀"，所以才要"晨兴理荒秽"。大量的种植作物成了掌握劳动知识和技能的丰富载体。植物学作为近代科学体系化研究的范本之一，提供了很好的知识图谱。学生通过形色 APP 等信息化智能辅助工具，可以方便地汲取知识。各班级制作二维码宣传自己的劳动，"扫一扫"即可精准了解相关劳作资料。

"山水田园"涵育劳动心性。纵观当下，很多学校尝试基于农事拓展的劳动课程建设，在校内或者校外专辟"开心农场"之类的劳动基地，但存在与学生生活割裂或者远离教学区的弊端。"山水田园"物型嵌于整个校园之中，教学楼之间有"山水"和"田园"，劳动场所朝夕可见，俯仰可拾，与学生的连接具有全天候性，能够很好地克服校外劳动基地"游离"于学生学习生活的不足。因此，培养劳动习惯、涵育劳动心性、养成劳动品质成为适切可达的课程目标。

基于劳动课程"三维一体"的目标，南山湖小学将原有校园规划进行改造，勾连了校园内不同的资源板块，形成了"三园一坪"的劳动课程物型载体集聚。"山湖园"是模仿南通市通州区南山湖景区的校园微缩版园林，湖水取自南山湖水系，经过自然净化后注入池中，池水贯穿五座楼宇，成为校园流动的风景。基于此物型，除了充分挖掘其劳动课程属性，池边种植睡莲、蒲草、马尾，呈现南通当地的植物生态之外，也大量种植芦苇，供学生端午节包粽子之用。在池中放养锦鲤、鲫鱼、螺蛳等水生动物来构建养殖课程。"东篱园"是化用陶渊明"采菊东篱下，悠然见南山"而命名的种植园。在前

期校园规划中，学校将车库房顶上的绿化地改造成300平方米的耕地，供师生种植农作蔬果。分田到班，责任到组，采用轮作方式种植。远离“车马喧”的浮躁，氤氲在山水之中的劳作而歌，给人的感受是自然美好的。“百果园”原为一片带有坡度的绿化带，所种植被也较为普通。借植树节之东风，由学生自发捐献果木进行栽种。园内桃、李、杏争春而开，橘、梨、橼迎秋飘香，更有樱桃、石榴、红枣等点缀满园绿色。该园还供学生剪枝、除虫、采摘之用，彰显劳动教育的载体功能。“百花坪”原为学生餐厅东侧一处开阔草坪，平整却单调。后改为种植花卉，花期时形成花海，同时也种植苏丹草、黑麦草等牧草，供“山湖园”中的鱼儿享用。大片的花与草形成了牧场奇观，兔、鸡等小动物也入驻其间，配合饲养课程开设。

“三园一坪”的物型涵盖山水、田园、牧场、果林等不同劳动场景，紧密布局在教学楼、综合楼、食堂、操场等建筑旁边，成为学校地表文化的重要构成，营造了劳动生产和生活的大情境，自然应运派生出劳动教育的新样态。

三、融合与创新：“山水田园”课程的实施策略

以“山水田园”作为劳动教育的物型是链接传统、融合文化的传承之举，也是创新之举。苏霍姆林斯基提出不是所有的劳动都有教育的价值，同样不是所有的劳动都能实现教育价值的最大化，融合创新是劳动课程焕发教育价值的重要策略，而“山水田园”课程为这种融合提供了情境化实景。

树德，即与德育融合。中国人的集体精神可概括为家国情怀，中国人的仁心柔情表现为对乡愁的渴望和眷恋，而能寄托对家的愁思、对国的眷恋的重要意象就是田园。因此，建设田园能够很好地培养学生“以校为家”的集体主义精神，种植劳作能够很好地植入梦想的种子，成为孩子们道德精神萌芽的沃土。土地的无私产出是一种大度馈赠，会涵养孩子的大胸襟，拓展孩子的大格局，让孩子明白什么是感恩。

增智，即与智育融合。“仁者乐山，智者乐水”对山水的再认知是中国人的独特智慧。透过山水的复杂表象，人们悟得了“智由仁出”的哲思，寻得了“只缘身在此山中”的领悟，获得了“为有源头活水来”的智慧，入得了“相看两不厌”的境界……一花一草、一树一木都是知识源，诗词吟诵、作文速写、数学统计、科学观察等学习活动，在山水大情境中得以有效展开。赏一赏田间的风情，看一看作物的生产，聊一聊劳作的收获，吟一吟田园的诗歌，在田园物型中获得真切的体悟和收获，劳动教育便自然生长和发生。

强体，即与体育融合。古人“日出而作，日入而息”的劳作规律，深得

修养身心之精髓，“锄禾日当午”“带月荷锄归”考验的是劳动者的意志。每日饭毕，孩子们在山水学园中踏步游学，成为喜闻乐见的运动。而一次酣畅淋漓的田间劳作，更是孩子们锻炼身体，舒展四体的好机会。体育老师还将体育课搬到了草地上，在草地上打滚，和大地来一次亲密接触，“草地翻滚”课程深受孩子们喜欢。

育美，即与美育融合。田园旖旎，风光无限。春天的“东篱园”“百花坪”姹紫嫣红，催生了律动，渲染了色彩。老师组织学生进行风景写生、编排春天的舞蹈，都有了物型的依托，学生的审美情趣变得勃发，审美意象变得丰富，审美视野变得深邃。

“山水田园”物型承载劳动课程的架构，既观照本体功能，又观照工具功能。可以说在“五育”之中同时兼具目的、手段、路径和功能的，非劳动教育莫属。创新融合是实施劳动教育的关键，“山水田园”是生活化的融合性课程，因此可以成为“‘五育’并举”的重要途径之一。

四、开放与坚守：“山水田园”课程的新样态

“山水田园”劳动课程来自文化传统，来自风土自然，但更多地呈现出一种课程的开放性，是一种接轨时代的劳动教育新样态。

劳动教育的样态主要有：生活劳动、生产劳动、服务性劳动、职业体验劳动、设计制作等。传统劳动课欲涵盖所有样态，实施难度较大。而田园劳作的丰富类型，为打开劳动教育的丰富样态提供了多种可能性：可组织学生参加农业生产，种植农作物、养殖水产品、饲养小动物；可组织学生参与生活劳动，相时采摘、烹饪制作、联谊聚会；可组织学生参加服务性劳动，宣传、销售、公益募捐义卖自己的农产品；可组织学生参加职业体验劳动，邀请农艺师、插花师、厨师、售货员等家长助教们为孩子们进行授课，使他们了解不同行业、不同劳动的特点。在“山水田园”校园物型中，科学规划劳动教育的时态、合理安排劳动教育的样态，是实施好课程的重点。

“山水田园”的物型提供了课程大情境，综合性主题学习成为孩子们学习的有效样态，丰收节、金花节、锦鲤节……每一个“嘉年华”的主题都能唤起学生“格物致知”的兴趣：哪些农作物可以喂鱼？送花给长辈应该播种哪些花种？绿叶青菜分几种？怎么样计算一亩地的产量？哪种农作物经济效益最高？怎么治理鱼塘里的蓝藻？油菜花是蜜蜂的美食，是产油的能手，是春天的色彩，也是谦逊的君子品格……孩子们乐此不疲地研究着。劳动出真知，格物有乐趣，这样的课程彰显出劳动教育的新样态。

“山水田园”课程力求融合创新，但课程价值的初心不变。课程起于物的“形而下”，但求于物的“形而上”。在“五育”并举的教育大语境下，劳动教育必须有立德树人的不变坚守。好的劳动教育课程应当彰显育人禀赋、树人情怀、立人策略。

（一）全域彰显劳动的全过程

劳动教育不能空泛，要有一定的劳动对象、劳动方式、劳动过程、劳动关系、劳动成果。而要在课程中凝结这些要素，口耳相传不足以见成效，身手示范不足以得真知，几间劳技功能室也是不足以容纳这么多劳动要素的。具象的劳动载体呈现出了劳动场所的“田园诗情”，呈现出了劳动收获的“金色的田野”，呈现出了价值无上的“劳动真光荣”，这些是文本课程或者简单的手工课程无法企及的教育情境。在学校构建“山水田园”的劳动新样态，打造有格调的劳动场域，形成宏大叙事的劳动情境，能弘扬劳动精神，真正吸引学生，也只有全过程的劳动教育（种、采、摘、食、用、养、护等），才能培育坚定的劳动意志和信念，起到以“劳动”育人的效果。

（二）全心培育积极的劳动情感

传统文化中“万般皆下品，唯有读书高”的片面认识使得劳动教育陷入尴尬境地。“君子远庖厨”“劳力者治于人”更是让学生对劳动有了认知上的偏差和情感上的抗拒。在端午节主题大活动中，孩子们用湖边栽种的芦苇叶包粽子；儿童节，他们用蚕豆来制作玩偶，吹蚕豆叶哨子；读书节，他们给“东篱园”写童话，编绘本……闻着田野泥土的芬芳，品味果实成熟的喜悦，用全部感官去认知和学习，触摸着、感受着劳动的意义，劳动情感便自然酝酿。全身心参与的劳动实践，让学生体验劳动是辛苦、困难的，更是快乐、幸福、美好、伟大的，如此才能产生认同、赞美、讴歌的情愫。劳动有了获得感，快乐的情感才能内化于心。劳动情感的正能量，是创造真实价值的重要前提。

（三）全力弘扬正确的劳动价值观

当大地将鲜美的果实馈赠给勤劳孩子们的时候，他们一定会对“感恩”这个词有更深的理解。“山水田园”劳动课程探讨的终极话题是价值向度的，看重的是劳动之于人生、社会、世界的价值意义。劳动赚了钱怎么用？通过义卖农产品，孩子们将“人生第一桶金”用于感恩敬老院的老人。暑假心爱的动物无人照料怎么办？各班掀起了讨论热潮，最后写倡议书给学校，要求能够暑期返回学校轮流给锦鲤投食。孩子们还纷纷申请领养学校的兔子，和动物朋友一起过暑假。毕业班的孩子要离开母校，怎样向师长恰如其分地表达心意？孩子们采摘了百草园里的鲜花，学习了插花技艺，用一捧捧精心搭配的绚烂花束表达感恩师长之情，花香意浓，情远缘真，毕业礼显得格外有意义。劳动教育有了反哺情、感恩意才能烛照学生的一生。

南山湖小学的“山水田园”劳动课程的实践时间虽然不长，但其基于人文传统，基于家园精神，基于诗化哲学的探索实践却给劳动教育带来很多有益的启示，展现了新时代劳动教育的多样态走向。在美丽中国建设的大背景下，城市学校亦在自觉传承、构建，让校园物型更葆有“山水田园”式的浪漫品质，让劳动教育更富有“山水田园”般的牧歌风情，让传统文化中的“山水田园”之美为实干兴邦的教育“中国梦”赋能。

参考文献：

[1] 马斌. 物型课程：化万物以育人 [J]. 人民教育，2019（9）：54-59.

[2] 冯卫东，王笑梅. 把学校建成一方教育的“优山美水”——南通市通州区南山湖小学学校文化设计方案 [J]. 教育视界，2018（17）：28-31.

[3] 顾建军，毕文健. 刍议新时代劳动教育课程的一体化设计 [J]. 人民教育，2019（10）：11-17.

“三主两辅”：劳动教育课程体系构建的新样态

蒋雄超①

劳动是人类的本质特征，是创造社会物质财富和精神财富的根源，是联通教育世界与生活世界、职业世界的重要环节，是素质教育的重要内容。[1]教育部、共青团中央、全国少工委《关于加强中小学劳动教育的意见》（以下简称《意见》）指出：“用3~5年时间，统筹资源，构建模式，推动建立课程完善、资源丰富、模式多样、机制健全的劳动教育体系，形成普遍重视劳动教育的氛围。”因此，在学校教育中应确立崇尚劳动的价值观。劳动教育要扎实落地，需要把劳动教育纳入学校课程体系，推进劳动教育课程建设，使之成为劳动育人的有效载体。

一、“三主”：以校内劳动为主渠道的课程构建

《意见》指出：“各地各校可结合实际在地方和学校课程中加强劳动教育。”“在德育、语文、历史等学科教学中加大劳动观念和态度的培养。”要“积极组织学生参与校园卫生保洁和绿化美化，普及校园种植。”因此，应该结合本地、本校实际，以环境课程、常规课程和校园活动课程为劳动教育主渠道，将劳动教育渗透于学校日常运行之中，切实提高学生劳动知识技能，培育学生劳动情感与价值观。

（一）打造环境课程，创设劳动氛围

校园环境是学校的显性文化，它是无言的教诲，是无形的熏陶，具有无声的力量。作为一种特殊的教育资源，其独特的文化内涵，影响着学生的观念和行为，具有课堂所不可替代的作用。

1. 指向自主探索的种植课程

浙江省嘉兴市南湖区余新镇中心小学地处农村，学校和社区周围随处可见各种各样的植物。面对如此得天独厚的自然资源，学校在每个教室栏杆前都安装了花架，让学生自主选择身边的植物、自己设计制作栽培容器，以自行管理植物为抓手，开展“校园绿行动”植物种植活动。

除了进行翻土、栽种、施肥、浇水、修剪等常规劳动外，学校更强调对

① 蒋雄超，浙江省嘉兴市南湖区余新镇中心小学高级教师。

劳动知识的实践探索与观察体验。学生运用上网搜索、图书查找、请教老师、和同学交流信息等手段，以“栽种学习单”的形式记录数据，开展劳动实践小课题研究活动，增强劳动教育的技术含量。种植课程为学生提供了实时的劳动实践平台，创设了良好的劳动氛围。

2. 强化自我负责的包干区课程

包干区是现成的劳动教育基地。每学期初，由学校为各班划分包干区域，学生每天按值日表进行打扫。一、二年级主要负责教室，三至六年级主要负责教室、公共区域等，学校在每一区域都制定了具体的劳动实践目标和评价指标。在清扫中，学生学习劳动工具的使用，树立劳动责任意识，体会劳动的艰辛，真实感受劳动使校园整洁，并由此学会爱惜他人的劳动成果。

此外，劳动工具整理也是包干区课程的一个重要内容。学校推行教室不设卫生角制度，全部劳动器材放置在每个楼层的工具箱内，轮到值日的学生自行选取工具，清扫完成后再整理摆放，促进学生养成良好的劳动服务习惯。

（二）融入常规课程，渗透劳动教育

《意见》指出：“要有效发挥学科教学、社会实践、校园文化、家庭教育、社会教育的劳动教育功能，让学生在日常学习生活中形成劳动光荣、劳动伟大的正确观念。”学校常规课程更应从多方面融入劳动教育，让“劳”在常态化的教育教学中得以渗透、落实。

1. 整合学科课程的劳动教育

学科课程中的部分内容可以开发成为劳动教育的背景性资源，但不能简单拿来作为劳动内容。通过筛选其中和劳动相关的教学素材，探索劳动教育与各个学科进行整合的内容和形式，构建起具有特色的劳动教育课程体系。例如，在教授人教版小学语文四年级上册《幸福是什么》一课时，教师请学生圈画出智慧女儿的话语并大声读一读，提出：“为什么说幸福要靠劳动？请从课文中找出答案。”在教学中，教师抓住文章中心，让学生从文本中寻找线索来验证“幸福要靠劳动”。学生在寻找、思考、回答的过程中感受劳动的意义，教师再结合实际生活指导学生交流，激励学生通过劳动获得幸福与快乐。又如，在学习小学科学三年级下册《凤仙花的一生》一课时，教师结合校园种植活动，为学生准备凤仙花种子，带领学生开展历时一个学期的凤仙花种植体验。从播种到收获，不仅使科学学习成为一种愉悦的生命体验过程，也使学生掌握了劳动技能，形成了良好的劳动价值观。

2. 研发劳动教育拓展课程

《浙江省教育厅关于深化义务教育课程改革的指导意见》将拓展性课程分

为三类，其中实践活动类课程旨在引导学生体验生活、了解社会，着重培养学生动手实践、服务社会的能力。以此为指引，学校研发了家政、烹饪、手工、园艺、非物质文化遗产等与劳动教育相关的实践类拓展课程。学校将每周二下午的3节课设置为3~4年级的拓展课程，每周五下午的3节课设置为5~6年级的拓展课程，其中的第一节课专门用来开展劳动教育拓展课程教学活动。学生自主选课，打通班级，实行分类走班学习，进一步拓展劳动教育的渠道。劳动教育拓展课程内容如表1所示。

表1　余新镇中心小学3~6年级劳动教育拓展课程一览表

年级	课程内容				
	家政	烹饪	手工	园艺	非遗
三年级	家务小能手	拼盘创意	传统剪纸	盆栽达人	余新泥猫
四年级	家居布置艺术	巧手烘焙	百变折纸	扦插课程	
五年级	小小保健师	面点制作	生活编织	温室种植	
六年级	小小理财师	炒菜大厨	巧手布艺	插花艺术	

（三）整合校园活动，深化劳动教育

校园文化活动作为学校日常活动的重要内容，是学校教育活动必不可少的组成部分。在实践中，通过将体育节、科技节、读书节等传统校园节日活动及社团活动用课程的要素加以改造，使活动与劳动教育紧密结合，深化劳动教育实效。

1. 校园节日活动课程

将传统校园节日活动与劳动教育进行有机联系和有序整合，可以发挥节日活动在以劳树德、以劳增智、以劳健体、以劳益美等方面的教育作用，促进学生亲近劳动的积极情感、良好态度与价值观的形成，体悟劳动之美。例如，体育节开展“志愿行”课程，为运动员端水、整理衣物、提供座椅；读书节开展“小馆长”课程，体验日常图书的借阅与管理工作；科技节开展“小小修理工”课程，为学校修理劳动工具；艺术节开展“为劳动模范点赞”课程，搜集宣传劳动模范事迹等。将劳动教育寓于校园节日活动之中，以课程化的形式创新劳动教育方式，使学生的劳动情操、思想、性格等不断受到熏陶和感染。

2. 校园社团活动课程

以兴趣小组、社团等方式进行劳动实践活动是劳动教育的途径之一。学

校通过组建学生社团，开设花草书签、鲁班工坊、模型制作等社团课程，将劳动教育寓于特色社团活动中，激发学生的劳动积极性，让劳动成为学生的一种技能、态度和修养。

二、“两辅”：以校外劳动为支路径的课程构建

切实推进劳动教育，扭转“劳动教育在学校中被弱化、在家庭中被软化、在社会中被淡化”的现象，需要学校、家庭及社会达成共识，形成合力。[2] 在抓好校内劳动主阵地的前提下，应以假日实践、社区活动课程为支路径，为劳动教育提供丰富的社会资源。

（一）以假日实践为辅的自我劳动教育

我国传统节日丰富，每个节日都是对学生进行劳动教育的良好契机。结合常规节假日，为每个年级设计有梯度的“假日自选性”劳动实践作业，让学生在劳动实践中积累生活经验，在自我服务劳动中自我觉醒、自我觉悟、自我认知。例如，在劳动节设计“劳动小明星”“我和妈妈（爸爸）换天岗”；端午节设计“粽叶采摘”“学学包粽子”；植树节开展植树造林等活动。学生通过自主选择劳动实践作业，树立自主劳动意识，提高劳动本领，体验劳动的价值，在常态化的劳动活动中获得更多学习锻炼的机会。[3]

（二）以社区活动为辅的社会劳动教育

在基础教育阶段，开展社会劳动是劳动教育的一项重要内容。结合学校地域环境，充分利用研学基地、工厂、商店、田园等社区资源，为学生提供多样化的劳动场地，开发社会劳动教育课程是培养学生社会劳动习惯、社会劳动能力的有效途径。如组建“敬老小队”，带领学生开展慰问孤寡老人、给老人梳头、整理物品等一系列以“敬老”为主题的社会劳动实践。又如，为了使学生更加有效地参与社会劳动服务，结合寒暑假开展“小区卫生打扫”“社区公共设施维护”等活动，既锻炼了学生的交往能力，又拓宽了学生的视野，强化了学生的社会公德心和社会责任感。

三、“三主两辅”的劳动教育课程评价

劳动教育是关注学生全面发展的素质教育，强调实践和体验相结合。积极的劳动实践体验主要体现在：一是通过参与劳动实践，形成对劳动的初步认识；二是通过对劳动结果的评价，培养认真负责、团结互助及爱惜劳动成果的品质，形成良好的劳动习惯。因此，结合“三主两辅”的劳动教育课程特点，应以学生的劳动行为和劳动成效为对象，并适应劳动教育的多样性特点，通过学生的劳动表现、劳动交流、劳动情况记录、劳动展示等多种方式

方法对学生的劳动学习进行综合评价。

（一）劳动行为评价

学生的劳动行为评价是对学生劳动过程中的各种表现进行评价，在关注学生劳动知识和技能习得的同时，还要关注学生劳动中所表现出来的态度和情感的发展变化。

学生的自评、互评是一种重要的劳动行为评价视角。自评和互评过程中，相互熟悉的若干名同学组成评价小组，每个人以别人对自己劳动行为的评价为依据，相对客观地评价出劳动学习情况。

（二）劳动成效评价

劳动教育中的成效有时表现为一种行为，有时则是一个任务的完成，或者是共同组织完成一个劳动项目。因此，学生的劳动成效评价要和具体的评价内容相结合，如果是劳动任务，评价的内容要看任务的完成度和完成质量等结果方面；如果是一个劳动项目的解决，评价的内容要关注学生劳动方案的制定、实施过程与目标达成等方面。

在劳动教育中及时开展劳动成效评价，便于教师发现指导中的不足，也有利于学生互相学习。对他人提出的意见、建议做出有意义的分析，总结取得的进步并找到存在的问题，有利于学生进一步明确努力的方向，发挥评价的激励与导向作用。

劳动教育是素质教育的重要内容，是立德树人的重要渠道，是培养学生社会责任感、创新精神和实践能力的重要方式。“三主两辅”的劳动教育课程体系构建，以课程化实施为主要手段，强化了劳动课程意识，在丰富的劳动教育中实现全面育人，既是学生未来生活的需要，更是生命更好发展的需要。

参考文献：

[1] 檀传宝 . 劳动教育的概念理解——如何认识劳动教育概念的基本内涵与基本特征［J］. 中国教育学刊，2019（2）：82-84.

[2] 何蕊 . 劳动教育的核心是培养劳动价值观——访北京师范大学公民与道德教育研究中心主任檀传宝教授［J］. 中国德育，2017（9）：24-29.

[3] 王维审 . 中小学劳动教育的实践与发展概述［J］. 中小学德育，2018（7）：5-9.

新三毛“小童务农”劳动教育新样态

王红妹[①]　俞良燕[②]

加强劳动实践教育是全面贯彻党的教育方针的基本要求，是贯彻落实立德树人根本任务的重要内容。浙江省嘉兴市海盐县三毛小学结合学校实际，构建了新三毛“小童务农”之小学劳动教育的新样态，创设学校、家庭、社会实践基地的体验场，创新推进学校劳动教育的研究实践，实现“五育”并举。

一、“小童务农”劳动教育体系化的内容架构

为落实《大中小学劳动教育指导纲要（试行）》，三毛小学依托学校、家庭、社会实践基地等资源，创新设计“小童务农”主题化活动，创设儿童劳动实践的体验场，在体验场中分别通过“校园：农事探究”“基地：职业体验”“乡村：旷野研学”三个维度，研究形成系列课程主题链，构建递进式活动内容，结合体验场条件、时令特点和学生实际等，细化实践目标，架构了“小童务农”劳动实践内容体系（图 1），力求使研究主题实现纵向贯通、横向融合、循序渐进、螺旋上升，最终使学生的劳动素养得到跟进式培养。

（一）“小农人”农味体验场

即学生在校内外农展馆中进行知农俗、识农具、学习农艺、体验农贸等实践活动；在劳动现场会中体验游戏活动，创设“农贸市场”“种子站”“特产部”等丰富的情境，进行角色体验；在劳动节盛会中体验“丰收节”“农俗节”“小制作”“小表演”等活动，引导学生亲近农事，拓展对农村、农家、农人的认知，激发学生的实践兴趣和探究欲望，使学生萌生爱家乡的美好情感，争做文明、幸福的现代“小农人”。

（二）“小农庄”农作体验场

即学生在学校的综合实践园内开展与农事有关的体验活动，如在生态种植园安排了亲近农业生产的系列活动，让学生分区块种植不同的瓜果蔬菜；在时令采摘区让学生开展“采摘乐”活动；在农活体验区让学生尝试使用农

---

① 王红妹，浙江省嘉兴市海盐县三毛小学校长。

② 俞良燕，浙江省嘉兴市海盐县三毛小学教导处副主任。

具，学做农事，体验浇水、施肥、开垦、除草等农耕活动，使学生成为爱劳动、护环境的现代“小农人”。

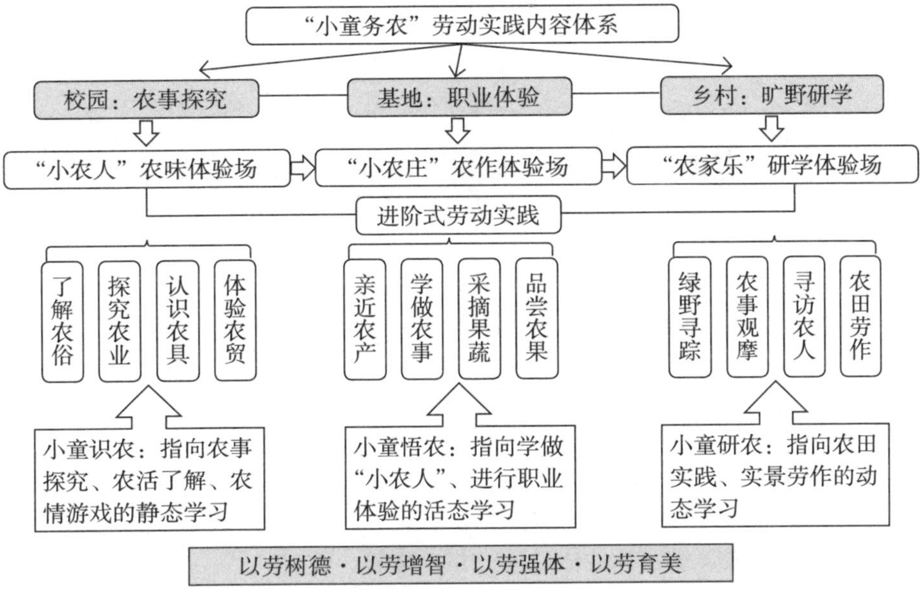

图 1　“小童务农”劳动实践内容体系

（三）“农家乐”研学体验场

即突破课堂和场域的局限，让学生以小农人的身份，走出校园，走向农村田野和社区，与家庭、社区联动，进行绿野寻踪，认识更多农产品、农作物、农畜；进行农事观摩，观看农民劳动，感受耕作的过程；在农田研学，感受新农村的变化，踏寻美丽乡村的文明之路，增进爱家乡的情感，体会做“小农人”的光荣与幸福。

在整个课程内容体系架构过程中，学校注重将劳动教育实践纳入学校的拓展课程，从家庭、学校延展至自然、社会，并通过三大体验场及具体活动项目的实施，进阶式、多维度推进，使“小童务农”劳动教育有了实施的根基，以此实现以劳树德、以劳增智、以劳强体、以劳育美的育人目标。

二、“小童务农”劳动教育新样态的实施策略

（一）点状式认知：农事探究＋情境式体验

依据学生的年龄特点及能力要求，学校创设了一些场馆区域，用以打造劳动教育物形活态馆，如“小小农展馆”“美食工坊”“农具农作物活态馆”等，以情境化的活态体验方式促进学生之间的点状合作与感知。所谓“点状

合作与感知”，即学生之间开展劳动实践的方式还比较简单，仅处于对农俗、农具、农时、农业的初步感知状态，这一阶段的体验主要是通过观看视频、观察实物、习得知识培养学生热爱劳动的意识（图 2）。

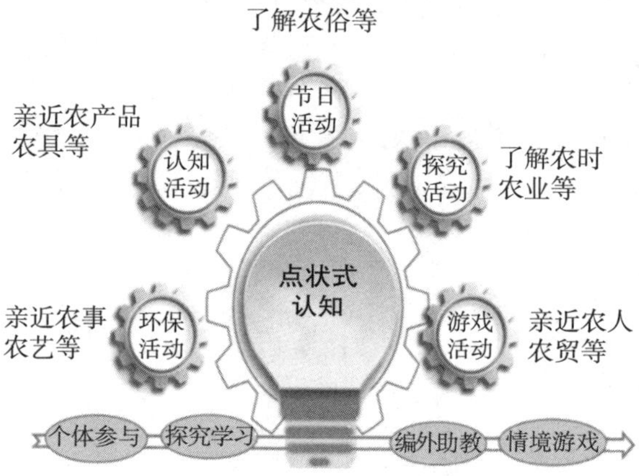

图 2　点状式认知策略图解

（二）线状式体验：职业体验 + 一站式体验

让学生了解农时、农事和农具，在校内或家庭开展小种植、小采摘活动，学生和同伴、教师或者家长一起进入菜园，尝试干一些小农活，学会使用小农具。此时，学生的体验方式呈线状式，即参与具体的农事活动，需要在开展体验活动之前明确体验任务，习得劳动实践的方式，感受劳动实践的成果，整个过程类似项目化学习中的分工与合作。从农作物播种到农务的打理，再到农作物的收成，最后进行农产品品尝，实行一站式推进，最终完成劳动体验（图 3）。

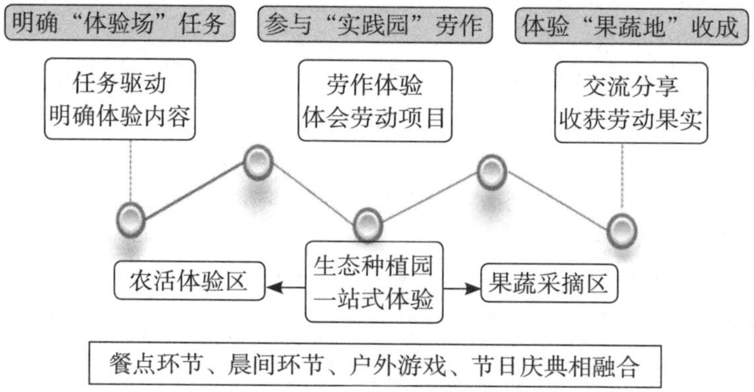

图 3　线状式体验策略图解

（三）网状式体验：旷野研学＋联动式体验

联动式体验旨在通过让劳动实践场域实现家庭—学校—社会三位一体的共融，让体验场变成一个“实践群”，让学生真正来到田间，真切感受“农民”的角色，采访农民、观摩农事，在旷野中收获广博的知识。在这个过程中，学生与自我、学生与他人、学生与社会发生联动，形成网状式体验的格局（图4）。

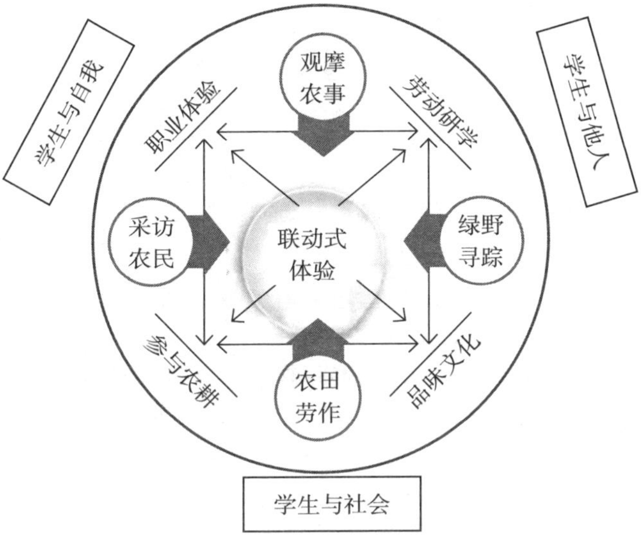

图4　网状式体验策略图解

三、“小童务农”劳动教育过程化的育人策略

在开展劳动教育的过程中，外在的形式虽然也需要，但更重要的是强化“育人”这一根本，要关注学生经历体验的过程，并在此过程中巧妙引导，使学生受到潜移默化的教育，培养尊重劳动、热爱劳动、创造性劳动的小公民，从而实现育心、育人。

（一）“多向接壤”策略

三毛小学所在地的很多劳动项目都保持着传统的劳作方式，或是具有一定地方特色的手工艺，蕴含着传统文化与传统习俗，这是一份独特的文化财富。学校有意识地组织学生在校内外开展识农具、编竹篮、挖地菜等劳动项目，让学生亲近、认知、体验、实践，与传统文化多方向“接壤”，从而更好地以劳动教育传承民族文化（表1）。以“务农”牵线，引领学生接受传统文化的熏陶，接受精神的滋养，让传统文化之根生长于学生的心中。

表 1 “多向接壤”策略育人案例

劳动活动	学生感悟	育人价值
识农具	后来我知道了，这个长长的、头上尖尖的、浑身漆黑的铁家伙用海盐话叫“déi jū”。它看起来虽然怪怪的，但爷爷说用起来可方便了。之后，我还尝试了许多未曾接触过的农具，比如，采胚机、些许变样的铁锹等。我几乎一整天都在惊叹这些看似简单却非常实用的农具	认识、探究传统劳动工具（锄头、铁锹、耙子、采胚机等）及其用途，感受劳动人民的智慧
编竹篮	今天我跟奶奶一起学编竹篮。奶奶告诉我，要多准备一些小水竹，中等粗的竹子少一些，再准备一些包装袋。先把小水竹破成篾——破个三四道，篾要细；然后用大毛竹摆个骨架做支撑，用篾编成镂空花样，中间用包装袋做花纹；最后用编辫子的方法把包装袋编起来，在篮口两边一固定，竹篮就完成了	学习编竹篮的技艺，感受手工艺的独特
采艾草	跟着爷爷奶奶去田间采艾草啦。回家后，我迫不及待地把它们清洗干净，加入热水，把艾草熬制成糊状。之后，倒入容器内，待凉后挤出汁水，加糯米粉和成绿色的面团。团里可以加入豆沙馅、咸菜馅等，爱吃什么就包什么。蒸好的艾草团子热气腾腾，软软糯糯，样子虽不及爷爷奶奶做的那般好看，但也是挺有一番成就感的	采艾草，做团子，感受清明节的风俗
挖地菜	三月三，地菜当灵丹。在我的家乡湖南衡阳，到了农历三月初三，人们就会用地菜（荠菜）煮鸡蛋，做粑粑（糍粑）。相传，在楚地，人们因为风吹雨，头痛病很常见。三月初三，神农路过云梦泽，见乡民头痛难耐，就找来了野鸡蛋和地菜煮给人们充饥，当人们吃了以后，头不痛了。于是，三月三吃地菜的习俗就保留了下来	在手脑并用的劳动中，感受家乡三月三的风俗

（二）“多元默化”策略

“纸上得来终觉浅，绝知此事要躬行。”在学生人生的“拔节孕穗期”，开展“小童务农”劳动实践教育意义重大。学生在开展挖土豆、采蚕豆、摘桑果等一系列活动中，通过个性化的方式记录、交流务农的经历与发现，抒发务农的感受与心情，创造务农的成果与作品，学会体谅、感恩、孝敬长辈。形式多样的劳动实践，潜移默化地教育、引导着学生，以劳育人于无痕之中。劳动教育可以有效地促进学生热爱劳动、孝敬父母、尊重老师、乐于助人等品德行为，以及自主追求、艰苦奋斗精神的养成等，日积月累的劳动实践能够塑造学生正确的人生观、价值观。

劳动创造了人。在劳动实践过程中，有的学生发现了自我的潜质，获得了自信的力量；有的学生发现辛勤的付出可以换来可喜的成果，通过双手能够改变和创造自己的生活，获得收获的满足感；有的学生在出力流汗的过程中磨炼了意志，获得了他人的认可；有的学生在劳力劳心后找到安定感，也会感同身受，学会了对他人的体谅与理解……总之，学生在亲历劳动的实践中自然而然地感受到了劳动光荣、劳动快乐，认识到了劳动创造幸福，收获了劳动的成就感等。

四、“小童务农”劳动教育动态化的多元评价

学校重视完善学生劳动评价制度，把劳动教育实施情况记入学生综合素质档案，实现劳动可记录、可追溯、可评价，并作为素质评优的重要参考依据。这样做，就形成了关注过程、追求多元的评价方式，使评价更具操作性、指导性。“多元”劳动评价，已经成为学生热爱劳动的内驱力。

（一）建立“打卡动态档案袋”，记录劳动体验

学校为每位学生建立了“劳动小岗位”档案，由学生自主评价、同学互评、教师评价和家长评价相结合，填写参与学校和家庭劳动的次数、内容和时间，是否主动参与，家长满意度，是否留有照片等情况。

学生的劳动实践活动过程记录形式多样，包括打卡拼图组照、微视频、体验作文和日记、诗歌、农事漫画、果蔬绘本、五一海报、农具模型制作等，调动的不仅仅是学生劳动的热情，更是他们对生活的热爱，这些成果会随之转化为对知识学习的兴趣以及相关生活经验的积累。如此多元、丰富的过程体验需要通过分享才能“增值”，而分享的途径更是五花八门、直观形象，如“我是小花农 盆栽培育成果展”“我是小农夫 种子培育成果展”等，学校为学生搭建了精彩的分享与展示平台（图 5）。

图 5　学生劳动成果展示平台

（二）开展“劳动技能赛”，激发劳动热情

学校结合校园和假日实践等活动开展“劳动技能赛”。劳动技能赛内容从校内到校外，从自身到公共，分层设置、逐级提升，如剥豆子、削土豆、包饺子、包粽子、煎牛排，制作水果拼盘、寿司、水饺、蛋饺、发糕、面包，以及亲手栽种花苗、学习播种等。学校红领巾电视台制作了系列专题节目，各班及时开展相关主题的“班会课”，这既给学生提供了展示自我的舞台，也宣传和树立了劳动榜样。“创意小农人”“勤劳小农人”“快乐小农人”“时尚小农人”等奖章的评比，进一步激发了学生参与劳动的热情，培养了学生的劳动美德。

（三）举办“线上线下成果展”，分享劳动成果

学校通过线上线下相结合的形式，为学生搭建了展示的舞台，每学期会安排 1~2 次劳动成果展。例如，“我是美食家”，展示学生的水果拼盘、寿司、水饺、汤圆等作品；“我是小巧手”，展示种子粘贴画、小布艺；“我是小农夫”，展示学生亲手栽种的花苗、种子等；“我是研学小达人”，展示研学成果，开展研学小报、研学绘画、研学报告等评比活动。通过班级圈、文化墙等平台的劳动成果展示，创造一片艺术天地，既拉近了师生、家校间的距离，又使得成果在更大范围得到分享与延伸。任何人都可随时赏析，赏析的过程便是传递劳动信息的过程，也是宣扬“小童”们吃苦耐劳和勇于创新的劳动美德的有效途径之一。

“小童务农”劳动实践教育活动，给学生搭建了展示劳动技能的平台，激活了学生的劳动体验和劳动记忆，以脑力、体力相融合的形式，给了学生亲近自然、认识自我、磨炼意志的机会，使其真正体验到“务农”的幸福，获得素养的提升、心灵的成长。

基于劳动教育的研学旅行课程设计及实施

陈燕菁[①] 储德平[②] 林武夷[③] 周 姗[④] 王善杰[⑤] 庞 肖[⑥]

立德树人背景下，新时代劳动教育综合、全面育人的价值更加凸显，劳动教育成为素质教育不可或缺的一部分。研学旅行是推进劳动教育的重要途径之一，其课程化是促进劳动教育落地实施的重要举措。

一、劳动教育与研学旅行的内涵及关联

（一）劳动教育与研学旅行的内涵

劳动教育是指学校、家庭、社会三方协作，实施与劳动教育相适配的课程体系，有计划地组织学生进行日常生活劳动、生产劳动和服务性劳动，旨在培养学生树立正确的劳动观念，养成良好的劳动态度和劳动习惯。

研学旅行是指在教育部门和学校的统筹安排下，充分协调各方资源优势，组织学生通过集体旅行、集中食宿的方式开展校外教育体验活动。它突破了传统课堂教育模式，被纳入中小学基础教育课程体系，担负着衔接学校教育和校外教育的重要角色，为新时代人才培养的教育方案提供了有益补充。

（二）劳动教育与研学旅行的关联

一是劳动教育和研学旅行都是素质教育的实现途径，都需要强化课程化地实施。国家将劳动教育和研学旅行纳入中小学教育体系，重新强调劳动教育的重要意义，结合研学旅行的形式创新，将“五育”并举落到实处。

二是劳动教育和研学旅行都强调不拘泥于传统的课堂，以活动实践性为主要特征，推崇体验式的实施方式。形式上的契合使得二者得以融合进行，彼此丰富。通过学生的亲身参与、真实体验，达到完善学生发展核心素养的目的。

---

① 陈燕菁，福建师范大学旅游学院 2018 级本科生。

② 储德平，福建师范大学旅游学院副教授，硕士生导师。

③ 林武夷，福建师范大学旅游学院 2018 级本科生。

④ 周姗，福建师范大学旅游学院 2018 级本科生。

⑤ 王善杰，福建师范大学旅游学院 2018 级本科生。

⑥ 庞肖，福建师范大学旅游学院 2018 级本科生。

三是劳动教育和研学旅行同属组织性的群体活动，要求多元的主体配合。学校在人才培养过程中起主导作用，劳动教育与研学旅行的有效开展都依赖于学校的有效组织。但同时，二者的顺利进行也离不开其他主体的有力支持。政府、社会、家庭，教师、学生、家长等多主体的参与与协助，是活动顺利开展的保障。

四是劳动教育和研学旅行均为教育体系的重要构成，坚持立德树人的根本导向。通过开展活动帮助学生养成良好的品德，培养学生的实践能力、创新能力与思维能力，培养他们成为德智体美劳全面发展的社会主义建设者和接班人。

二、基于劳动教育的研学旅行课程体系设计

（一）课程定位

基于劳动教育的研学旅行课程（以下简称“劳动教育研学课程”）以劳动教育为主题，以研学旅行为载体，纳入教育教学计划，是基础教育课程体系的重要组成部分，其根本目标是立德树人，主要目标是培育学生想劳动、会劳动、爱劳动的价值观念，弥补“五育”短板，促进学生全面发展。不同学段有不同的课程目标，小学阶段夯实自主劳动基础，学会基本劳动技能，体会劳动创造生活、劳动不分贵贱的劳动观，养成劳动习惯；初中阶段树立劳动服务意识，树立“四个最”的劳动价值观；高中阶段强化劳动职业技能，巩固为他人服务、为社会服务的劳动自主意识。

（二）课程内容

劳动教育大致可分为三类：日常生活劳动、生产劳动和服务性劳动。由于研学旅行受众涵盖小学四到六年级、初中一到二年级、高中一到二年级，不同学段的学生心智成熟程度不一。因此，融合了劳动教育研学课程的内容需在融入其他课程知识的基础上，依据学段特点对劳动内容有所取舍，有所侧重。

1. 小学：*以生活劳动为主，养成劳动习惯*

小学生心智较为稚嫩，尚未形成完整的世界观、人生观、价值观。课程内容设置需由浅入深、层层递进，从浅显易懂的生活劳动慢慢过渡到稍有难度的生产劳动，并辅以服务性劳动引导其从劳动中获得乐趣，养成劳动习惯。在研学中，鼓励学生“自己的事情自己做”，自己整理床铺、叠衣服、洗衣服，做好个人清洁卫生；开展植树、种花、埋锅造饭等活动，培养学生的生活劳动技能，在潜移默化中激发学生的劳动乐趣，巩固学生的劳动意识。

2. 初中：以服务性劳动为主，培养劳动品质

初中生处于身心发育的聚变期，独立意识强烈，具有较强的可塑性。因此，劳动教育研学课程应注重引导与锻炼，开展以服务性为主的生产劳动。在研学过程中，融合不同学科内容，开展采摘种植助农生产、博物馆志愿讲解等服务性劳动项目，让学生更多地与社会接触，发挥学生的主观能动性，使学生在劳动中体验服务他人的快乐，增加劳动技能，培养吃苦耐劳的劳动品质，塑造良好的人格。

3. 高中：以生产劳动为主，丰富职业精神

高中生即将步入大学，心智已相对成熟，有自己的主观判断能力。此学段的课程内容应围绕职业体验来进行，以生产劳动为主、服务性劳动为辅，开展观摩工厂车间、酿酒、割稻等生产性、实践性、服务性强的劳动活动，让学生零距离接触劳动生产，感受劳动氛围，使其熟练掌握劳动技能，培养与提高职业意识、服务意识，丰富职业精神。

（三）课程设计

1. 设计原则

（1）因人而异

劳动教育研学课程应根据学段及学生性别、兴趣点、能力等因素进行差异化设计，提供多课程组合选择，设计具有针对性、注重差异化、体现个性化的课程内容。例如，男生活泼好动，以力量型劳动课程为主；女生细致入微，以手工劳动课程为主。

（2）因地制宜

中国幅员辽阔，不同地区存在显著的差异性，农村或城镇、南方或北方、东部或西部均有着各自的特点，劳动教育研学课程应立足不同地区的特点，挖掘区域独特文化内涵，进行特色设计。例如，东南沿海地区设计茶采摘体验课，西北内陆地区设计棉花采摘体验课，因地制宜，因“材”施教。

（3）因势利导

劳动教育研学课程设计应吸纳各方力量参与，发挥资源优势，构建学校、家庭、社会、学生等“多位一体”的参与机制，形成强大合力。这通常体现为：发挥学校人才优势，通过专业教师起草纲要、收集内容等，保证课程内容的科学性与客观性；发挥社会的信息资源优势，保证课程的完善性、创新性与深入性；发挥专家、家长与学生各自的优势，增强课程的可行性与普适性。

2. 设计流程

（1）课前准备

课前准备阶段主要包括课程引入和学生分组两个环节。

在课程引入环节，教师通过创设情境的方式，引发学生思考，[1]例如，进行制茶劳动前，以茶叶品牌宣传标语为引，提出："为什么该品牌会以此为宣传标语呢？这些宣传标语体现了该品牌的哪些特色呢？"通过一连串的设问，激发学生的好奇心，拓宽学生的思维。

在学生分组环节，教师应根据学生特点并考虑男女搭配问题，进行分组，4~6人一组为宜，并选出一名有责任感的小组长。值得注意的是，小组长这一角色至关重要，关系着劳动过程是否能够有序进行，因此，教师在选择小组长时应综合考虑，并充分了解学生意愿。

（2）课中实施

课中实施阶段主要包括集中讲解、观摩学习、小组分工、动手实践四个环节。

在集中讲解环节，任课教师或实践基地讲解员应了解学情，以通俗易懂的语言科普劳动知识、教授劳动技能、分析劳动要点，并搭配系列动画、视频等，增加讲解的趣味性。同时，在讲解过程中，多提问，多互动，让学生带着解决问题的目的进入接下来的劳动环节。

在观摩学习环节，劳动人员要进行实操演示与安全盲区提醒，使学生在脑海里对要进行的劳动形成一定的印象，从而更快、更好地进入后续劳动环节，减少安全事故的发生。

在小组分工环节，教师要给予学生充分的讨论时间，密切关注各组学生的讨论动态，及时解决学生的疑问，并提出相关意见、建议，引导学生领悟团队分工协作的重要性，确保劳动的顺利进行。

在动手实践环节，学生将所学理论付诸实践。每2~3个小组配备一名研学导师，针对学生的劳动进程进行必要的讲解，引导学生回答课前引入的各个问题，协助学生完成劳动，并及时奖励任务完成得好的团队或个人，达到"以一带多"的教学效果。

（3）课后总结

课后总结阶段主要包括解决问题、成果展示、交流分享三个环节。

在解决问题环节，教师应针对各小组出现的问题进行统一讲解，让学生在了解自身存在的问题的同时，弥补知识漏洞，并适当拓展相关知识，教会学生深度思考，开阔学生视野。

在成果展示环节，鼓励学生用多种方式进行成果展示，如口头汇报、图片展示、音视频分享等，引导学生学习多种展示技能；鼓励学校、家庭、社会利用现代媒体技术展示学生成果，拓宽展示渠道，以提高学生的获得感，营造劳动教育的浓厚氛围。

在交流分享环节，教师可通过主题班会加强班级间学生的交流分享，或突破班级限制，组织全年级的交流分享大会，让学生进行思想碰撞，强化劳动教育研学课程的教育性。

（四）课程评价

完整的劳动教育研学课程体系设计除了精准的定位、坚定的目标、全面的内容、多元的设计主体外，还需配套、系统的评价体系。系统的评价体系包括多元化的评价主体、多样化的评价形式和多方位的评价视角。

1. 多元化的评价主体

劳动教育研学课程体系设计主体的多元化要求其评价主体应是多样化的。评价主体构成包括学生、教师、政府部门、家长、行业专家、研学基地人员等，重点突出学生的主体性。学校借助多元主体评价，及时了解学生学习状况，有效调整教学方案，确保教学质量，推动劳动教育研学课程体系健康发展。

2. 多样化的评价形式

劳动教育研学课程体系设计主体的多元化要求其评价形式应是多元化的。评价形式包括学生自评、教师评价、专家评价等，将学生、家长、专家等评价主体的活动参与程度与见解深度划入考虑。学生自评应体现其参与主体性，从而激发其参与的积极性。教师和专家评价体现出专业性，有利于整个课程体系的完善与发展。

3. 多方位的评价视角

劳动教育研学课程体系涉及范围的全面性要求其评价视角应是多方位的。评价视角包括内容评价、重点评价、整体评价。首先，内容评价抓细节，囊括教学内容的所有方面，如前期的资料收集工作、研学方案的制定工作、研学方案可行性的论证工作等。其次，重点评价抓要点，抓住各阶段的重点进行评价，筹备阶段评价方案，实践阶段评价过程，反馈阶段评价结果。最后，整体评价抓效果，构建完善的过程评价机制，对课程全过程进行有效评价。

三、基于劳动教育的研学旅行课程实施

（一）实施原则

1. 立足地域特色，不断深化研学合作

课程实施要坚持因地制宜、跨区合作的原则。一方面，立足课程目标，依据地方域情、校情、学情，善用本地特色资源，因地制宜开发劳动教育研学课程，探索适应自身发展的课程模式；另一方面，进行跨区域合作，挖掘社会行业资源，开发劳动体验式研学旅行跨区域线路，整合城乡劳动教育资源，联合劳动教育基地和研学旅行基地，形成布局合理、互联互通的基地资源网[2]，为课程实施提供坚实的基础。

2. 分类按季实施，灵活调整研学时间

课程实施要坚持分类劳动、因材施教的原则。一方面，劳动教育涉及类别较多较杂，需分类开展，例如，将课程分为农事体验课程、职业体验课程、非物质文化遗产课程、科技创作课程等；另一方面，有些研学课程需在特定的季节进行，如农业生产活动中，采茶制茶活动一般在三月至五月进行，割稻在六、七月进行。学校需根据学生日常课程安排和活动，决定和调整研学时间，合理安排劳动周期，确保课程适时、适度、适合。

3. 落实安全评估，多方保障研学安全

课程实施要坚持安全评估，多方保障的原则。一方面，学校在研学前聘请专业人员评估课程活动方案的安全性、可靠性、合理性，与研学基地负责人、研学专家、劳动教育专家交流，选出合适的课程内容和研学路线并制定安全预案，做到“活动有方案，行前有备案，应急有预案”；另一方面，联合家庭、社会多方力量，筑造坚实有力的安全屏障，做到面面俱到、责任分明；同时，开拓安全保障途径，构建全方位安全管控机制，降低风险危害，做到层层落实、责任到人。

（二）实施保障

1. 多元主体合作，保障劳动教育资源供给

课程实施要以资源整合为突破口，充分利用学校的教育资源和人才资源、劳动基地和研学基地的专业资源以及政府的财政支持等，为研学旅行活动的开展提供最优方案。

学校作为研学旅行活动的执行者，应发挥主导作用，统筹协调社会各方力量，联合其他主体共同规划劳动教育研学课程的有效方案。学生作为研学旅行活动的主要参与者，应积极参与研学，主动了解研学有关事项，做到事

前充分准备，事中认真完成，事后客观评价。研学基地相关负责人员作为研学旅行活动的支持者，应积极与学校沟通，了解学校劳动研学目标，提供专业化、多样化、个性化服务，满足学生劳动研学需求。政府部门、社会志愿组织等作为研学旅行活动的辅助主体，应发挥资源配置作用和辅助能力，弥补人力、物质等方面的短板，协助劳动研学活动的开展。

2. 加快人才培养，保障劳动教育质量水平

课程实施要以人才培养为着力点，建立专业的劳动研学人才队伍，确保活动的高质量开展。

例如，在中小学校建设研学导师培训基地或在高校开设研学教育相关专业。中小学校应吸纳大学生或者高校教师参与研学队伍，培养出高质量的研学服务人才。研学企业应引导社会研学人才参与，通过招募或培养研学人才，扩大研学人才的供应，延伸研学企业的产业链，推动研学实践的快速发展。政府应发挥劳动研学人才培养的引导和鼓励作用，定期组织开展劳动研学人才（含负责人）的专项培训班，制定出台劳动研学人才服务规范。

3. 严格审核监管，保障劳动教育全程可控

课程实施要以审核监督为关键点，构建一套系统的审核监督机制，主动出击，积极作为，推进劳动研学的顺利开展。

例如，出台研学教育相关行业标准，严格执行研学活动开展审批程序，规范研学活动开展，从活动开始环节清扫不合格的研学行为。落实研学活动全程监督，设立专人专职，保证监督的权威性，完善权利配置和运行制约机制，从根本上保证研学活动开展过程中科学、合理用权。通过全过程的监督、制约与评价，形成循环式的监管体系，轮式运转、长效循环，确保每一次劳动教育研学活动的高效开展。

参考文献：

[1] 万剑敏，熊童欣．风景区型科普教育基地 PBL 研学课程设计研究——以江西凤凰沟景区为例［J］．江西科学，2019（6）：997-1001.

[2] 卢丽华，于明业．基于新时代构建中小学劳动教育课程［J］．中国德育，2020（2）：7-10.

第四章

劳动教育与学科的融合

论教科书中的劳动精神渗透

——以中小学语文教科书为例

商　曼①

在2018年全国教育大会上，习近平发表重要讲话，提出“要在学生中弘扬劳动精神，教育引导学生崇尚劳动、尊重劳动，懂得劳动最光荣、劳动最崇高、劳动最伟大、劳动最美丽的道理，长大后能够辛勤劳动、诚实劳动、创造性劳动”[1]的教育目标。习近平提出的劳动精神，主要是指人们对劳动的热爱态度，以及劳动者在劳动过程中体现出来的积极人格气质，前者包含对劳动价值的认识、对劳动的正向态度，以及对劳动者、劳动过程、劳动成果的尊重等；后者指对劳动热爱的态度在劳动主体身上的体现，包括劳动者身上所具有的对于劳动的积极评价、敬业态度、积极性、创造性等。[2]总而言之，秉持对劳动的热爱态度，形成正确的劳动价值观是劳动教育的内在核心要求；劳动者在劳动过程中体现出来的积极人格气质——即良好劳动素养，是劳动教育的外在成果体现。可以说，两者相辅相成，构成了劳动精神的完整内容。

教科书作为学校教育实践的重要依托，是国家意志的体现和培育学生价值观的主要渠道，有着其他培养手段所无法企及的科学化、标准化、普遍化

① 商曼，中央民族大学教育学院硕士研究生。

优势。因此，在学生中弘扬劳动精神，除了要落实好传统的劳动教育课程和组织校内外实践活动外，还应全力发挥教科书的价值，即将劳动精神融入教科书之中，从而发挥其劳动教育价值。正是在此意义上，下面以中小学语文教科书中劳动题材篇目为切入口，通过分析其隐含的劳动价值观和对劳动行为的描绘来彰显其中的劳动教育意蕴，进而深入探讨教科书中渗透劳动精神的路径、取向，以及可能存在的困境等问题。

一、教科书中劳动精神渗透的认识维度

要在学生中弘扬劳动精神，其核心要求就是要促进学生形成劳动价值观，即树立正确的劳动观念和积极的劳动态度，[2]教育部等部门联合印发的《关于加强中小学劳动教育的意见》明确提出了“在德育、语文、历史等学科教学中加大劳动观念和态度的培养”的建议。

（一）引导学生“崇尚劳动”

“崇尚劳动”这一要求蕴含着对劳动崇高性的高度认同和自我内化，通过教科书中所体现的“崇尚劳动”态度，能够间接地影响到中小学生对职业劳动的认识和未来职业选择的价值取向。[3]具体而言，劳动是人类的本质活动，劳动光荣、创造伟大是对人类文明进步规律的重要诠释。[4]劳动只有分工的不同，没有高低贵贱之分，只要是为社会建设贡献力量的劳动，都是光荣的劳动，而光荣的劳动值得我们崇尚。以《语文》五年级上册《鞋匠的儿子》一课[5]为例。

他（林肯）对所有的参议员说：“参议院里的任何人，如果你们穿的那双鞋是我父亲做的，而它们需要修理，我一定尽可能帮忙。但是有一件事是可以确定的，我无法像他那么伟大，他的手艺是无人能比的。”说到这里，林肯流下了眼泪，所有的嘲笑声都化成了赞叹的掌声。

在《鞋匠的儿子》一文中，一个出身尊贵的议员嘲笑林肯的父亲只是一个贫穷的鞋匠，林肯对此进行了漂亮的反击。尽管父亲只是一个地位低下的鞋匠，但是林肯认为他的父亲是伟大的人，有着无人能比的手艺，并且为父亲所做的工作感动落泪，文章最后的“赞叹的掌声”是议员们对林肯父亲劳动的认可。这篇文章中林肯的发言和最后的掌声，告诉学生劳动不分高低贵贱的道理，对学生平等地看待和选择不同行业劳动无疑有所启示。

（二）倡导学生“尊重劳动”

“尊重劳动”是个体对待劳动的基本态度，其中包含着对劳动者的尊重、对劳动资料的节俭、对劳动过程的体贴、对劳动成果的爱惜等。[3]以统编《语文》一年级上册《悯农（其二）》一诗为例。

锄禾日当午，汗滴禾下土。谁知盘中餐，粒粒皆辛苦。

《悯农》一开头就描绘在烈日当空的正午，农民依然在田里劳作，寥寥数语即表达了诗人对农民烈日下还在坚持耕田的同情和赞赏，包含着对劳动者的尊重。此外，诗人还注意到一滴滴的汗珠洒在灼热的土地上，这是诗人对农民耕田这一劳动过程的体贴。“谁知盘中餐，粒粒皆辛苦”一联脍炙人口，不是空洞的说教，而是凝聚了诗人对农民辛苦劳动的尊重和对劳动成果（即餐桌上的一碗碗米饭）的爱惜。这首诗不仅让刚刚进入学校的小学生明白了农民种田的辛苦，懂得了不要浪费粮食的道理，还潜移默化地让学生学会了珍惜他人的劳动成果，体会到他人劳动过程的辛苦，从而发自内心地尊重每一位劳动者。

二、教科书中劳动精神渗透的行为维度

要在学生中弘扬劳动精神，一方面要求学生具有对劳动价值的正确认识及积极态度，另一方面还要求学生能够娴熟了解和掌握相关的劳动理论知识与劳动实践策略，养成良好的劳动习惯。要达到后一个要求，除了要注重日常生活中的劳动实践积累外，教科书的潜移默化作用同样不能忽略。总的来说，从行为层面观之，教科书中的劳动精神渗透主要通过“榜样叙事”和“成功激励”的方法来呈现。

首先，榜样叙事。在日常生活中，劳动精神的学习常常与向劳动者，尤其是向“劳动模范”的榜样学习联系在一起，[2] 在中小学语文教科书中出现了无数令人尊重的劳动形象——修建中国第一条铁路的詹天佑、拯救无数人生命的白求恩等，他们通过辛勤工作而在自身行业所取得的杰出成就使他们成为年轻一代学习的榜样。

其次，成功激励。在教科书对劳动行为进行呈现时，也一定程度上形象生动地为学生展现了因辛勤、诚实、创造性劳动而产生的诸如获得金钱、取得意想不到的成果、事业生涯圆满之类的“成功激励”，意在引导学生养成良好的劳动习惯，享受到“好的结果”。以《语文》五年级下册的《刷子李》[6] 为例，其主人公刷子李就凭借自己“只要身上有白点，白刷不要钱”的精湛刷墙技艺，获得了生意伙伴和同行的尊敬。

通过这两种渗透路径，中小学语文教科书为学生展示了一幅幅劳动行为场景。具体来看，则体现在以下三个维度。

（一）选文内容中体现的“辛勤劳动”行为

“辛勤劳动”指个体勤恳辛苦地进行劳动，是一种对劳动状态的描绘，聚焦于劳动行为的过程。其在教科书中表现为：主人公亲身经历劳动过程，能

够不畏艰辛、不怕脏累、坚持不懈地完成劳动任务等。以统编《语文》三年级上册的《手术台就是阵地》为例：

白求恩大夫正在给伤员做手术。他已经两天两夜没休息了，眼球上布满了血丝。

……

白求恩仍然争分夺秒地给伤员做手术，做了一个又一个。

齐会战斗进行了三天三夜，胜利结束了。白求恩大夫在手术台旁，连续工作了六十九个小时。

《手术台就是阵地》讲述了白求恩医生一直坚持在战地前线给伤员做手术的故事。在文中，白求恩医生不顾劝阻和自己的安危，凭借自身精湛医术坚持在危险的战地环境中，用简陋设施拯救了众多英雄的生命，让学生看到了白求恩医生在手术台上坚持不懈“辛勤劳动”的身影，白求恩医生救治无数条生命这一行为本身就体现了劳动的崇高性，同样也是医生在手术台上辛勤劳动的回报。

（二）内涵价值中体现的“诚实劳动”行为

“诚实劳动”是针对不良的劳动观念与行为而言的，其指向劳动的德性维度，明确了劳动的道德价值，在教科书中具体表现为：主人公踏踏实实地经历劳动过程，实事求是、不弄虚作假、有担当负责任等。以《语文》五年级上册的《剥豆》[7]为例：

一大袋豌豆很快剥完了。一盆一碗，一大一小，不同的容器难以比较，但凭常识，我知道儿子输定了。我正想淡化结果，他却极认真地拿来一个碗，先将他的豆倒进去，正好一碗，然后又用同样的碗来量我的豆，也是一碗，只是凸起来了，像一个隆起的土丘。“你赢了。”他朝我笑笑，很轻松，全然没有剥豆时的认真和执著。

《剥豆》一文讲述了儿子主动提出与妈妈比赛剥豆的故事。尽管这次剥豆比赛从结果上看是儿子输了，但儿子的聪明认真、面对劳动结果的诚实坦然让母亲欣慰不已。这篇文章通过妈妈对儿子剥豆一事的态度，让学生懂得：劳动是否光荣、是否崇高，不在于劳动结果，而在于劳动的道德价值。无论是家务劳动，还是社会劳动，只要摈弃弄虚作假的不良劳动观念，实事求是、踏踏实实地帮助父母或他人做一些力所能及的事情，就是值得表扬的、光荣的劳动。

（三）练习设计中体现的“创造性劳动”行为

“创造性劳动”不仅指劳动成果具有创造性，还包括劳动过程中的创造性、劳动知识的创造性、劳动行为的创造性等。其在教科书中主要表现为以下两种形式：

1. 主人公灵活创新地经历劳动过程，能够在劳动中发现问题，并运用科学原理和技术技能等知识创造性地加以解决。以《语文》六年级上册的《詹天佑》[8]为例：

铁路经过青龙桥附近，坡度特别大。火车怎样才能爬上这样的陡坡呢？詹天佑顺着山势，设计了一种“人”字形线路。北上的列车到了南口就用两个火车头，一个在前边拉，一个在后边推。过青龙桥，列车向东北前进，过了“人”字形线路的岔道口就倒过来，原先推的火车头拉，原先拉的火车头推，使列车折向西北前进。这样一来，火车上山就容易多了。

在《詹天佑》一文中，作者描写了詹天佑在设计修建京张铁路中所遇到的种种困难，他在修建期间跟工人同吃同住，不离开工地，不耻下问，在和老工人商量后选择运用中部凿井法来缩短工期，还独创性地设计了使火车便于爬坡的“人”字形线路。“京张铁路不满四年就全线竣工了，比计划提早了两年”，这一结果充分表明了“创造性劳动”的重要性。

2. 语文教科书中的综合性学习单元常常会鼓励学生亲自动手参与劳动，进而激发学生进行“创造性劳动”。以统编《语文》七年级下册的《孝亲敬老，从我做起》为例。全文分为“征集活动方案”“分工合作，组织活动”“分享体会与感受”三个部分，要求学生分小组制定一个“孝亲敬老月”活动方案，提交班级讨论，根据拟定的活动方案分工合作，组织实施“孝亲敬老月”活动。这一综合性学习活动使得劳动精神的渗透不再局限于课本上的书面语言，而是帮助学生积极进行劳动实践活动，让学生体会到创造性劳动的成就感，鼓励学生进行“创造性劳动”实践。

三、劳动精神渗透进教科书的未来之路

通过上文的梳理，我们可以看出教科书编撰者有意识地保留了劳动场景和行为等，有助于潜移默化地帮助学生形成正确的劳动价值观和养成良好的劳动素养。然而，在将劳动精神有效渗透进教科书的过程中尚有一些需要进一步完善之处。

（一）增强教科书中劳动经验的时代性

劳动教育具有强烈的时代特征与社会属性，应依据劳动形态的演进而与时俱进。[2]换句话说，在劳动精神渗透进教科书的过程中应关注劳动精神与时代发展相吻合。从上文的分析可以看出，中小学语文教科书通常以描写劳动场景、赞颂劳动人物的方式来呼吁学生尊重劳动，鼓励他们亲身参与劳动，

然而其所表现的劳动场景与学生所处时代相匹配的不多。从劳动题材选文的内容来看，劳动这一行为往往出现在古诗歌和历史人物故事中，较少涉及对现代劳动者和劳动场景的描写。在现当代的新闻和文学作品中，有很多真实可感的劳动者形象和场景。例如，不少学生都知道曾被媒体大肆报道而获网友赞誉的最美清洁工、最美志愿者，他们通过镜头看到了凌晨干净街道背后清洁工的辛苦，这些被报道的人物和现实情景无疑更加贴近今天的时代与学生的生活。

因此，教科书中劳动精神的渗透，不仅要结合历史情境，更要着眼于学生的生活经验，增强场景的真实性和劳动教育的时代性。应更多地针对学生的身心年龄、实际接受能力，以及所处的地域特点等不同情况，从日常生活中司空见惯的劳动场景入手，以学生的实际生活为基础整合教科书中的劳动内容，选取具有时代感的劳动场景，以此调动学生的经验，引发学生的观察和思考，更好地在其内心深处树立尊重劳动的观念。

（二）推进教科书中劳动教育的结构完善

就目前语文教科书中所选摘的劳动题材来看，专门歌颂劳动生活和劳动人民的主题单元不突出。就题材内容来说，虽然在课文中出现了值得尊敬的劳动人物和场景，其目的并不是为了表现劳动的辛苦与伟大从而引导学生尊重劳动，更多的是在劳动背景中表达某种思想。例如，统编《语文》七年级下册第三单元出现的劳动场景比例最高，该单元收录了欧阳修的《卖油翁》、杨绛的《老王》和鲁迅的《阿长与 < 山海经 >》等名篇，但是其主旨并非是歌颂劳动，而是关于“小人物”的故事，传递“普通人也一样可以活得精彩，抵达某种人生的境界”的道理。就编写次序来说，劳动精神在教科书中的渗透没有明显看到是根据学生年级、身心情况的不同而做系统设计的，语文教科书中有关劳动场景和劳动人物描写的文章编排比较杂乱。

因此，根据教育部等部门提出的关于“在德育、语文、历史等学科教学中加大劳动观念和态度的培养”的要求，建议在教科书编写过程中适当增加劳动主题的单元、注重劳动文本的选材来源和内容把握、加强教科书中劳动精神渗透的逻辑联系，并考虑随着学生身心不断发展和动手能力的提高，教科书中劳动精神渗透的循序渐进。例如，高年级的教科书就可以尝试利用故事性的文本使学生进行关于劳动价值的讨论，帮助其澄清自己的劳动价值观等。另外，考虑到学生已经有实际操作能力，教科书的课后习题也可以让学生结合课本内容进行自身的“创作性劳动”等，以此推进教科书中劳动教育的结构的完善。

（三）规划教科书中劳动教育与实践的联动

从中小学语文教科书中的劳动教育内容来看，其往往偏重于向学生呈现劳动场景和抒发情感态度。虽然文中将劳动活动呈现给了学生，但是缺少和劳动实践活动的联动，劳动活动不够丰富。以《剥豆》一文为例，课文通过回忆作者和儿子剥豆子的经历，使学生明白诚实劳动的光荣，那么在《剥豆》的课后练习题中就可以考虑增加类似“学习小主人公，帮助家长做家务”的实践活动，鼓励学生积极主动地承担家务劳动。此外，在教科书劳动题材选文中出现描绘农家劳动场景时，教师和学校就可以结合实际，将课文中的劳动内容与校内外劳动实践活动相联系。例如，学校可以开辟专门区域来种植易成活的花草或农作物，让学生以班级为单位认领绿植或“责任田”。在种植过程中，学生不仅能加强劳动技能的训练、真实领略劳动过程的辛苦，还能体会到收获劳动成果的喜悦和成就感，从而更加珍惜劳动成果，真正做到“尊重劳动、学会劳动”。

总而言之，在教科书编写过程中应进一步规划劳动教育与实践的联动，加强教科书中劳动精神与校内外实践活动、家务劳动的联系，依据学生的不同学段和年龄、身心特点，设置丰富适宜的劳动实践活动，由浅及深、层层递进地扩大劳动精神渗透的空间。

参考文献：

［1］张烁，王晔．习近平在全国教育大会上强调：坚持中国特色社会主义教育发展道路 培养德智体美劳全面发展的社会主义建设者和接班人［N］．人民日报，2018-09-11.

［2］檀传宝．劳动教育的概念理解——如何认识劳动教育概念的基本内涵与基本特征［J］．中国教育学刊，2019（2）：82-84.

［3］顾建军．劳动教育要抓住灵魂科学实施［N］．中国教育报，2018-11-28.

［4］习近平．在庆祝“五一”国际劳动节暨表彰全国劳动模范和先进工作者大会上的讲话（2015 年 4 月 28 日）［N］．人民日报，2015-04-29.

［5］林清玄．鞋匠的儿子［A］．课程教材研究所．语文（五年级上册）［M］．北京：人民教育出版社，2005.

［6］冯骥才．刷子李［A］．课程教材研究所．语文（五年级下册）［M］．北京：人民教育出版社，2013.

［7］毕淑敏．剥豆［A］．课程教材研究所．语文（五年级上册）［M］．北京：人民教育出版社，2005.

［8］吕行华．詹天佑［A］．课程教材研究所．语文（六年级上册）［M］．北京：人民教育出版社，2006.

统编小学语文教材融合劳动教育的实施建议

蒋晓飞[①]

《关于全面加强新时代大中小学劳动教育的意见》要求，各级学校需要强化综合实施，可以采用与德育、智育、体育、美育相融合的方式来建设与推行新时代劳动教育。我们不仅要建设劳动课程，还要启动系统思维，统整各学科的力量，运行"大课程化"的劳动协同教育。具体到小学语文课程，这里的"劳动教育"不是劳动技能的教导，也不是劳动活动的实践，而是在语言文字的学习活动中去体悟劳动，欣赏劳动成果或劳动过程的美，树立正确的劳动观，体会劳动情感，理解劳动精神。就语文学科而言，我们如何用足现有的教材资源，调动匹配的教学方式，开展合宜的学习活动，为开展高品质的劳动教育做出应有的学科贡献呢？

一、捕捉教学全音符，形成"劳动要素清单"

统编小学语文教材中，哪些内容与劳动教育有关联？涉及劳动教育的哪些要素？以统编小学语文一年级上册为例，可形成如下"劳动要素清单"（表1）。这样的清单，有助于我们用整体的眼光审视全册教材中的劳动教育要素分布情况，以更好地实施整体化的设计与教学。

表1　统编小学语文（一年级上册）劳动要素清单

单元	栏目与篇目	劳动教育要素
第二单元	语文园地二"和大人一起读"	巧手美化生活，传统技艺值得传承
第五单元	语文园地五"日积月累"《悯农（其二）》	珍惜劳动成果
第五单元	语文园地五《拔萝卜》	人多力量大，合作最聚力
第七单元	语文园地七"日积月累"	劳动成果的前后相承与惠泽后代
第八单元	口语交际《小兔运南瓜》	劳动需要智慧，开动脑筋以战胜困难
第八单元	语文园地八《春节童谣》	用劳动欢庆愉快的节日

① 蒋晓飞，江苏省南通市通州区实验小学副校长。

以此类推，可以形成覆盖六个年级完整的统编小学语文劳动要素清单。我们发现，统编小学语文教材富含劳动教育因子，“劳动教育线”贯穿始终，关联了语文园地、口语交际、习作、阅读等所有教学板块，覆盖一至六年级。表 2 为统编小学语文（六年级上册）的劳动要素清单。我们从中发现，随着年级的升高，教材中不但安排有散点的劳动教育元素，还有整体性的劳动教育单元设计，为集中进行劳动主题教育提供了可能。

表 2　统编小学语文（六年级上册）劳动要素清单

单元或课次	栏目与篇目	劳动教育要素
第 3 课	《古诗词三首》	丰年背后是辛勤的劳作
第 9 课	《竹节人》	自己制作传统玩具，在文学与艺术的想象中加工玩具、玩玩具，带来更大的快乐
第六单元	导语	人与土地是一体的
第 17 课	《古诗三首》	乡村劳作家园美
第 19 课	《青山不老》	劳动改善自然环境，创造人间奇迹
第 20 课	《三黑和土地》	热爱土地，热爱田间劳作
第七单元	语文园地《玩具小台灯制作说明书》	制作需要关注细节
第 24 课	《少年闰土》	劳动也有惊险的一面，需要灵巧与勇敢，尽责与勤快

二、聚焦教学主旋律，凸显“劳动教育重点”

小学阶段的劳动教育有其自身规律与重点。我们在教学含有劳动教育元素的语文教材时，需要注意把握重点，集中资源和精力对小学生进行劳动的启蒙教育。在梳理劳动教育重点的时候，可按出现的先后顺序，对教育要素分一级指标、二级指标进行布排，最后按二级指标数统计一级教育要素出现的频率，表 3 为统编小学语文教材中劳动教育重点的统计。

通过对小学阶段所有年级教材的系统梳理，我们排出了嵌入式劳动教育的五大重点（劳动的智慧、劳动的伦理、成果与分享、劳动与创美、自主劳动），这有助于我们在整合教学中突出重点，强化关联，让隐藏的劳动线“显性化”。从表中可以看出，劳动的智慧教育主题出现了 18 次，为第一主题；劳动的伦理教育主题出现了 11 次，为第二主题；成果与分享教育主题出现了 8 次，为第三主题；劳动与创美教育主题出现了 6 次，为第四主题；自主劳动教育主题，出现了 5 次，为第五主题。

表 3　统编小学语文教材劳动教育重点

年级	一级指标	二级指标
一上	劳动的智慧	1. 协作劳动力量大
一上		2. 选用妙法可省力
一下		3. 不断尝试，可以发现更巧妙的劳动方法
二上		4. 巧用自然之力
二上		5. 适时储备
二上		6. 关联式管理
二上		7. 选用疏通之法解决问题
二下		8. 要遵照庄稼生长规律，不可心急
三上		9. 选择时机发挥自己的特长，取得最佳劳动效果
三下		10. 劳动要付出体力也要学会创造
三下		11. 设计巧妙，用简单的材料也能创造奇迹
三下		12. 看似简单的手艺其实不简单
四上		13. 劳动的礼物可以调谐情感、赢得友谊
四下		14. 小改造、小平移可以创造生活新天地
四下		15. 利用自然，巧手编织，可以改善生活
五上		16. 因地制宜有效制敌
五上		17. 善于就地取材方便生活
五下		18. 普通手艺也有大学问
一下	劳动的伦理	1. 吃水不忘挖井人
一下		2. 每个人都有最适合自己的工作
二上		3. 体贴劳动者
二上		4. 劳动面前一律平等
二上		5. 为百姓排忧解难
二下		6. 一心求简单，是不能做好服务工作的
三上		7. 遵守统一的纪律
五上		8. 劳动助力买书显母爱
五上		9. 应该像落花生那样做一个实用的劳动者
五上		10. 劳动助力求学显父爱
六上		11. 热爱土地
一下	成果与分享	1. 用小手劳动可以给家人带来快乐
二上		2. 田园劳作有喜悦
二上		3. 制作的过程也值得分享
二下		4. 一份成果凝聚众人辛劳
四上		5. 与众人分享格外香甜
五上		6. 劳动成果与乡亲们分享
六上		7. 用辛劳换来的成果凝聚丰收的喜悦
六下		8. 用忙碌的方式过节日更快乐

续表

年级	一级指标	二级指标
一下	劳动与创美	1. 植树美化环境
二下		2. 只要爱劳动，乡村也可以建成美丽的家园
三上		3. 劳动创造美丽城市
四上		4. 劳动创造玩具、创造快乐
四上		5. 用劳动改善生活条件
六上		6. 劳动改善自然环境
一上	自主劳动	1. 传承非遗
二上		2. 自力更生修理电器
五上		3. 制作玩具型生活用品
六上		4. 制作传统玩具
六下		5. 自力更生，战胜困难

三、演奏教学新乐章，融合实施显实效

（一）突出“语文性”

在语文教学中落实劳动教育，需用语文的方式进行。首先，要找到语文和劳动的统合点，在语文的学习过程中进行劳动教育的渗透。例如，在二年级上册第三单元的教学中，可以将手工制作和口语交际有机结合起来，充分让学生分享制作的成果与过程。在对二年级下册《千人糕》中“需要很多很多人才能做成的糕”进行讲解时，可以抓住作者为什么用两个“很多”，通过对重点语句的品读，让学生感悟劳动果实来之不易，要懂得珍惜。其次，要注意与实际生活相关联，增强语文学科渗透劳动教育的“真实情境”与“动化效果”。例如，教一年级上册第八单元口语交际《小兔运南瓜》时，可以选择南瓜成熟的季节，让学生看着南瓜，尝试在搬运南瓜的过程中进行口语交际。在教学五年级上册《父爱之舟》时，让学生写一写父母为自己做过的最令人感动的一件小事，从中感受父母对自己的爱。还可以在学习一年级上册语文园地五《拔萝卜》时，因地制宜，让学生感受拔花生、拔芦穄等。语文知识与劳动生活实践紧密结合，学生在此过程中既可以体验到劳动的价值，又可以提高对语文学习的兴趣，增强学习的主动性。

此外，还要注重通过语文化的审美体验来导引劳动教育。如一年级上册语文园地八《春节童谣》：“二十三，糖瓜粘。二十四，扫房子。二十五，磨豆腐。二十六，去买肉。二十七，宰公鸡。二十八，把面发。二十九，蒸馒头。”可以尝试把劳动与童谣、游戏、表演、报道等结合起来，让学生沉浸于

节日的氛围，获得全感体验。

（二）强调情境化

在学习含有劳动教育要素的语文教材时，教师应努力寻找与创设一个与教材内容高度相似的情境。这样的情境是自然生长的，是柔软的，人与情境的交互界面良好，可以对学生产生强大的召唤力。如此，学生就会沉浸其中，自主开展劳动项目，获得良好的自主选择感，深化“属我”的体验。如五年级下册《乡村四月》描写了春忙时节农民辛苦劳作的情景，教师可以让学生了解春忙时农村的主要劳动，实地探访了解春忙对于一年劳作的意义，从而对诗歌所表达的主题做更深入的探究。还可以把课堂搬到实景中去，如学习课文《葡萄沟》，带领学生走进葡萄园，在自主采摘中享受劳动的成果，在晾晒中体验维吾尔族同胞的智慧；学习课文《少年闰土》，带领学生走进西瓜地，让学生在实景中想象惊险的画面，体会少年闰土的聪慧、灵敏与勇敢；在农家院落里朗读《田家四季歌》；在桂花丛中品读《桂花雨》；以纳米技术的实物情境为起点阅读《纳米技术就在我们身边》等。此外，《落花生》提到的花生，《少年闰土》提到的西瓜，《我要的是葫芦》提到的葫芦等，都是学生制作田园野趣玩具的好材料，可以将课文中的相关内容作为一个引子，引导学生去尝试有趣的玩具制作。

（三）项目主题化

根据统编小学语文教材的“劳动教育重点”，可以选择适合儿童与校情的项目，开展主题学习活动。（1）放大“课本里的劳动”。在课本内容的基础上，让学生结合课文内容，选择感兴趣的主题开展进一步的拓展项目，如“备年货”“种植”“家乡美景”等主题，引导学生聚焦语文学习，结合劳动素材开展项目研究。（2）投注“微型的园艺”。选择一个小地块，或者用防腐木建一圈“一米农园”，让班级认领种植箱，小组包干种植培管花生，并且将花生的种植与观察、报道，尤其是童诗、童话写作紧密地结合起来。（3）激活“研究性学习”。例如，“落花生”这个名字的由来是怎样的？在种植花生的过程中，如何用最环保的方式解决虫害问题？花生是颗粒大的味道美，还是颗粒小的口感好？再通过合作探究形成“属我”的解决方案，经过验证，最终形成正式的研究报告并发布出来。

新时代劳动教育是学生发现生命才华、品尝劳动幸福、学会奉献付出的人生观、价值观教育。语文教师应当以课程的宏观视野去寻找语文教学与劳动教育的融合点，形成语文、劳动的双重奏鸣，为落实新时代劳动教育贡献学科力量。

低年级《道德与法治》教学中的劳动教育

王苏萍[①]

劳动创造美、劳动最光荣，劳动是中华民族的传统美德，德智体美劳全面发展是国家培养社会主义建设者和接班人的重要举措。新时代的劳动教育已经超越了传统的“劳动”概念，被赋予了新的内涵，在学科教学中如何渗透落实劳动教育呢？下面以小学一、二年级《道德与法治》教材“爱劳动”内容为例，探索学科中劳动教育的渗透与融合路径。

一、聚焦教材，厘清劳动教育“落脚点”

（一）梳理教材，明确劳动目标

《义务教育品德与生活课程标准（2011 年版）》在基本理念部分指出：“品德与生活教育应当引导儿童在体验自身生活和参与社会生活的过程中，学会热爱生活、创造生活；在服务自我、他人和集体的行动中，学会关心、学习做人。”从落实劳动教育的角度看，其间蕴含着针对小学低年级学生落实基本的自我劳动、简单的家务劳动和常规的值日劳动等教育的契机。梳理一、二年级《道德与法治》教材中与劳动教育相关的内容和目标，具体如表 1 所示。

表 1　一、二年级《道德与法治》教材中与劳动教育相关的内容与目标举例

课文	主要内容	教育目标
一下：《让我自己来整理》	**我爱学习**：卷铅笔、整理铅笔盒、整理书包、整理桌肚 **我爱生活**：穿衣服、系鞋带、剪指甲、洗餐具、擦鞋、洗 / 晒袜子	**争做小达人**：具有良好的日常生活习惯和生活能力，自己的事自己做
一下：《干点家务活》	**我爱家人**：叠被子、整理床、整理书桌、整理茶几、整理餐桌、整理鞋柜、整理房间、整理衣柜、整理阳台、整理厨房等	**争做小主人**：掌握做家务的基本技能，积极主动地分担家务，承担一定的责任
二上：《我是班级值日生》	**我爱集体**：擦黑板、排课桌、扫地和拖地、整理讲台、图书管理、节电、午餐管理、扫包干区、整理洗手间、打扫楼道	**争做小能手**：做好值日，掌握技能，养成担当意识，具有担当能力

① 王苏萍，浙江省海盐县三毛小学二级教师。

从表 1 中我们可以发现：在《道德与法治》教材中，小学低年级学生的劳动主要以“爱学习、爱生活、爱家人和爱集体”为主要内容，以争做“小达人”“小主人”和“小能手”为教育目标，重点在于培养学生自己的事情自己做，并掌握基本的劳动技能，勇于承担一定的责任等。

（二）巧用教材，夯实劳动基础

对于小学低年级学生来说，生活经验是其良好品德形成和获得社会发展的基础，这是我们理解教材时需要关注的。根据表 1 内容，我们可以依据“小达人”“小主人”和“小能手”的目标要求，巧用教材，提高学生的生活自理能力，帮助学生树立正确的劳动观念。

例如，一年级下册《让我自己来整理》一课的教学重点在于物归原位、有序整理。我们借助多媒体，采用模拟操作方式进行教学：呈现厨房、卧室、书房和客厅四个场景，以及与之对应的各类生活用品，让学生根据已有的生活经验，通过小组合作，在富有趣味性的学习探究活动中学会整理方法。最后，教师设计了这样一个环节：从今天起，我们班将开展“整理小达人”评比活动。教师发给学生每人一张《定时整理计划表》，周一至周日每天完成任务后就贴一个笑脸。

每一课教学的结束，不是句号，而是逗号。像这样，我们不仅仅关注了学生在课堂上的整理事务，更是把劳动教育指向学生的日常生活，使日常劳动内化成学生的自觉自愿行为。

（三）深挖教材，丰富劳动内涵

共有与共享，为公共生活奠基，是统编《道德与法治》二年级教材聚焦的教育主题。因此，我们深挖教材，从“内涵”的视角制定目标，开展有价值的劳动活动，引领学生走向广阔的公共生活，更好地适应未来生活。

例如，在《装扮我们的教室》一课，我们打破了一般的做一点手工、贴几幅画、剪几条彩带、挂几个气球等简单且形式化的活动，而从“内涵”与“价值”的视角，引导学生用自己的经验来“装扮”教室，培养学生的合作与劳动共创能力。我们首先让学生观察、发现教室现有的美，然后引导学生思考：在这样美丽的教室里，如何通过自己的劳动行为让教室更美？抛出问题后，让大家谈一谈、议一议，最后达成共识。这样，学生认识到了“班级是我们共同生活的场所”，当每一个人都用自己的努力和成长来装扮教室时，班级变得更美了，同时大家也享受到了创造带来的欢乐，每个人都实现了更好地成长。

二、延展教材，促进劳动习惯养成

统编小学《道德与法治》教材引领教学从认知学习转向生活的自主构建，引导学生在多种可能的生活中选择“好”的生活——一种有价值、有意义的生活。这就需要教师不仅要教好教材中的相关内容，更要深入挖掘与拓展、延伸教材，在生活中努力促进学生劳动习惯的养成。

（一）整合教材，巩固劳动行为

良好习惯的养成对学生来说会受益终身。要想通过劳动教育使学生将劳动习惯内化为自身素养，仅靠课堂上的知识技能教学是远远不够的。为此，我们整合教材，不仅让学生置身于鲜活的劳动场景中，更注重引导学生通过劳动养成坚持不懈、努力克服困难的品质。

统编《道德与法治》二年级上册第一单元安排了《假期有收获》《周末巧安排》等内容，我们在组织教学时紧密结合劳动教育，把劳动作业安排其中。特别是在教学二年级下册《坚持才会有收获》一课时，除了基于教材内容开展教学外，还结合一年级下册《干点家务活》一课，让学生充分认识到生活中有很多事情需要坚持，只有坚持才有收获。

好习惯的养成需要连续不间断地训练，家庭要帮助孩子养成良好的生活习惯。为此，我们结合《坚持才会有收获》一课的教学，让学生开展连续21天的打卡活动：由学生根据家庭实际情况和自身特点，选择一项家务劳动，每天由家长帮忙拍摄劳动照片并发送到朋友圈。坚持21天后，由家长将21张朋友圈截图打包给老师，从而鼓励学生培养一个劳动好习惯并不断保持下去。

（二）拓宽思路，提升劳动能力

道德与法治课程的中心任务是教学生“学习做人”。劳动能力的培养，不是一个单纯的知识学习过程，而是在综合、整体、深入的意义上实现“对生活的洞察”，是一种实践智慧的获得过程。基于此，学生对劳动教育的认识不能仅停留于“要我做”，更要明白“我要做什么”“怎么做”和“做得怎么样”，从而形成完整的教育链，从愿干到会干再到巧干，以此提升自身独立自主劳动的能力。

以《干点家务活》一课为例。我们从学生对家务活的已有认知和生活经验出发，引导学生学做家务活并发挥创意，总结展示自己的新发现、新技能。根据教材第二板块“做点家务很不错”的内容，这样指导学生：“想一想，我已经会做的家务有哪些？”“学一学，我还能学会做哪些家务？”“赞一赞，谁还能发现做家务的窍门？”并设计“做点家务很不错”成果展示表。学生以照片、小视频、语言描述等方式，进行汇报和展示：“妈妈告诉我煮饭前把米泡一泡，这样煮出来的饭会更软更香！”“淘米水可以洗排骨、泡老笋干！”“我试过了，用牙膏洗杯子，杯子会更亮！”“我从网上了解到，可乐可以洗马桶，柚子皮可以去冰箱异味。”在这样的劳动教育与学科知识融合的教学活动中，不同层次学生的劳动技能都得到了提升，品尝到劳动创新带来的快乐，实现了生活、教学、发展三位一体。

（三）综合评价，助力劳动习惯养成

《义务教育品德与生活课程标准（2011 年版）》在评价建议中指出：要关注过程，又要追求多元。有效的、合理的评价会对学生的学习行为产生重要的反馈和激励、导向等作用。因此，教师应依据课程标准和教学目标，着眼于学生在整个劳动过程中所发挥的作用和解决问题的态度、方法、能力等进行评估，借助综合评价激励与强化学生的劳动意识与行为习惯。

仍以《干点家务活》一课为例。我们组织学生通过图片、文字、图文小视频等形式，展示劳动成果，并依托成果展示对学生在活动过程中的表现情况，如学习干家务的兴趣和热情、解决困难的耐心和勇气、能主动分担家庭责任、学会的干家务本领等八项情况进行综合评价（包括自评、互评、家长评、老师评），充分体现道德与法治课程注重过程评价和质性评价的理念。在这样的学习过程中，学生不仅学会和提高了干家务的基本技能，变成了干家务活的“小能手”，而且在承担家务责任、提高家务劳动技能的过程中，享受到了家庭生活的乐趣，成为家庭里的“小主人”。

劳动教育是促进学生德性成长的有效途径。作为教师，应充分发挥道德与法治课程的育人功能，将劳动教育灵活穿插、融合于教学过程，并以儿童的生活经验和所遇到的现实问题为起点，积极引导其参与劳动实践，养成正确的劳动价值观念，促进其持续成长。

学科教学中渗透劳动教育的逻辑起点探析

——以小学科学为例

冯　毅①

2020年3月，中共中央、国务院发布《关于全面加强新时代大中小学劳动教育的意见》，全面强调和部署新时代劳动教育，意义重大，指导明确。从课程和教学的视角来看，加强劳动教育除必须开发专设性的劳动教育必修课程外，其他课程也要从自身学科特点出发，有机渗透和融入劳动教育的内容。教育部部长陈宝生指出，数学、科学等学科要注重培养学生劳动的科学态度、规范意识、效率观念和创新精神，[1]这为学科如何渗透劳动教育指明了方向。但学科教师必须明确的是，学科教学渗透劳动教育必须建立在结构化思考和系统化设计的基础上，否则就只能拿出一些简单化、碎片化的操作内容和方法，很容易流于形式，不但影响学科教学既定目标的完成，而且达不到新时代劳动教育的价值诉求。笔者认为，确立在学科教学中渗透劳动教育的逻辑起点至关重要。一系列在学科教学中落实劳动教育的务实举措当以培养“有科学素养的小小劳动者”为逻辑起点。这就要求我们对儿童的特点、劳动的特点和学科特点有准确的研判。首先不能忘记作为劳动主体的儿童的特点，要做到有的放矢；其次要明确新时代劳动教育的要求，把握小学生参与的劳动的特点，精准发力；最后要明确学科在劳动教育上的培育功能，彰显学科特点。

一、基于作为劳动主体的儿童的特点

当前，一些小学生中出现不珍惜劳动成果、不想劳动、不会劳动的现象，作为每天都和孩子们生活在一起的一线教师，我们对此有切身感受。作为劳动主体的儿童既缺少劳动的意识，又缺少劳动的能力，更缺乏劳动的体验。在学科教学中渗透劳动教育，教师务必要“看到”儿童的特点。儿童处在身心发展的关键时期，在教学中加强劳动教育，为孩子创造劳动的机会，就能促进其向好的方面转变。看到儿童的特点，还意味着要落实一个“小”字，

① 冯毅，江苏省南京市琅琊路小学高级教师。

有的放矢，培养小小的劳动者。在这方面，学科应有学科的方式，不同学科的教师也有各自的优势，应当充分发挥。

（一）唤醒劳动意识：我想去做

现实生活中，有些学生不愿意参加劳动，是因为压根儿没有想过劳动是一件重要的事情，在他们的“每日事件清单”中，就没有“劳动”这一项。有的学生把参加劳动当玩耍，一开始挺起劲，但是兴趣一过，或者有更好玩的事情时，他们对手上的劳动就没有兴趣了。这时候如果强行把他们拉回到劳动中来，他们就会出现抵触情绪。上述现象表明，学生缺乏劳动的意识，甚至可以说没有建立关于劳动的概念认知。意识的增强不是靠简单的说教，而要让学生在劳动情境的濡染中、在劳动的实践体验中唤醒“我很需要劳动”的主体意识。以小学科学为例。在科学教学中，教师可以从两个方面着手。一是要让学生认识到劳动的重要性。利用科学史里的小故事，让学生看到劳动对人的生存发展、对人类文明的传承接续所起到的重要作用。同时，中国古代劳动人民在劳动的过程中有很多创造发明，促进了科学技术的进步，有些东西到现在还在发挥重要作用。了解这些知识，学生就能够感受到劳动真的很重要，同时增强民族自信，体会到劳动的崇高、伟大与美丽之处。二是要让学生认识到劳动的必要性。例如，研究土壤的课上完了，桌面上一片狼藉，收拾桌子和打扫实验室这些“脏活累活”决不能让学生错过，因为这不仅是在劳动，也是在增加学生与土壤亲密接触的机会。教室打扫干净后，教师组织学生讨论，新的发现和新的问题随之产生。这样的经历，有利于学生更新对劳动的认识，珍惜劳动的机会，愿意参加劳动。

（二）提高劳动本领：我能做好

有的学生不愿参加劳动，不是因为没有意愿，而是缺乏能力。对不会、不擅长的事情，很多学生都选择回避，因为不会做会导致失败、错误，会招致批评，让他们产生挫败感。科学学科注重引导学生研究身边的问题，强调科学探究、动手动脑、积极体验，这些方面的能力的提高构成了学生参与劳动的必备能力基础。但是我们也要看到，动手能力强并不等于劳动能力强，有很多擅长动手的学生劳动能力却很弱。在心理学上，能力和智力不同，智力主要解决知道不知道的问题，而能力是解决会与不会的问题。[2] 能说出“劳动很重要”还不够，还不是能力，并且能力的形成和提高不能靠灌输，而要靠在情境中有目的地运用知识与技能解决问题。认识到这一点，教师必须将教学与劳动实践建立更多的联系，开发出更多真实的劳动场景，让学生亲历劳动，将所学的知识和技能运用在劳动的过程中，如此才能真正提高学生的劳动能力。帮助学生在提高动手能力的同时提高劳动能力，这是科学教学对提高学生劳动素养的重要贡献。

（三）强化劳动体验：我愿坚持

有些学生不愿意在劳动上投入时间和精力，是由于缺乏劳动所带来的成功体验和满足感。很多时候成人觉得孩子在一些劳动项目上做不好，与其浪费时间还不如自己做。久而久之，就强化了学生“做不好”的负面体验，他们也就不愿意去做了。殊不知，儿童在做一件事情的时候需要得到及时的鼓励，这种鼓励不仅来自他人的表扬，还来自劳动过程中的成就感对自己的激励。换句话说，儿童在从事劳动的过程中需要获得正向的体验，而且体验越多越好。体验的累积有助于学生建立对劳动的积极情感，形成良好的劳动习惯。教师要善于在教学中为学生创造劳动的环境。杜威强调，环境包括促成或阻碍、刺激或抑制生物的特有的活动的各种条件。[3] 例如，科学教材中有很多种植和养殖的活动，涉及很多劳动的成分。教师要善于对这些活动进行设计和组织，不是强制学生去劳动，而是说在这种被设计的环境中，劳动对学生的学习活动是必需的，这就是科学学习的方式。学生在劳动上做得越好，对知识的领悟能力就越好，学习的效果就越好。时间长了，他们就能够对自己的能力有所确认，对劳动创造美好生活的价值有所确证，慢慢地爱上劳动。

二、基于劳动教育之劳动的特点

学科教学中渗透劳动教育，必须明确新时代劳动教育的新要求。在国家层面加强新时代小学生劳动教育的设计框架中，劳动并不是一个泛化的概念。有学者指出，劳动教育之劳动是指体力劳动，[4] 这是有指导性的。事实上，当前儿童最缺乏的正是体力劳动。因此，在学科教学中渗透劳动教育，最需加强的不是复杂的脑力劳动，而是学生身边的、体力的、简单的劳动。社会主义建设者和接班人的劳动精神面貌、劳动价值取向和劳动技能水平，正是植根于今天作为小小劳动者的学习、体验和积累的基础上的。

（一）立足身边的劳动：脚踏实地

所谓身边的劳动，是指发生在学生身边的劳动，如班级、校园的日常劳动，家里的劳动，社区的各种服务性劳动等。身边的劳动是离学生最近的，最接近“自己”的，却也是最容易被忽视的。对身边的劳动、身边劳动者的态度影响着学生的价值选择，应当引起足够的重视。例如，小学科学教学注重引导学生关注和研究身边常见现象中的科学问题，答疑解惑，而这些现象有很多都是与劳动有关的。教师在教学中要将学生的视线拉回到身边的劳动上，引导学生参加班级、家庭、社区的劳动，亲身经历动手动脑的劳动实践，研究这些劳动中的学问，增强对这些劳动本身的体认。教师还可以请身边的劳动模范、劳动达人现身说法，讲述劳动中的科学知识，技能技巧，展现绝活儿，让学生发现身边的劳动真的有很多学问，真的不简单，对劳动成果心怀感恩，对劳动实践心存向往。

（二）立足体力的劳动：身体力行

体力的劳动相对于脑力的劳动而言，是以运动系统为主要运动器官的劳动。之所以要强调体力的劳动，是因为学生每天的学习生活基本上都是在进行脑力劳动，体力劳动日渐式微。英国研究者的研究表明，长时间不从事体力劳动，缺乏动手劳动，会影响儿童大脑发育。早在十几年前，他们就发出警告称，英国正在变成一个“软件型”社会，而不是“螺丝刀型”社会。强调体力劳动，有助于提升学生对体力劳动的认同，形成体力劳动不容小觑、体力劳动者很光荣的价值判断。

学科教学中强调体力的劳动，不仅有利于提高学生的劳动力量，也是学科教学的需要，因为学科教学依赖于学生身体的参与。按照具身学习的理论，认知和思维都基于身体，离不开身体的体验。杜威指出，感官和肌肉的作用不只是知识的入口和通道，而且是获得有教育作用的经验的有机参与者。[3]学生在参与体力劳动的过程中，注意到他的力量和所使用的工具、材料的力量之间的相互作用，就能自然地学到东西。譬如在教授小学科学《推和拉》一课时，教师需要把桌椅都清空，这时候不妨让学生来完成这一劳动，当学生通过推和拉的方式费力地将桌椅移出教室，身体其实已经充分参与和感受到了力的作用，这本身就是学习的过程。

（三）立足简单的劳动：创新求精

很多儿童喜欢挑战一些难度很高的劳动项目，对一些最简单的劳动，比如，扫地、拖地等日常家务和班级劳动反倒不感兴趣，因为这些劳动项目简单、普通、平凡，有的每天都在重复，学生觉得没意思，甚至有厌烦情绪。对于这些错误的认识，要引导学生换一种眼光重新审视简单劳动，教师则是这种审视的促成者。

首先，可以从学科的角度出发，引导学生发现简单劳动的意义，发现自己未曾关注的价值，将原先错误的观念调动出来，进行加工转变。其次，教导学生把一些简单的劳动做得更好，通过科学知识的获取和技能的操练，创造性地开展劳动，帮助学生积累劳动的成就体验。教师还可以通过课程资源的开发，引进一些把简单劳动做到极致的事例作为教学素材。

三、基于学科自身的特点

在学科教学中渗透劳动教育要基于学科的特点，充分挖掘学科在劳动素养上的培育功能。科学学科强调科学知识的掌握、科学方法（思维）的习得、科学态度的养成等，这些都是一个公民科学素养的重要组成，也是构成劳动素养的要素。换句话说，科学素养和劳动素养是相辅相成的，在科学教学中渗透劳动教育，其实是在学生劳动素养中注入科学精神，这也是培养学生做“有科学素养的小小劳动者”的立意所在。

（一）掌握劳动的科学知识：懂劳动

一个人只有掌握科学知识并加以运用，才能更好地从事劳动。从劳动的历史发展进程来看，科学和技术的更新，工程和技术产品的发明，改变着劳动的方式，也改变着人们的生产和生活。学生在科学课上能够学到很多科学知识，这些科学知识都是作为一个普通劳动者必备的知识，是在从事很多日常劳动、体力劳动时经常用到的，只不过学生并不知道这些知识可以用于劳动。这就要求教师在教学的过程中，将科学知识的掌握这一目标同时置于培养劳动素养这一价值目标之下，围绕物质科学、生命科学和地球与宇宙科学等各领域知识的学习设计劳动任务，让学生在劳动的过程中运用科学知识。如借助物质的溶解、物理变化和化学变化等知识，可以让学生做好个人清洁卫生，做好简单的家务和校园劳动；借助环境保护、垃圾分类等知识，可以让学生增强节约资源的意识，还能在处理垃圾等劳动上得心应手；关于不同类型的土壤适合生长不同植物的知识，可以更好地支持学生从事种植劳动。

（二）习得劳动的科学方法：善劳动

在劳动中掌握科学的方法是极其重要的，科学的方法可以提高劳动的精度和效率，减少劳动过程中的人员伤害。很多学生在劳动上做不好，缺少方法是重要的原因。劳动的方法是可以学习的，但是要真正变成自己的方法，必须经过实际的运用，并且要在运用的过程中反复琢磨才能得心应手。如科学教师可以直接教给学生一些劳动的方法，应该发挥科学学科得天独厚的优势，引导学生对一些劳动活动进行分析，讨论怎么样才能做得更好，从而形成自己独特的劳动方法。与此同时，还可以重点在技术与工程领域的知识与劳动教育的衔接渗透上做文章。如引导学生通过学习锤子、刀具、温度计等常见简单工具的使用，对身边的物品进行简单的加工、测量等；通过使用杠杆、滑轮、轮轴、斜面等简单的机械，体会机械能够省力，并在生活中寻找应用实例，学以致用；学习使用电饭煲、洗衣机、空气净化器等常见的科技产品，体会发明创造给劳动带来的便利性。

（三）养成劳动的科学态度：爱劳动

在普通劳动岗位上取得杰出成就的人，除了具备相应的科学知识、善于琢磨劳动的方法之外，都有勤俭、奋斗、创新、奉献的劳动精神。在科学家、工程师身上表现出来的创新的勇气、坚强的毅力和持续的努力，其实也是每一个合格的普通劳动者的共同特质。在养成劳动的科学态度上，科学教师可以将其与科学学科中科学态度的培养目标结合起来。一是培养学生对劳动本身的兴趣。劳动不是一件容易的事情，要想做好，就要开展探究活动。劳动活动中蕴含着各种科学现象、自然现象，对这些东西把握得越好，劳动的成效就越好。二是培养学生持之以恒的习惯。要引导学生认识到，在劳动上遇到困难不要着急，不能半途而废，劳动是自己的事情，自己能掌控的劳动技能才是真本领，要反复操练、反思评价、勇于改进。三是培养学生勇于创新的精神。虽然从事的是简单的、体力的劳动，但是也可以有所创新，大胆运用新的材料、新的思路、新的方法完成劳动任务，在简单中见智慧，在平凡中见不凡。四是培养学生合作分享的意识，除了给学生亲历劳动的机会外，还要教会学生与他人合作劳动，乐于倾听他人的想法，分享彼此的心得，形成最佳的劳动方案，提高劳动的效益。

总之，在学科教学中渗透劳动教育，应当立足培养“有科学素养的小小劳动者”，激发学生参加劳动的主观能动性，让学生想劳动、能做好、愿坚持；在劳动实践上脚踏实地、身体力行、创新求精；在劳动的过程中学会懂劳动、善劳动、爱劳动。这才是一名“有科学素养的小小劳动者”应有的精神面貌、核心能力和必备品格。

参考文献：

［1］陈宝生．全面贯彻党的教育方针　大力加强新时代劳动教育［N］．人民日报，2020-03-30.

［2］林崇德．学习与发展：中小学生心理能力发展与培养［M］．北京：北京师范大学出版社，2011.

［3］杜威．民主主义与教育［M］．王承绪译．北京：人民教育出版社，2001.

［4］刘次林．劳动作为一种素养［J］．教育发展研究，2019（10）：3.

依托信息技术，创新劳动教育实践

胡晓军 ①

劳动是人类创造社会物质财富和精神财富的根源，劳动教育是学校教育的基础目标之一。劳动教育主要包括两个方面：一是促进学生形成劳动价值观的教育活动，即确立正确的劳动观点，养成积极的劳动态度，热爱劳动和劳动人民；二是以养成劳动素养为目的的教育活动，教育学生掌握一定的劳动知识与技能、形成良好的劳动习惯等。[1]

信息技术在开展劳动教育方面既有学科的使命，也有独特的学科优势。信息技术本身就是人类改造世界、创造财富的生产工具，很多时候，使用信息技术的过程本身就是劳动的过程。不断涌现出来的新的劳动形式，往往也离不开信息技术的支撑。因此，以信息技术为载体，开展劳动教育有着广阔的前景。江苏省锡山高级中学以信息技术为载体，创造性地开展劳动教育实践，积极探索新时期劳动教育的新路径。

一、促进学生形成劳动价值观

以信息技术为载体开展劳动教育，可以帮助学习者确立正确的劳动观念、积极的劳动态度，拒绝“好逸恶劳”“不劳而获”等错误的价值观；帮助学习者形成热爱劳动过程、劳动成果和劳动人民的价值态度。[1]

（一）传统农耕劳动“嫁接”物联网，做有“技术”的劳动者

新时代的劳动形式更加多样化，既有传统的生产劳动也有新兴的非生产劳动，既有体力劳动也有脑力劳动，既有直接劳动也有间接劳动。然而，归根结底，一切真正创造价值的活动都是以身体力行为基本特征的劳动。[2] 身体力行的劳动，最典型的就是农耕劳动。科学技术是第一生产力，当前，现实世界的生产劳动领域，科技无处不在。以信息技术为载体，将计算机科学与传统的农耕劳动结合起来，既有汗流浃背的体力劳动，又有深度学习的技术实践，这样的劳动教育更具时代性。

无锡是传统的“鱼米之乡”，而它发展到今天，已成为国内物联网产业的高地，被誉为“物联网之城”。锡山高级中学利用地区的产业优势，在学校

① 胡晓军，江苏省锡山高级中学教学处副主任，中学高级教师。

里建起了“物联网蔬菜大棚”，开展科技农耕实践。在这里，学生要从事传统的农耕劳动，要在农场里翻土、整地、除草，还要播种、育苗，还需要间苗、中耕、除草、培土、压蔓、整枝、追肥，最后采摘、收获，参与传统农业生产的全过程，做深度的农耕实践。而嫁接物联网技术后，学生还要为农场铺设自动灌溉的水管网，在大棚里安装温度、湿度、风速、照度、二氧化碳浓度传感器，安装摄像头、电子屏，在土壤里安装温度、湿度传感器，等等。借助这些技术装备，可以远程实时获得环境数据和植物生长的信息。学生还需要编写程序以实现自动控制，即依据传感器的数据，智能化地实现灌溉、通风、收展遮阳顶棚、补充光照。学生在耕种的传统劳作过程中，可以获得从土地上收获的成就感，体验一分耕耘一分收获；而学生安装设备、编写程序，实现自动控制，可以感受到技术对于提升劳动生产效率的重要性，学习成长为新时代所需要的有知识、有技能的劳动者。

（二）服务他人，快乐自己，用“手艺”开展劳动

劳动教育的目的包括培养学生的劳动精神，引导学生在服务学习中崇尚劳动，懂得劳动最光荣。为此，信息技术教师可以创设条件让学生参加服务形态的劳动、创造性的劳动等，将部分由教师、社会承担的工作岗位交给学生，让学生在利他的劳动过程中学会劳动、尊重劳动。

计算机作为重要的生产生活工具，已经成为学校日常教学中的重要组成部分，尤其是随着教育信息化水平的不断提升，在教室、实验室、图书馆、办公室等场所，计算机和网络已成为标配。大量信息化设备的添置，也大大增加了学校信息化维护的工作量。学生作为信息化设备的服务对象，也有义务参与到设备维护的新型劳动中来。

学校在班级中设立“电教服务岗”，每个班级 2 人，其岗位职责一般这样要求和描述：为了提高教师的教学效率，节约教师的时间，请在教师到达教室之前，及时开启教学设备，做好教学的准备工作；为了延长设备的寿命，节约能源，请在教学空闲时将班级电脑、投影机、音响等设备关闭；承担班级电教设备的故障维修和报修工作，你需要学习电脑、网络、音响等设备的维护知识，提升能力，在出现故障的第一时间进行维修，用娴熟的技术为同学服务；对于你实在无法解决的故障，要及时报修。设置“电教服务岗”，为学生创造了劳动机会，而学生劳动的过程既有艰辛，又有快乐，尤其是在解决了一个个技术难题之后，成功的快乐让学生体验到劳动是件光荣的事。

学校在信息技术选修课中，还创造性地开发了“计算机硬件与网络维护”课程，供志愿服务全校师生且对计算机硬件与网络感兴趣的学生选修。选修该课程的学生首先要学习志愿服务的精神，凭借自己的双手、头脑、知识、爱心开展各种志愿服务劳动；其次要学习维护计算机、网络的技能。课程评价的其中一条是“主动承担了计算机、网络的维护工作，有效服务了5次以上”，完成此条标准的学生可以获得“校园电脑工程师服务志愿者”证书，同时也具备了获得课程学习“优秀”等第的资格。开设指向服务劳动的选修课，信息技术成了支撑学生更好地劳动的工具，学生在这种去功利化的劳动中，开始喜欢劳动，懂得劳动最光荣。

二、促进学生养成劳动素养

在养成良好劳动素养方面，劳动教育要特别强调：其一，促使学生具备一定的劳动知识与技能，成为全面发展的人；其二，发展学生进行创造性劳动的潜质，使其成为新时代所需要的创造性劳动者；其三，鼓励学生形成良好的劳动习惯，成为“流自己的汗、吃自己的饭”的有尊严、有教养的现代公民。

（一）在创造中劳动，学习“带得走”的能力

随着信息技术的发展，劳动形式正逐渐发生着变化，对劳动的要求也有所提升。以信息技术课程为载体，创设劳动机会，可以引导学生学习劳动知识，提升劳动技能，让学生在创造中劳动，在劳动中增长才干。

例如，将学校机房的装饰工作交给学生。在信息技术课堂的项目学习中，开展“我为机房做展板”的项目，每学年分别选择“计算机发展简史”“计算机领域著名专家”“计算机技术前瞻”等主题。明确项目主题后，学生以班级为单位，分成若干个小组，测量机房尺寸，规划展示内容，收集相关资料，设计版面，动手制作，美化完善，安装上墙。项目的完成一般需要两个月的时间，部分内容在信息技术课堂上完成，而更多的工作要由学生利用课余时间完成。学生将亲手设计制作的作品安置在机房的墙壁上，让自己的想象落地，这也是一种劳动。应用技术和创意，在动手制作中完成工作，是一种创造性劳动，也是一种学习活动。

以信息技术为载体，可以为学生提供的创造性劳动机会还有很多。比如，设计高一新生入学通知书，应用信息技术将学校的文化元素设计到新生入学通知书中；又如，为学校运动会拍摄新闻片，学生拿起摄像机、单反相机、手机等拍摄仪器，使用导轨、滑竿、云台、无人机等工具，拍摄运动会的视频，使用计算机对视频进行后期加工，加入音视频特效，编辑完成新闻片。部分学生在制作新闻片的过程中，喜欢上了这份工作，并将影视编导作为考

入高校选择的专业、将来立足社会的职业和建功立业的事业。在创造中劳动，在劳动的过程中可以提升专业技能，发展学生创造性劳动的潜质。

（二）自己的事情自己干，打扫好自己的“屋子”

劳动教育必须身体力行，要“劳其筋骨”，让学生用双手投入到劳动中去。计算机机房、网络中心机房的清扫维护，有的学校承包给了物业公司，由保洁人员负责，有的学校交给信息技术教师负责，而为了鼓励学生做力所能及的劳动，我校排定值班表，由学生承担上述工作。

计算机机房是学生学习的地方，其保洁由学校学生工作处协调，每周安排一个学生小组来负责。保洁的工作包括地面的清洁、桌面的擦拭、鼠标键盘的擦拭、主机箱周边的清洁、桌凳的维修等。学生在劳动过程中体会了劳动的不易，知道了如果将零食、饮料带入机房，形成的饮料污渍、零食碎屑难以清理，懂得了要尊重劳动成果。同时，学校安排部分小组进入学校的网络中心机房，志愿参与中心机房的保洁工作。在这里，学生可以接触到中心交换机、网络服务器、不间断电源等设施设备，在提供劳动服务的同时，也获得了学习相关网络硬件知识的机会。

习近平指出：“‘凿井者，起于三寸之坎，以就万仞之深。’社会主义建设者和接班人，既要有高尚品德，又要有真才实学。”以信息技术为载体，创造性实施劳动教育，以劳养德，以劳养才，能够让学生在面对真实世界的劳动中形成劳动价值观，掌握劳动知识与技能，成长为担当民族复兴大任的时代新人。

参考文献：

［1］檀传宝．劳动教育的概念理解——如何认识劳动教育概念的基本内涵与基本特征［J］．中国教育学刊，2019（2）：82-84.
［2］司图南．劳动教育的定位及意义［J］．教育科学研究，2018（9）：1.

融于 STEM 项目的劳动教育

——以“我们的公益绿色蔬菜”为例

曹子瑜 [①]

近年来，国家提出了新时代加强劳动教育的新要求。在学校层面，落实劳动教育必须选择合适的载体，通过对实施劳动教育过程的必要设计，使之有明确的育人导向，使学生在学习过程中养成基本的劳动技能与习惯，并形成正确的情感、态度、价值观。宁波上海世界外国语学校是浙江省首批 STEM 种子学校。劳动教育基本内涵中的“让学生动手实践、出力流汗，在劳动实践中进行教育”，与 STEM 项目学习中强调的亲身实践探究要求不谋而合；劳动教育发生的环境与 STEM 项目学习所要求的真实情境问题也有着相通之处。为此，学校利用正在开展的 STEM 项目，将劳动教育有机融入其中，希望以此能更有效地培养学生勤俭、奋斗、创新、奉献的劳动精神和动手解决真实情境下的问题的能力以及创新实践能力，最终促进学生的全面优质发展。下面以学校三年级的 STEM 项目“我们的公益绿色蔬菜”为例，介绍如何在 STEM 项目中融入劳动教育。

“我们的公益绿色蔬菜”项目简介：

三年级学生亲历在校园内种植蔬菜，在六一儿童节义卖，最后将销售所得捐给贵州省册亨县的结对学校的过程。在这个项目中，学生需要经历实地调研、规划学校的种植场地、调查蔬菜的生长条件、选择种植蔬菜的品种、日常养护管理、广告设计宣传、摊位准备、公开售卖、计算利润等真实事件，在其中既培养劳动意识、体验劳动过程，又提升资料收集、数学工程思维、计算能力、沟通表达、团队协作以及创新创造能力等综合素养。

一、设计真实而优质的问题

一个优质的问题能够驱动学生主动投入学习与思考，激发其内在动力，为学生持续思考和进行自我探究指引方向。在 STEM 项目设计中，学校强调通过源自真实世界的问题来引发学生的思考，让学生感受劳动行为就在自己

① 曹子瑜，浙江省宁波上海世界外国语学校校长。

身边。以“我们的公益绿色蔬菜”项目为例，在该项目设计之初，我们反复思考、讨论了如何设计学习任务。

学习任务可以比较简单：让学生在校园四楼花园种植番茄。但这个任务缺乏明确的育人价值引导和具体的情境。任务虽指向明确，但如何种植番茄？在种植番茄之前需要做些什么？怎样管理番茄种植过程？缺乏更具体的、可以引发学生深度思考的问题设计。

利用STEM项目，我们设计了一个大任务，即在校园内亲自种植蔬菜，在六一儿童节进行义卖，所得利润捐给贵州省册亨县的结对学校。具体、真实的情境和明确的目标，有助于激发学生的学习动力。学生需要思考：

在校园的什么地方种植蔬菜？

蔬菜的生长和哪些条件有关系？选择的场地是否符合蔬菜的生长环境？

什么时候开始种植？

如何管理我们的蔬菜？

怎样吸引大家来买我们的蔬菜？

利润和哪些因素有关系？

……

一连串的问题设计，引发学生不断思考创造，这不仅是学生个体认知与元认知建构的过程，也是学生在外界引导下自我发展、自我超越的过程，更是核心素养的培育过程。

二、在实践中认知真实世界

劳动是人类主体维持自我生存和自我发展，对生活生产资料进行加工、制作和改变的活动，是人类最为基本、最为普遍、最为崇高的实践活动。落实劳动教育，必须落实劳动实践，坚持让学生在劳动实践中做、学、悟，通过丰富多彩的劳动实践活动，实现劳动育人的教育目标。在实践中学生会自然地认识他们所生活的真实世界，在劳动中发展他们的认知能力。

在马扎诺学习维度框架中，认知可分为高阶认知和低阶认知。高阶认知是基于低阶认知进行的，高阶学习与低阶学习是密不可分的。

STEM项目学习中主要的认知能力指问题解决、创见、决策、实验、调研、系统分析。但如果没有低阶认知的信息搜集、知识概念的组织与记忆，学生就无法进行比较、分析、推理，不能很好地开展项目学习（图1）。好的项目学习，应该是学生根据低阶认知，促进思考，推进项目，在这个过程中实现低阶认知与高阶认知的转化和整合。[1]

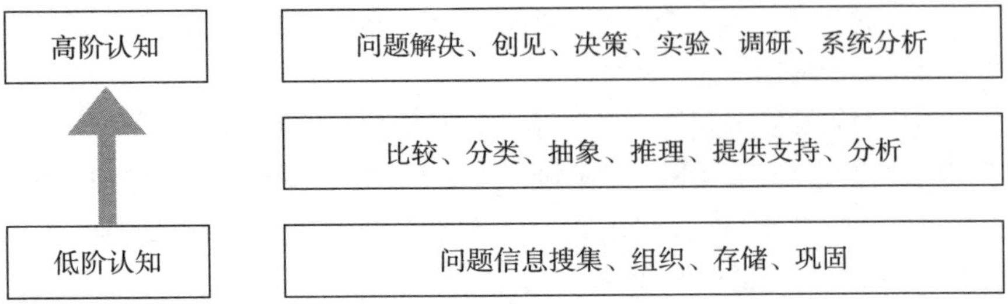

图 1 项目化学习的认知

在设计“我们的公益绿色蔬菜”项目时，我们把从低阶认知到高阶认知的转化和整合过程自然融入学习环节中，尤其注重高低阶认知能力的搭配，让学生在不知不觉中参与、思考、实践、反思，认知能力得到综合培养。

例如，“我们的公益绿色蔬菜”项目有四个主要任务：在校园里选择适合种植蔬菜的场地，选择蔬菜种植品种，制作销售广告展板和销售蔬菜。要完成选择适合种植蔬菜的场地这一任务，学生需要根据蔬菜的生长条件与管理要求，通过调查判断选择学校里适合种植的场地，重点培养调研、比较、辨别、分析和决策的能力；要完成选择蔬菜种植品种这一任务，学生需要查阅蔬菜种子发芽的基本条件、调查宁波地区 3~6 月份的平均气温、搜集蔬菜播种的方法、查阅蔬菜的生长周期和分析适宜的生长温度等，重点培养解决问题和调研的能力；要完成制作销售广告展板这一任务，学生需要确定制作展板的目的、确定展板的主题和内容、设计和制作展板，重点培养创见能力；而完成最后的销售蔬菜任务，则需要学生确定蔬菜售价、设计销售摊位、设计并完成蔬菜包装、确定吸引顾客的销售方法。如此真实的实践体验，丰富了学生对真实社会的认知和切身的劳动感受，培养了其实际问题解决能力。

三、在融合中重构跨学科知识

劳动不是单一的认知自我、认识世界的过程，它具有综合性、实践性、开放性。在劳动过程中，学生不自觉地会运用到各学科的知识与能力，STEM 项目学习的方式有助于学生拓宽劳动教育的价值，在体验劳动、掌握劳动技能的基础上，综合运用所学，使劳动教育与学科教学相结合。在“我们的公益绿色蔬菜”项目实施过程中，学生学习并加强了对各学科核心知识的理解与运用，通过劳动对各学科的核心知识进行了认知与重构，让核心知识在实践运用中更具有意义。在项目实施的不同阶段，学生会运用到不同学科的核心知识。比如，在蔬菜播种期，以科学学科的核心知识为主；在蔬菜养护管理期，数学、技术与工程的学科要求比较明显。表 1 是“我们的公益绿色蔬菜”项目所涉及的部分学科与核心知识目标。

表 1　“我们的公益绿色蔬菜”项目涉及的部分学科与核心知识目标表

项目内容涉及学科	项目学科领域	核心知识目标
科学	物质科学领域	1. 能使用简单的仪器测量物体的长度、质量、体积、温度等常见特征，并使用恰当的计量单位进行记录 2. 能描述某些材料的性能，了解它们的主要用途
	生命科学领域	1. 能说出植物的某些共同特征 2. 知道植物需要水、阳光以维持生存和生长，能描述植物一般由根、茎、叶、花、果实和种子组成，这些部分具有帮助植物维持自身生存的相应功能 3. 知道植物通常会经历种子萌发成为幼苗，再到开花、结出果实和种子的过程 4. 能描述有的植物通过产生足够的种子来繁殖后代，有的植物通过根、茎、叶等来繁殖后代 5. 能举例说出水、阳光、空气、温度等的变化对植物生长的影响
	地球与宇宙科学领域	知道土壤的主要组成部分；能描述沙质土、黏质土和壤土的不同特点
技术与工程	技术与工程领域	1. 改变方法和程序可以提高工作效率 2. 工具是一种物化的技术。知道使用工具可以让工作更加精确、便利和快捷 3. 工程的关键是设计，知道工程设计的基本步骤包括明确问题、确定方案、设计制作、改进完善等 4. 针对一个具体的任务，按照设计的基本步骤设计产品或完成指定的任务
数学	图形与几何	1. 用不同方式测量物体的长度 2 认识单位长度，能换算，能恰当地选择长度单位 3. 能结合实例认识面积
	统计与概率	能用文字、图画、表格等呈现整理的数据的结果

四、在合作中提升人际交往能力

社会学将人际关系定义为人们在生产或生活活动过程中所建立的一种社会关系。在合作过程中，将不可避免地产生人际关系。在“我们的公益绿色蔬菜”项目学习过程中，有大量需要合作完成的任务，学生在学习过程中要经历多种形式的劳动，如蔬菜的日常管理、布置摊位、销售分工等。学生在劳动中学会分享、沟通、谦让等社会基本交往技能，其劳动素养得到了很大的提高与促进。

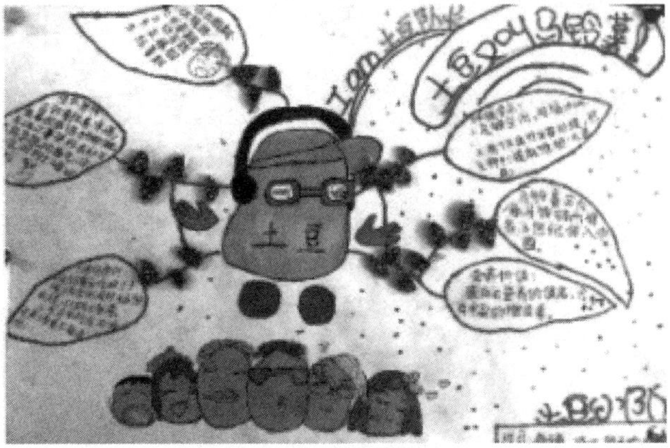

图 2　土豆的思维导图

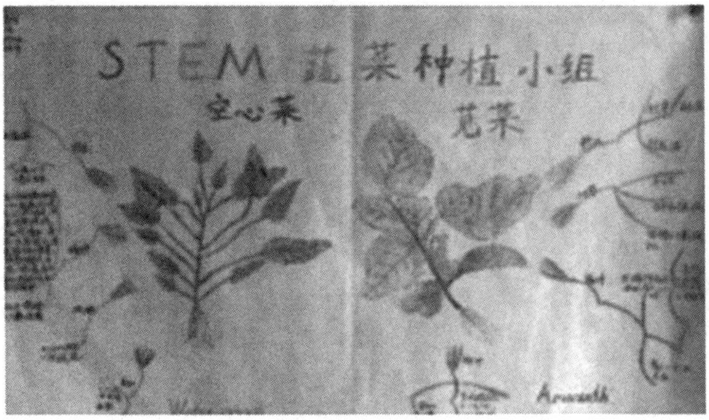

图 3　空心菜与苋菜的思维导图

例如，在调查蔬菜品种的环节中，学生用形态各异的思维导图展现了各个小组调查市场中蔬菜品种的结果（图 2、图 3）。借助思维导图，学生重新理解了蔬菜的生长条件、生长周期、种植条件等核心概念，并且以小组为单位在班级进行展示汇报，确定了小组要种植的蔬菜品种。学生汇报时使用的评价量表，其中的一些评价指标也体现了人际交往的基本能力要求。例如，评价展示技巧中的“团队参与”时，量表对展示时每个组员都参与的小组赋 3 分，部分组员参与的小组赋 2 分，一人参与的小组就只能赋 1 分。在评价展示技巧中的“眼睛与肢体”时，量表对展示时大部分时间能与观众保持眼神接触和交流，且大胆自信，偶尔看一下多媒体或笔记本的学生赋 3 分；偶尔能与观众保持眼神接触和交流，基本自信的学生赋 2 分；基本不能与观众保持眼神接触和交流，展示时比较紧张的学生赋 1 分。在“声音”和“对听众问题的回答”等项也同样设计了评价赋分标准，引导学生关注合作、重视合作。学生在评价中加深了对自我的认识，了解了个人与群体的关系，这也体现了劳动教育中加强自我认知、责任涵养的作用。

此外，在蔬菜义卖前，学生用自己的记录单和拍摄的照片布置了销售广告展板与摊位，并在义卖当天向诸多买家展示了小组成果。通过这样的成果展示，学生既回顾了劳动实践过程，又展示了自己沟通交流的技巧，锻炼了语言表达能力，还体验了真实项目的完成。我们把学生在STEM项目学习中的表现和劳动素养评价结果记入学生综合素质评价档案，作为衡量学生全面发展情况的重要内容。

综上所述，在学校STEM项目学习中开展劳动教育是当前实施劳动教育的创新探索，丰富了劳动教育的途径，是非常值得探索与关注的一种方式。

参考文献：

[1] 夏雪梅 . 项目化学习设计：学习素养视角下的国际与本土实践 [M] . 北京：教育科学出版社，2018.

第五章

劳动教育的他国经验

芬兰中小学劳动教育及启示

杨再峰[①]　潘燕婷[②]　樊莲花[③]

劳动教育是青少年劳动观和劳动技能形成的关键。近年来，世界各国都很重视对青少年的劳动教育。习近平曾多次提到“幸福都是奋斗出来的”，这一精辟论断深刻阐释了劳动的重大价值。党和政府高度重视青少年的劳动教育，2015 年教育部等部门联合印发《关于加强中小学劳动教育的意见》，2020 年国务院印发《关于全面加强新时代大中小学劳动教育的意见》，在大中小学设立劳动教育必修课。探索建立新时代的中小学劳动教育体系，既要考虑我国基本国情，同时也离不开对国际优秀经验的借鉴。众所周知，芬兰基础教育享誉国际，芬兰中小学劳动教育实施多年，卓有成效。对芬兰中小学劳动教育进行探析，无疑对我国中小学劳动教育的建设与发展具有重要的参考价值。

一、芬兰中小学劳动教育的发展演变

芬兰中小学劳动教育发展历史悠久，其最早可追溯到 19 世纪。受裴斯泰洛齐教育思想影响，芬兰教育家乌诺 · 齐格纽斯提出：“孩子和青年应该充分熟悉并了解劳作不是一种枷锁和负担。而是一种美和光荣、一种幸福、一种对世俗

① 杨再峰，梧州学院讲师，全球教育智库与教育治理编委。

② 潘燕婷，梧州学院讲师。

③ 樊莲花，陕西师范大学博士研究生。

生活的美好祝愿。”在其思想影响下，芬兰开始重视青少年劳动教育，并将手工课作为中小学劳动教育的必修课写进国家法案。法案要求义务教育学段的各中小学必须开设手工课，这就是芬兰早期的中小学劳动教育课程。手工课有明显的性别倾向，男生通常选择木工等费劲的手工活，而女生则选择缝纫等轻巧的手工活。之后，在乌诺·齐格纽斯的建议和努力下，芬兰在国家层面组织相关专家编制中小学手工课相关教材，手工课获得更规范地发展。

作为芬兰中小学劳动教育核心课程之一的家政课产生于19世纪末。一位牧师的女儿安娜·奥尔索尼在芬兰妇女协会的资助下，被送到伦敦去学习烹饪。由于她后来的工作，赫尔辛基烹饪学校成立，第一批学生在1891年开始学习烹饪技术。芬兰家政课发展初期有明显的性别倾向，只限小学女生学习。

20世纪中叶，芬兰基础教育政策和结构进行了重大改革。家政课得到快速发展，1956年家政学教师学院成立。1968年，基础教育《综合学校法》重组，随后综合学校制度出现，家政学成为基础教育阶段所有学生的必修课。1975年，赫尔辛基大学开始提供家政教育，为基础教育培养出了高质量的家政教师。中小学家政课除了教授家务和烹饪日常食物内容外，还教授学生多样性和平等性、互动性、有序性和责任感等内容。综合性学校的家政教学不仅关注烹饪，还为学生提供与整个消费过程有关的技能的学习，这些技能在家庭和工作生活中都是必需的。

2013年，芬兰再度对基础教育进行改革，中小学劳动教育因此得到更大程度的重视。此次改革尤为注重对学生知识融合能力，以及自我照顾和日常生活管理、职业等方面能力的培养，这些目标均与劳动素养密切相关。此外，中小学劳动教育新增编程课，与劳动教育相关的课程课时量增多，如三年级时纺织课每周为2课时，每课时45分钟，到五年级时纺织技术课每周为2个课时，每课时45分钟。由新课改举措可看出，在新时期芬兰中小学劳动教育地位再次得到提升。

2014年，芬兰小学基础教育最新官方课程中，中小学编程技能的学习已被考虑在内。根据芬兰小学课程，1~3年级信息教育的目标是让学生积累信息和通信技术的知识和技能，在低年级获得编码技能有关学习经历。2016年，编程技能成为芬兰中小学劳动教育的必修课。此时，芬兰现代中小学劳动教育课程体系基本形成。

二、芬兰中小学劳动教育的主要特点

历经百年改革与发展，芬兰中小学已拥有成熟的劳动教育体系，芬兰中小学劳动教育特色鲜明。

（一）重视实践体验

芬兰教育重视个体学习和元认知。芬兰基础教育阶段的所有学生在学习上均有权获得个别指导及支援，例如要求教师辅导学习的权利。[1] 芬兰中小学劳动教育理念是基于主动学习、体验学习和社会建构主义学习。中小学劳动教育以学生为中心，教学过程强调学生是选择的决策者，如在手工课上女生通常会选择针织、缝纫等轻巧活儿，而男生会选择木工、金属技工等费力的活儿。在劳动教学过程中重视学生的实践体验，让学生通过自身实践体验形成劳动观、获得劳动相关知识与技能，如在手工课上女生可通过利用安全性剪刀和缝纫机裁剪布料或进行简单的服装设计，男生可制造椅子、凳子、桌子之类的东西。教师也会将劳动教育理念融入课堂中，如在“海盗船的故事”一课，教师会要求学生分组合作，并给学生提供工具箱，工具箱里装满了螺丝、泡沫、木条、皮筋、钉子等各种东西，学生利用这些工具动手制作海盗船。此外，芬兰中小学的劳动教育鼓励学生走出课堂，如要求学生帮助父母照顾弟弟妹妹、洗衣服、清洁卫生、采购食物等。一般来说，教师会先在课堂中进行相关培训，并为学生提供真实的手工内容，然后让学生自行实践体验，这种实践体验会对学生正确劳动态度和自信心的培养产生积极的影响。

（二）重视横贯能力的培养

横贯能力是指将各学科的知识综合运用到生活各领域的能力。芬兰是世界上较早重视培养学生横贯能力的国家。其中，小学教育着眼为学生提供未来生存所需的生活技能，就劳动教育而言，即为学生提供有现实价值的知识和技能。为培养横贯能力，有时劳动课教师会通过创设环境模拟现实生活场景，让学生将所学的知识运用到日常生活的各相关领域中。如在“海盗船的故事”一课，除了让学生制造海盗船外，还涉及地图、海盗船等方面知识，艺术课上教师会让学生绘画海盗船，地理课上教师会让学生学习查看地图和相关航海知识等，与之相关的各学科知识都得到充分体现。芬兰中小学家政课涵盖食物选择及制作、与生活起居相关的知识和能力及家庭消费和理财能力。家政学是中学生的必修课，家政学将经验、阅读与实践结合在一起，理论与实践联系紧密。因具有较强的实用性和动手能力，家政学很受学生欢迎。在芬兰传统社会中，厨房里的工作归属于女性，而如今芬兰家政课淡化了性别角色，打破相关陈规和定型观念，如名厨表明男生也会做饭，他们很可能成为男生们的标杆，并激发他们对食物的兴趣，因此，家政课有可能鼓励男孩成为厨师，而不是家政学教师。有时，家政课中会呈现一些家庭角色形象，如描绘出丈夫戴着厨师帽做烧烤，而妻子在打扫房间的现实场景，通过教材素材潜移默化地影响学生。

（三）重视新兴技术的融入

在当今时代，不管学生毕业后选择什么样的职业，他们未来的工作均会与技术产生互动，因此，从小了解及掌握新兴技术对其未来工作意义重大。芬兰中小学劳动教育为学生未来工作素质考虑，强化信息技术能力正是芬兰基础教育改革核心目标之一，旨在培养中小学生的信息科学素养。2016 年，芬兰中小学劳动教育强调融入新兴技术，充分发挥新兴技术对劳动教育的支持作用，其中，编程技术融入中小学劳动教育为芬兰的基础教育领域开创了一个新局面。各学校也在积极探索新兴技术与劳动教育有效融合的方式。低年级编程课主要是培养学生的逻辑思维，如 1~2 年级编程课用游戏化方式来促进学生学习，有些基本概念可通过游戏来习得，教师会思考哪些游戏会对学生后期教育产生有益影响。3~6 年级教学主要鼓励学生使用图形化计算机程序来创建指令。7~9 年级编程教学的主要内容是算法。学习编程技能有利于提高学生的高阶思维能力。

（四）重视综合能力的培养

芬兰 2016 年发布的基础教育新课标要求，基础教育阶段每所学校每学年需保证开设一门综合课程。对于该类综合课程国家并没有统一标准，各学校可因地制宜实施，提出符合自身实际情况的策略，但学校所开设的综合课程内容要贴近实践、贴近生活、贴近社会。芬兰的劳动教育属于综合课，一般以问题或现象为导向，教学形式多样，有些学校将综合课与手工课相融合，如课堂上教师有时以学生完成特定作品为结果导向，要求学生在完成作品的过程中学习并应用多种综合能力。劳动教育综合课旨在培养学生的综合知识及能力，教学过程涉及多种元素，对学生提出了更高要求。有时，一堂劳动教育综合课可能融合诸如动手、数学、沟通、合作、讲解等多种知识和能力。一般在学期之初，教师会让学生分组，然后给学生设定诸如制作一幅作品等目标。学生以目标为导向合作撰写设计计划，计划做好后教师帮助审核并提出建议，学生继续完善。在设计方案定稿后，由学生合作落实，并不断调整以最终完成目标作品。

（五）重视过程性评价

芬兰中小学重视对学生的评价，芬兰中小学劳动教育尤为重视过程性评价，不仅关注学生劳动，同时综合考虑劳动对学生的多维影响，例如，看重劳动对学生持续成长的作用，形成电子成长档案袋。有时教师会让学生将手工制作的过程拍照或录制成视频，学生通过视频展示他们的成果并讲解相关知识。例如，六年级手工涉及视觉艺术、手工艺等内容，学生被要求在一周内录制下他们的手工活。教师在观看成果展示时，不仅关注学生的谈话内容，而且关注他们使用相机的方式、选择和表现的角度。数字图片和视频能提供更真实的教学情境，学生通过这种方式讲述自己的手工艺学习经历。学习者展示了不同的经历，以及由此生发的不同的情感、态度和认知，不同程度的自信心。通过自身实践制作、录制、展示等环节的活动，学生的综合能力得到锻炼和体现。

三、对我国中小学劳动教育的启示

通过以上分析可知，芬兰对中小学劳动教育非常重视。芬兰的经验，对我国中小学劳动教育的改革发展具有以下几点启示。

（一）强化学生实践体验

芬兰中小学劳动教育强调以学生为主体，教师主要起引导和辅助作用。劳动内容丰富多彩且具有趣味性，劳动过程注重充分发挥学生的主动性，让学生通过实践体验形成劳动意识、获得劳动技能、习得劳动知识。孩子天生对新事物充满好奇，很多儿童也乐于当父母的帮手干一些家务。当前，我国强力推进中小学劳动教育，劳动教育的实施要充分考虑学生身心发展的特点，做到既能满足学生的好奇心，又能有效达到劳动教育的预期效果。中小学劳动应以实践锻炼为主，绝不能只是枯燥的理论课，劳动题材应源自现实生活，在安全条件下应坚持以体力劳动为主，让学生在劳动锻炼过程中出力流汗，并尽可能做到手脑并用。中小学劳动应贴近现实生活，劳动形式多样，做到因地制宜，亦工亦农，如乡村小学在春耕之际可适当组织学生到周边农户帮忙插秧，让学生亲历插秧过程，体验插秧的艰辛，深感农民的不易，懂得珍惜粮食。多子女家庭，可以让哥哥、姐姐偶尔帮父母照顾弟弟妹妹，让学生学会关怀他人，培养其责任感。

（二）强化新兴技术支撑

芬兰中小学劳动教育理念做到了传承与创新的结合——既能够传承百余年的传统和特色，近年又将计算机编程技术融入劳动教育中，充分体现其中小学劳动教育与时俱进的理念。熟练掌握信息技术是未来智能社会工作者必备的技能，我国中小学开展新时代的劳动教育要具有前瞻性，既要做好传统工匠精神的传承及培育，同时也应积极加入新兴科技元素，充分发挥新兴技术对中小学劳动教育的支持作用，让学生在从小形成正确劳动观念的同时，获得相关新兴技术知识，掌握一些技能。此外，随着人工智能的兴起，我们应重视与此相关的新知识、新技术、新工艺等的学习和应用，寻找人工智能等新兴技术与中小学劳动教育的融合点，让学生通过实践体验习得人工智能领域的必备知识及技能。

（三）强化学生综合知识能力应用

现实工作效果是一个人综合素质的反映。芬兰中小学劳动教育极为重视学生横贯能力的培养，我们可以借鉴学习芬兰在这方面的一些做法，让学生做中学、学中用，能够将所学知识运用到学习及生活实际中，通过劳动教育增强学生的动手能力和综合运用知识的能力。同时，促进学生德、智、体、美等其他方面的相应发展，让学生综合素质和能力得到全面提升。

（四）强化劳动教育形成性评价

评价对劳动教育效果起到决定性作用。芬兰通过电子成长档案袋对学生参与劳动教育的情况进行多维评价，让教育增值。当前，我国高度重视中小学劳动教育，建立科学合理的评价机制是有效实施劳动教育的关键，中共中央、国务院《关于全面加强新时代大中小学劳动教育的意见》明确要求，健全劳动素养评价制度，并将其作为评优评先或升学的重要依据。学校是负责开展劳动教育的主体，学生入学之际学校即可为每位学生建立劳动教育档案袋，有条件的学校可设计基于电子成长档案袋的中小学劳动技能训练体系。教师应根据学生参加劳动的次数、劳动态度、操作技能水平及劳动成效等生成学生劳动过程性资料，劳动时可让学生提交照片、视频或心得体会，每学期对学生参与劳动教育的情况进行一次总评，最终把考核成果纳入学生个人成长档案。下一级学校招生时，认真考察报考者的劳动教育效果。只有学校认真落实中小学劳动教育形成性评价，才能促使家长更为重视学生参与日常劳动，促进学生认真对待劳动。

参考文献：

[1] Hirvonen J, Salminen O, Vuorensola K, et al. Pharmacy Practice and Education in Finland [J]. Pharmacy, 2019, 7 (1).

帕夫雷什中学劳动教育特色

朱　瑞[①]　郭文良[②]

帕夫雷什中学是苏联的一所十年制乡村学校，著名的教育家苏霍姆林斯基曾在此任教33年，担任校长26年，倾注了一生的心血与智慧，也集中反映了他的教育思想。帕夫雷什中学在以劳动教育促进人的全面、和谐发展方面很有特色，成为当时的“教育文化中心”“工农业技术改革中心”[1]。时至今日，总结帕夫雷什中学的劳动教育经验对构建新时代劳动教育体系仍然具有一定的借鉴意义。

一、协调发展，全面重视劳动教育

帕夫雷什中学的教育遵循着劳动教育与其他各育相结合的原则，[2]促进人的全面发展。“全面和谐的发展，意味着劳动与人在各类活动中的丰富精神的统一，意味着人在品行上以及同他人相互关系上的道德纯洁，意味着体魄的完美、审美需求和趣味的丰富及社会和个人兴趣的多样。”[2]帕夫雷什中学认为，教育工作的目的在于使每个学生都能做好劳动准备，在劳动中充实知识、体验快乐，[2]劳动教育应作为线索和基础，贯穿学校教育全过程，贯通全面发展教育始终。

（一）以劳动促进学生道德意识与行为的发展

帕夫雷什中学以劳动传统贯穿集体生活，让劳动与幸福感成为学生的道德财富，[2]劳动教育与道德教育相辅相成，联系紧密。学校让学生自童年时期便认识劳动教育的重要性。学校定期举办“果园周”“首捆庄稼节”“新粮面包节”等活动，鼓励学生为学校制作装饰品、纪念品，十岁起就通过劳动为自己添置衣物……劳动是儿童初步道德观念的形成基础，[3]帕夫雷什中学用“相互渗透”的方法将劳动教育融入学生学习与实践活动中，让学生用双手创造吃穿用品，切身感受劳动的艰辛，以丰硕的劳动成果唤起学生创造性劳动的自豪感，引导学生在活动中将道德意识转化为道德行为，培养热爱劳动、尊重劳动成果等情感，推动道德意识发展，巩固劳动教育对德育的促进

① 朱瑞，天津师范大学教育学部硕士研究生。

② 郭文良，天津师范大学教育学部讲师。

作用。

（二）以劳动激发学生求知的欲望与潜能

校长苏霍姆林斯基强调："创造性劳动的重要特点就是手脑结合，手脑并用，在劳动中动手又动脑。"[4]帕夫雷什中学大力发展创造性劳动，以组建兴趣小组等方式，将机械学、生物学、电子学、电工学、自动化、无线电技术等内容引入校园，让学生在动手过程中产生自尊心和自信心，激发求知欲望与潜能。学生尼克拉便是生动案例，植物嫁接活动的突出表现让公认的"笨"学生尼克拉重拾学习信心，激发求知潜能，最终成为优秀农学家。

（三）以劳动培养学生强健的体魄

帕夫雷什中学依据学生学龄特点安排劳动内容，栽树、割草、为葡萄藤蔓越冬等户外活动需要学生做出匀称、和谐的肢体动作，能加快学生血液循环和新陈代谢，促进其身体机能发育；植物嫁接、编制等劳动需要学生在操作时高度集中精神，能抚平学生情绪，促进学生身心和谐发展。全校学生每年的积土肥任务，要求一至四年级每人积100~300斤，五至七年级每人积300~600斤，八至十年级每人积600~1200斤。消灭病虫害，为牲畜储备饲料，种植护田林带，建造饲养场等。一般来说，八岁的学生每周至少劳动2小时，九到十岁的学生每周劳动3小时，十一岁的学生则每周劳动4小时，以这样的形式教育学生，能够有效培养学生强健的体魄，让他们远离感冒等疾病困扰。

（四）以劳动协助学生创造美、欣赏美

劳动活动是培养美感的活动，劳动教育也是审美教育。帕夫雷什中学以感受美、认识美为开端，理解美、创作美为目的，[2]将美育与劳动教育相互渗透，培养学生的审美素养和情操。一方面，学校安排学龄初期的学生栽培、照管花卉，亲自动手装饰校园，开设系列活动，陶冶学生的审美情趣，将创造有用之物与创作美相统一，使学生在劳动中感受、创造、欣赏美。劳动中的美育是欣赏自我创造的美，审美对象具有主体的劳动和情感，劳动中培养起来的学生感受美、鉴赏美的能力更加全面、细腻。[5]另一方面，劳动本身也是美的表现，劳动中优美协调的动作可以同体操媲美。[6]手工劳动课程中如何刺绣、缝纫等内容，也可以让学生在掌握劳动知识与技能的同时，以劳动为美，培养积极的劳动态度和劳动情感。

二、教劳结合，全面保障劳动教育

帕夫雷什中学创造探索了"教育劳动"的概念，将符合儿童身心发展特

点的劳动纳入劳动教育体系，避免滑入“教育＋劳动”的形而上学的机械主义泥潭，使教育劳动结合成为内在的统一体。[7]学校思想建设工作的开展、劳动教育校本课程的开设、劳动教育实践基地的创建、劳动教育师资队伍的组建，均是实施劳动教育的有力保障。

（一）开设劳动教育校本课程

劳动课程以校本课程为主，结合学校办学特色及学生需要进行开发、创新。帕夫雷什中学编写劳动教育大纲，根据学龄特点制定劳动教育计划，以科技进步为劳动方针，培养学生应用科学技术的能力。[8]例如，1~4 年级的手工劳动计划，5~7 年级的车间和实验园地实际操作计划，是促进帕夫雷什中学劳动教育体系建立的最重要前提。[9]与之对应的是劳动教育教材。帕夫雷什中学的一年级教材中有“铁匠做些什么”“怎么储备喂牲口的干草”“怎么采集和保存果树种子”等内容，五至七年级教材中包含“怎样养蚕”“怎样栽培果树”。[9]同时，校务会议还强调隐性课程，审批课外活动计划，制定假期教育工作计划，依托传统节日和课外活动，让师生携手打造怡人的校园环境，共同营造劳动育人氛围，促使劳动在教师“教”和学生“学”中潜移默化发挥作用。

（二）创建劳动教育实践基地

创建实践基地是帕夫雷什中学开展劳动教育的物质基础。诸多的实验园地、教学工厂、劳动专用教室、暖房，保证了学生劳动活动的多样性；四个技术创作工作室、两个机器学习活动室、供电工实验和制作设计模型工作角、无线电实验室、摩托车修理角等，为学生创造性发展打下了基础；车床、钻床、铣床、播种机、脱粒机、拖拉机、内燃发动机等常见的机械设备和劳动工具，使劳动教育与工农业生产充分结合。帕夫雷什中学将劳动教育基地的建设作为开展劳动教育的重要环节加以落实，帮助学生在实践中掌握劳动知识与技能，激发劳动热情，培养正确的劳动态度，为学生在劳动中发掘自身潜力提供了坚实的物质基础。

（三）保证劳动教育师资力量

校长苏霍姆林斯基认为，教育学生爱学习的决定性因素就是教师“熟悉某一种劳动的教师，参加学生小组的活动，并经常成为他们的指导员，但他不是以教师的身份，而是以本门业务内行的资格参加的”。[9]教师在自身掌握劳动本领的基础上进行理论讲授，理论与实践更好结合，分析在学生周围生产环境中的种种劳动，帮助学生进步。教师热衷于自己的爱好，在学生面前做出榜样，将自己的热爱与经验传授给学生，[10]是学生精神生活真正的指导者、教育者和鼓舞者。

三、多方参与，全面渗透劳动教育

（一）树立榜样，师生同心

模仿是孩子的天性，在同学、家长、教师间树立榜样，是开展劳动教育的有力推手。帕夫雷什中学的教师养成了热爱劳动的习惯，形成了适合自身个性和学科特点的劳动技能，成为某方面“能手”。[11] 教师对于中小学生的榜样作用不言而喻，师生同心、同劳动，是促使学生劳动的最佳方法，让学生通过辛勤劳动取得成就、克服困难、突破更复杂的工作……循环往复，才能建设劳动创造的乐园。同时，学校还利用竞赛让高年级学生或劳动素养较为突出的学生成为同学的榜样，定期组织交流活动，学生的劳动喜好和精神情趣在友爱、团结、互助的气氛中充分交流，帮助学生培养劳动兴趣，激发劳动热情，让劳动在年轻的心灵留下难以磨灭的印记。

（二）集体学习，合作共进

集体既对学生发展提供温暖与支持，也对学生行为进行激励和约束。劳动是实施集体主义教育的主要途径，[12] 在集体劳动中，绝大多数学生在学习新知识的同时，也会传授自己已掌握的知识，且自身努力程度在集体劳动中一览无余。“这样对学生教育意义更大，使学生亲身体验了这项劳动的全民性和社会性目的。”[2] 通过不同类型的分组合作，帕夫雷什中学赋予劳动、创造相融合的新意。让劳动技能水平高、创造性强的高年级学生，从事技术性和创造性强的大型劳动项目；按照中—高年级、低—中年级这样劳动技能与年龄相交叉的学生相结合进行分组，在促进低年级学生劳动素养发展的同时，也激发了高年级学生的自尊感、自豪感和领导才能的发挥，培养了不同年级学生间的合作互助精神。

（三）家校合作，强力助推

最完备的社会教育离不开家庭—学校的合作，家庭以及存在于家庭中的子女与家庭之间的相互关系，是智育、德育、美育、体育的第一所学校。[13] 帕夫雷什中学重视家庭在教育中的作用。学校每年都举办全校家长大会，与家长交流汇报学生发展情况，并选举产生 5~7 名家长委员会委员，成为学校校务会议成员，参与学校重大事项决策，在劳动教育方向上与家长达成共识。此外，帕夫雷什中学利用假期、节日等节点，以布置家庭任务的方式让学生将劳动与休息相结合，在自我服务范畴内积极创造劳动成果，培养学生劳动领域的才能、爱好和志向，增强勤劳品质，家校联手将劳动意识渗透进学生的日常生活。

新时代背景下，社会经济水平的持续提高与产业结构的不断升级，催生着劳动教育的改变，劳动教育的技术之维更加凸显。新时代的劳动教育更加强调“育人”，强调劳动对于个体成长的价值。

中共中央办公厅、国务院办公厅印发的《加快推进教育现代化实施方案（2018–2022年）》明确指出，要加强劳动和实践育人，构建学科教学和校园文化相融合、家庭和社会相衔接的综合劳动、实践育人机制。

劳动教育课程不同于其他文化知识课程，应结合学校实际情况因地制宜，学以致用，使劳动教育服务学生、服务家庭、服务社会。学校应以育人为导向，注重实践，做到劳动教育课既有深度，又有温度，又受学生欢迎。除课程外，还可以安排丰富多彩的劳动教育活动，与少年宫、青少年活动中心、社区和相应企业签订合作协议，整合校内外的劳动教育资源，让学生通过做志愿者、参加公益活动等，深度参与社会性劳动，同时利用教育大数据，将学生的劳动教育情况纳入学生综合素质评价，把劳动教育落到实处。

参考文献：

[1] 胡继渊，陈文彬．苏霍姆林斯基劳动教育思想浅述与借鉴［J］．外国教育资料，1992（5）：40–46.

[2] B.A.苏霍姆林斯基著．帕夫雷什中学［M］．赵伟等译．北京：教育科学出版社，1983.

[3] 陈志利．帕夫雷什中学的成功奥秘：一种文化视角的解读［J］．基础教育，2011，8（4）：11–16.

[4] B.A.苏霍姆林斯基著．给教师的建议2版（修订版）［M］．杜殿坤编译．北京：教育科学出版社，1984.

[5] 胡继渊，沈正元．苏霍姆林斯基美育思想的浅析和借鉴［J］．外国中小学教育，1996（4）：32–36.

[6]《湖南教育》编辑部编．苏霍姆林斯基教育思想概述［M］．长沙：湖南教育出版社，1983.

[7] 汤卫红．“教劳结合”的伟大实践者——从《给教师的建议》《帕夫雷什中学》解读苏霍姆林斯基［J］．江西教育，2006（9）：46–47.

[8] 彭建兰．苏联帕夫雷什中学的劳动教育改革实验［J］．教育评论，1988（3）：62.

[9] B.A.苏霍姆林斯基著．论劳动教育［M］．萧勇，杜殿坤译．长沙：湖南教育出版社，1987.

［10］林健生 . 让学生全面发展成为现实——读《帕夫雷什中学》［J］. 思想理论教育，2009（6）：85-89.

［11］周云祥，王凡 . 帕夫雷什中学劳动教育特色探析——一个农村中小学实施劳动教育的范本［J］. 外国教育研究，2005（4）：56-59，63.

［12］徐俊 . 帕夫雷什中学是怎样进行集体主义教育的——兼论苏霍姆林斯基集体主义教育思想的启示［J］. 中国德育，2018（21）：22-26.

［13］肖浩 . 苏霍姆林斯基的德育思想及其现代启示［J］. 探索，2005（3）：128-131.

俄罗斯劳动教育课程改革

——《工艺学》的改革举措及特点

宋丽荣[①] 姜　君[②]

苏联的中小学教育在劳动教育方面曾独树一帜。苏联解体后，俄罗斯实现了合理的继承，并根据现实情况对劳动教育进行了改革与完善。

1993 年以来，俄罗斯普通学校 1~11 年级的基础课程中引入《工艺学》（технология）这一学科领域，目前俄罗斯中小学所开设的实施劳动教育和综合技术教育的课程就是《工艺学》，它取代了原先的劳动课，是学校劳动教育发展的新阶段。经过多年循序渐进的改革，俄罗斯普通学校逐渐形成了以工艺教育为主体，劳动教育与职业教育相渗透的《工艺学》课程形态。

一、《工艺学》课程设置基本情况

《工艺学》课程是进入材料、信息、沟通、认知和社会技术世界的组织核心，课程旨在使学生在各种社会领域工作中获得利用现代技术设备的基本技能，掌握现代工艺，了解职业世界，进行职业自决和定位，保证学生从普通教育向中等职业教育、高等教育及工作实践过渡的连续性。

在 2012 年新修订的《俄罗斯联邦教育机构实施普通教育大纲的联邦基准教学计划和示范教学计划》（以下简称《联邦教学计划》）中，把 1~8 年级的《工艺学》课程列入联邦基准教学计划的必修部分，并规定了最低学时（表 1），9 年级的《工艺学》被列入了可变部分，由地方教育机构自行组织。10~11 年级则由学校以模块或各种灵活的形式列入了地方教育机构的可变范畴，即从国家提供的信息工艺学、农业工艺学、工业工艺学（电子学 / 无线电电子工程方向）中进行选择，作为实施工艺学侧重性专业的可能方案。

根据联邦基准教学计划必修部分的内容要求，1~4 年级学习的主要内容为造型、缝饰、缝制、刺绣、纸塑、黏土塑造、编织、粗线工艺品编制艺术、工艺美术原理等。从 5 年级开始，女生和男生分开学习，男生学习木工、金

---

① 宋丽荣，副教授，哈尔滨师范大学博士研究生。

② 姜君，哈尔滨师范大学教育科学学院副院长，教授，博士生导师。

表 1　俄罗斯联邦教育机构普通学校《工艺学》课程学时数一览表

联邦基准（必修）部分											
年级	一	二	三	四	五	六	七	八	九	十	十一
年课时	-	34	68	68	70	70	70	35	-	-	-
同课时	-	1	2	2	2	2	2	1	-	-	-
国家（区域）示范部分											
年课时	33	34	68	68	70	70	70	70	35	-	-
周课时	1	1	2	2	2	2	2	2	1	-	-

属切割、机床工作，而女生则学习烹饪、裁剪和缝纫、针织、应用装饰艺术（如编织珠）。7~9 年级时，每所学校都有自己的一套劳动教育课程体系，包括绘图课程在内。10~11 年级主要包括侧重性专业教学科目和选修基本层级上的科目，旨在培养学生的职业自决权，发展所选择的技术培训方向的技术原理和专门工艺知识。《工艺学》课程的内容还考虑到了地方教育机构的能力和该地区的需求，可以按照模块原则建构，也可以研究民族文化，8 年级开始进行职业引导方面的教育。

课程的实施主要以联邦规定的固定课程和地方教育机构的自主活动等形式展开，课程以综合实践为导向分组进行。在城市教育机构班额为 25 人及以上或者乡村教育机构班额为 20 人及以上的情况下开展《工艺学》课程教学，可将全班分成两个小组。《工艺学》课程领域主要涉及认知劳动练习、教学生产工作、解决（技术的、工艺的、经济核算的）应用任务、技术（阅读、编制、使用图纸、简图、工艺卡等）处理、使用文献（教具、参考书等）、制作模型和结构设计等。设计法是主要的教学方法，创造性设计活动在学生发展和培养中发挥着重要作用。

二、《工艺学》课程改革的背景及实施保障

随着社会和科技的日新月异，国际竞争日趋激烈。俄罗斯在现代化进程中积极探索技术创新的途径，为培养创新人才，恢复大国梦而奋进。2012 年 5 月 7 日，俄罗斯发布的《关于长期国家经济政策》总统令指出："为了加快步伐，确保经济增长的可持续性，增加俄罗斯联邦公民的实际收入，实现俄罗斯经济的技术领先，俄罗斯联邦政府要实现的第一个目标就是到 2020 年创造和升级 2500 万个高绩效工作岗位。"因此，获得利用现代技术设备的基本技能，对于实现创新是非常重要的。俄罗斯工艺学学科领域是进入世界技术组织的核心，其教学积累的经验是其现代化的基础。

让孩子们为智能时代的到来做好生活、就业和能力的准备，是《工艺学》课程的重要使命。在俄罗斯，虽然《工艺学》课程取代了原有的劳动教学，但仍然存在如小学《工艺学》课程没有反映出实践导向性质、在高中阶段不是必修科目、实施过程中缺乏材料保障、未列入教育核心课程、没有期末考试和工艺学国家统一考试等被诟病的问题。此外，为了使学生有目的地选择未来职业，专业选择前培养的问题还有待更好地解决，对生产流程的初步熟悉的组织也仍存在问题，需要解决方案。面对这些要求和问题，俄罗斯《工艺学》课程改革通过以下方面实施：

（一）完善课程管理制度，充分体现学校自主性

俄罗斯不断加强教育立法的建设与完善，在政策实施过程中明确国家、区域、教育机构等不同层面主体各自的责任及互动机制，使各主体之间明确分工、紧密衔接。俄罗斯普通教育课程结构在纵向上分为国家、区域、学校三个层次。国家不向各类型的学校提供统一的教学计划、教材与教参，只是提供一套示范性教学计划、大纲、教材和教参给学校做参考，这些材料保障了俄罗斯教育的基本水准，有利于学校的工作，又不影响教师的创造性劳动。[1]在2012年新修订的《联邦教学计划》中规定，在示范（可变）部分教学计划中，分别划给1~2年级讲授《艺术（造型艺术）》和《工艺学（劳动）》科目每周1课时，教育机构可自行决定是否用来讲授整合性科目《造型艺术与美工劳动》（每周2课时）。《工艺学》在9年级的课时交给教育机构安排，以便组织学生进行侧重性专业教学之前的准备性训练。为了组织学生学习地方史志方面的内容，将6年级的《地理》和《生物学》科目、8年级的《工艺学》和《艺术》科目、9年级的《历史》科目挪到了区域（国家—区域）部分，学校可以将这些课时用于教授综合性科目《区域研究》或讲授联邦部分相应教学科目框架内的地方志模块。

（二）提供高水平教师队伍支撑，彰显技术技能特色化

随着地方教育部门权利的增加，培养一支能够承担地方性课程开发的师资队伍成为重中之重。为此，俄罗斯开发和实施了新的管理功能，为教师的智能教学提供支撑，例如，重视教师素质提升，加强对教师进行民族文化和专业的培训与继续教育，为符合专业要求的教师引入现代培训和发展计划，对高质量、创造性的教师工作进行物质和精神鼓励，实现教师专业的可持续发展；重视提高教师的地位和待遇，使教师的平均工资有所增长；努力帮助教师在观念、态度、素养、能力等方面做好准备，激发教师获得新知识和新技能的内驱力，以迎接智能教育时代的到来。

（三）强化课程内容更新，体现培养理念现代化

在 2018 年 5 月 7 日的 204 号总统令《关于俄罗斯联邦至 2024 年前国家目标与战略发展计划》中指出，教育领域必须解决的优先任务之一是更新内容和改进工艺学学科领域的教学方法。学校应跟上时代的步伐，并为孩子们提供充满活力、快速变化的生活，教他们掌握新知识和技能，自由创造性地思考。为此，需要一种不断更新普通教育内容的有效机制。俄罗斯的工艺学学科领域提供了对教育活动内容的操作性介绍，充分反映了重要现实的变化，以及形成专业空间定位和自我认同的内容，同时考虑到全球标准以及该地区的具体情况和需求，内容涉及计算机辅助设计、工业设计、材料加工领域的 3D 建模、数字化生产技术、纳米技术、机器人和自动控制系统、电气工程、食品加工、智能家居技术和物联网、媒体、广告、营销等领域。俄罗斯联邦教育部于 2018 年 12 月 30 日批准的《俄罗斯联邦普通教育机构实现普通教育大纲的“工艺学”教学方案》指出，现在学校《工艺学》应该集中在建筑材料加工、3D 建模及机器人三个关键领域。

（四）运用信息技术手段，实现教育资源整合化

信息化时代，信息技术已逐渐渗入俄罗斯的教育当中，利用数字化教育，整合各种教育资源，实现《工艺学》课程的优质化。根据俄罗斯联邦教育部 2014 年 12 月 8 日第 1559 号命令，从 2015 年起俄罗斯所有学校的教科书必须有电子版，这已成为列入联邦教科书清单的强制性条件。规定电子教科书内容必须与印刷版本相对应，并以多媒体和互动元素作为补充。为了有效实施《工艺学》课程，俄罗斯开始重视让学生参与有意义的社会职业实践，并考虑到了区域经济的需求，广泛利用家庭、社会资源，实现“学校—家庭—社会资源”的有效整合和利用。把其他教育组织、教育技术支持中心、儿童科技园、青年创新创意中心、博物馆、职业教育教学组织，甚至是国营企业和私立团体，以及他们的基金会等公共资源也应用于创建和审定工艺学学科、跨学科设计模块。例如，彼得罗扎沃茨克三十九学校的学生可以在课外活动中获得理论知识，首先在中等专科学校和中等技术学校获得烹饪、道路维修、建筑、机械、焊工和其他职业模块的专业技能，然后参观那些可以运用这些技能的企业，熟悉潜在的工作场所。

三、《工艺学》课程改革的特点

（一）课程管理制度化

在宏观上，俄罗斯构建了“国家—区域—学校”的课程管理模式；在微

观上，构建了“学校—教师—学生”的主体管理模式；在课程模式上，构建了“课上课下—校里校外—综合实践”模式。教育行政和学校在课程管理过程中，做到了科学管理、依法管理、民主管理，管理的过程中体现了课程内容的基础性和选择性、学习方式的多样性，增强了课程对国家—区域、学校及学生的适应性，使俄罗斯中小学课程的传统管理模式过渡到了灵活的、功能性的整体化课程管理模式。

（二）人才培养个性化

俄罗斯联邦基准教学计划利用模块处理法，把《工艺学》课程教学计划建立在区别化和多样化原则基础上，在联邦统一教育计划不变的基础上进行教育教学，并辅之以区域性课程及校本课程，实行多样化、多层次性、多元化的课程体系，强调以人为本，尊重不同地区、群体与个人的差异、特色及其对教育与课程的追求，扩展学生学习的自主权和选择权，使青少年的个性得到全面而自由的发展。

（三）课程衔接一体化

俄罗斯的《工艺学》课程在继承基础上与国际接轨，在现代生产的传统和创新的基础上，确保对中小学生进行系统的、以实践为导向的创新培养。在纵向上，注重小学、初中、高中课程体系的相互衔接，使之构成有机整体，螺旋上升。在横向上，强调信息技术、造型艺术、物理、化学等不同学科内容的融合，关注时代发展对人的生存方式，以及必备素质的新要求，以学生生活的适切性为依据构建课程内容的主题，使课程实施体现“社会—人—生活”的有效衔接。

（四）课程内容综合化

充分考虑社会需要及不同年龄段学生的特点，根据国家—区域组成部分的课程和方案的实施，对课程内容进行调整，创意设计、项目探究、实践实验、智力创新、公益活动等课程实施形式多样，大部分劳动与创制作品结合在一起，使普通教育、劳动教学和独立活动相互联系，使学生形成具有创新能力、批判性思维、自主发展能力等专业意义的个人素质。教材编写多版本，创设有助于学生自主探究、合作交流的情境，让学生在现实情境中体验和理解知识，获得积极的情感体验及实践能力，促进学生的整体发展。

四、思考与启示

劳动托起梦想，创造未来。劳动教育的落实和扎实推进是我国学界、教育界需要深入研究和思考的重要命题。俄罗斯普通学校《工艺学》课程的改革实践可以为我们提供参照。首先，与时俱进地树立新时代劳动教育观。应从时代的角度考虑劳动教育，立足于中国教育实际，努力使劳动教育成为一种新时代不断完善的制度建构，成为一种乐在其中的积极的生活方式，更要成为一种彰显人的内在价值的召唤。[2]其次，需要完善政策，为劳动教育实施提供制度保障。落实完善国家、地区和校本课程体系，依法实施劳动教育，最终实现全社会各层次劳动教育主体由他律转化为自律，使劳动教育成为整体性教育；根据《义务教育课程设置实验方案》和《普通高中课程方案（实验）》，将国家规定的综合实践活动课程、通用技术课程作为实施劳动教育的重要渠道，开足开好。[3]明确劳动教育责任主体和负责部门，加强学校内部统筹，把劳动教育的组织与实施落实到学校工作计划和教师课程教学计划中。再次，整合资源构建一体化劳动教育模式。依托国家课程，多学科、多途径渗透劳动价值和劳动能力教育，有效挖掘利用不同区域文化教育资源；尊重不同地区、群体与个人的差异性，分阶段分层次地开展劳动教育教学，使小学、初中、高中三个阶段的劳动教育内容有效衔接；促进公共教育资源向劳动教育开放，借助家庭、社会的力量，共同关心、支持劳动教育，构建“学校—家庭—社会”三位一体的劳动教育模式，形成联动机制。最后，实现互联网＋劳动教育人才培养创新。强调劳动教育以活动、项目、设计、实验、研究等为载体，融入创意、创新要素，建立数字教育资源共建共享机制，推动人工智能在劳动教学、劳动途径、管理等方面的全流程应用，形成数字化、个性化、开放性、终身化的劳动教育模式，打造学生个性化、精准化的智慧教育。

参考文献：

[1] 雷启之．俄罗斯普通教育结构改革的最新动向［J］．课程·教材·教法，2000（8）：60-62.

[2] 宁本涛．重塑劳动教育观［N］．光明日报，2019-01-29.

[3] 教育部，共青团中央，全国少工委．关于加强中小学劳动教育的意见［J］．中国德育，2015（16）：6-8.

英国中小学设计与技术课程的演变发展与特征内涵

谭高贵[①] 韩 芳[②]

随着现代工业化和机械化的不断发展，技术知识和技能在现代生活中变得越来越重要，世界上主要的发达国家越来越重视本国技术教育的改革和发展，纷纷推出关于技术教育的课程改革方案，发挥技术教育在为年轻人就业和成为技术社会的公民做准备方面的作用。英国是世界上最早将技术纳入课程体系之中的国家之一，自 1988 年把设计与技术引入国家课程。经过三十多年的发展和不断革新，设计与技术已成为英国国民教育体系中一门重要的学科，并得到英国社会的广泛认同和肯定。本研究重点梳理英国中小学设计与技术课程的演变、内涵特征、面临的争议与挑战等，以期为我国中小学综合实践活动和技术教育的发展提供一些可供借鉴的经验启示。

一、英国中小学设计与技术课程的演变

英国中小学设计与技术课程最早可以追溯到一个世纪前的“手工艺”（Handicraft）课程，当时手工艺教师通常是手工艺人或者手工艺学徒，以及通过短期培训获得只能教授这门课程资格的课堂教师，这些教师的主要任务是训练学生从事体力劳动或家务劳动。就男孩而言，目的是把他们培养成为社会上所需要的熟练劳动力，他们的学习内容主要是简单的手工和木工技能训练，而女孩则培养她们未来担当家庭主妇和母亲的角色，以及能够从事部分卑微的工作，她们的学习内容是家政和缝纫技能训练，所以教师只需向学生传授社会上所需要的知识和技能，学生也只需学习知识，并复制和练习制作技能，而不是理解知识和培养解决问题的能力。[1] 由于当时大多数学校开设这门课程主要是为了向学业较差的学生提供技能培训，英国政府扶持学校的政策倾向考核读写算的技能，使得手工艺课程一度受到学校的冷落，[2] 再加上学习内容和授课方式单一，所以手工艺课程在当时学校课程中的发展较慢。

英国的工业化和电脑化程度的不断提高、女权主义的兴起和对机会平等的呼吁，以及教育哲学从以教师为中心转向以儿童为中心，都对学校手工艺

---

① 谭高贵，喀什大学教育科学学院教育学硕士研究生。

② 韩芳，喀什大学教育科学学院教授。

课程产生了一定的影响，要求学生掌握不同工种的知识和技能，进而使其学科范围得到不断的拓展，手工艺课程也因此演变成为“木工”（Woodwork）、“金属加工”（Metalwork）、“手工训练”（ManualTraining）、“工艺”（Craft）、“工艺，设计和技术”（Craft，Design and Technology，简称 CDT）、几何制图、信息技术以及商业研究等课程，而家政和缝纫则演变成了家庭科学，后来又变成了家庭经济学。20 世纪 80 年代之前，虽然仍有不少学校将木制品、金属制品及缝纫等作为单独课程，但一些学校开始尝试将这些课程整合成为设计与技术课程，后来个别教师在自己的车间、工作室和教室里探索新的教学方法，使这门整合而成的课程变得更具有操作的可能性，再加上当时英国迫切需要一个由年轻而有能力的设计师、技术专家、实业家以及经销商所组成的核心团队，在有设计与制作意识的公众支持下，让英国重新回到世界制造业强国行列之中，[3]这使得整合而成的设计与技术课程的领先优势被充分确立起来，以至于在后来的国家课程规划中争取到一个“扩展核心”的位置。

在 1988 年之后，设计和技术课程由一系列独立学科整合成为一门跨学科课程，这门崭新而又具有挑战性的课程已经从过去以手工技能为基础的课程发展为思考、感受和做活动的课程，并为所有义务教育阶段的学生提供广泛的学科基础。它最初的目的是培养学生的创新意识、进取心、设计与制作能力以及应对快速变化的社会所需要的适应性，以满足即将到来的 21 世纪社会发展对学生能力的需求。当时极具战略眼光的英国政府把这门课程列入义务教育阶段 5~16 岁学生的必修课程系列，英国也因此成为世界上第一个在此年龄阶段强制推行这一课程的国家，这使英国一直在设计与技术领域保持世界领先地位。[4]

二、英国中小学设计与技术课程的内涵与特征

（一）设计与技术课程的内涵

英国虽然开创了设计与技术的概念，但是没有给予它一个标准的含义。不过根据已有的文献资料显示，大多数学者都认同以下一些含义。

一是它是一门刻意跨学科的课程，有其独特的非语言思维方式。

二是它整合了“设计”与“技术”两个领域，但其范畴远广于这两个领域。

三是它是一门以过程为基础的课程，专注于设计与制作活动，旨在培养学生在现实世界中具有创造性的操作能力。

四是它涉及认知建模的使用，以及头脑中的建模思想与现实中的建模思

想（即“行动中的思想”）之间的相互关系。

五是它结合了知识与动机，使学生能够创造性地干预世界并“改善”它。[5]

由上可知，设计与技术课程被构建成一个“过程”，学生通过这个过程学习一系列的知识和技能，但学生所学的并不是单纯的“设计与技术知识”，因为设计与技术课程也强调来自其他学科的技能、知识和理解的价值，[6]学生在用他们特定的方案解决特定问题时，既可以运用到设计与技术相关的材料和制造工艺等知识，又可以接触到物理、生物学、数学、艺术、社会学等学科知识，也正是这一点使设计与技术课程有别于其他课程。这样既较好地处理了学科知识的学习和解决社会生活问题综合能力之间的关系，又实现了把某一门学科所学知识和形成的能力通过生活情境中的实际问题解决进一步整合，从而使学生在学习中形成一种对世界的整体认识和综合解决问题的能力。[7]

（二）设计与技术课程的特征

1. 课程目标的时代性

设计与技术教育对英国创造力的培养、财富的增加、文化的沉淀和社会福祉的提高都发挥了至关重要的作用，这是因为设计与技术课程目标的改革顺应了时代发展的需要，把知识技能的学习与学生的创造性精神和实践能力等的培养有机结合起来。最新版本的英国《国家课程框架》对设计与技术课程目标的规定有：（1）培养学生能自信地完成日常工作所需要的实用性、创造性与技术性的专业技能，并能成功地参与到日益科技化的世界中；（2）通过各种实践性和创造性的活动，使学生了解设计和制作的迭代过程所需要的知识、技能和理解；（3）能够批判、评估和测试他人的想法和产品及其他人的工作；（4）建立和应用各种知识、技能和理解，以便为广泛的用户设计和制作高质量的原型和产品；（5）使学生在家庭、花园、学校、操场、工厂、当地社区及更广泛的环境中工作。[8]设计与技术是一门严谨而又实用的课程，其目标是培养学生的批判性思维、创造性精神、实践能力以及团队意识等，让学生参与到未来快速变化的技术革新中，从而使英国的技术教育和制造业继续保持国际领先地位。因此，设计与技术课程目标具有鲜明的时代特征。

2. 课程内容的相关性

为了使学生更从容地参与到未来快速变化的技术革新之中，最新版本的英国《国家课程框架》特别强调课程内容要对学生具有“真实世界”的背景和相关性。例如，在关键阶段 1（Key Stage 1）中，学生应该在一系列相关的环境中进行各种创造性和实践性的活动，这些环境包括家庭、学校、花园、操场、当地社区、工厂以及更广泛的环境；在关键阶段 2（Key Stage 2）中，在原来的环境基础之上，增加了休闲场所、企业等工作环境；在关键阶段 3（Key Stage 3）中，又增加了工程、制造、建筑、食品、能源、农业、园艺和时尚等行业的工作环境。[9] 每一个阶段的课程内容都与此年龄阶段学生的生活和学习环境结合起来，并不断地拓展和深化，逐渐融入快速变化的技术世界之中，教师则帮助学生在其熟悉的环境中确定任务，使他们能够利用已有的知识、经验、理解以及其他技能来完成这些任务，学生在此过程中发展实践能力，直至使自己成为能够自给自足、独立于教师并能够识别"需求和机会"的人，从而有足够的信心去评估和展现自己的设计，以完成特定的任务。

3. 教学模式的实用性

设计和技术课程需要指导学生使用他们的头脑和双手来解决问题。[10] 这就要求教师在设计与制造的活动中采取实用的教学模式来培养学生更高层次的思维技能和实践操作能力。就目前而言，英国不少中小学教师采取了基于项目、问题以及情境等的教学模式，其中基于项目的教学模式在过去 30 年中成为设计与技术课程的一种常用教学模式。由于学生的项目工作是公开的，这样既便于学生定期检查自己的工作任务，又便于教师和同学进行监督和评价。基于问题的教学模式可以确保学生在对问题的发现、研究、决策过程中占有主导权，使其可以充分地参与到创造性的项目工作中。基于情境的教学模式可以鼓励学生采取坚定的步骤来维护他们学习的自主性，此外有研究表明，真实的情境学习活动可以迅速提高那些"低成就者"和女孩学习设计与技术课程的兴趣。[11] 除此之外，教师还通过设计和布置作业，在侧重实践任务和产品分析练习的基础上，分阶段在如下几个方面鼓励学生：设计但不制造，为未来设计产品和提供服务，在设计方案中使用新的和新兴的技术，独自撰写设计纲要，参与团体合作，在相关创新会议上向他们的同龄人、老师和导师以及成人观众提出自己的建议。[12]

4. 教学评价的持久性

设计与技术课程的教学评价是一项整体的和持久性的活动，它不是在产生想法和提出解决方案后的总结性活动，而是在设计的最初时刻就始终如一地发生。在设计与制作活动中，教师始终如一地应用程序，有效地监测学生在这些项目工作中的进步，关注学生在处理问题过程中对知识和技能的应用，并向学生提供高质量的学习反馈。此外，教师也会参照学生的平时表现，或者是学生的作业、作品，或者是学生在平时上课时的表现进行评价，这些表现将会占 20% 的分数。[13] 作为教育工作者，教师需要持久地评价每一个学生对知识的掌握和技能的应用情况。这种具有持久性的教学评价满足了设计与制作活动开展的需要，也较为公正地向不同学习水平的学生提供了有针对性的反馈建议，能较好地调动学生学习的主动性和积极性。

5. 课程价值的独特性

设计与技术课程价值的独特性主要体现在以下四个方面：（1）它是英国当前国家课程中唯一直接为学生提供“动手实践”体验的课程；（2）它可以为学生带来实践挑战，而这些实践挑战没有唯一的“正确答案”，这激发了学生的创造力，培养了学生的实践操作能力，促进了学生自尊和自我效能感的提高；（3）它是英国目前国家课程中唯一向学生提供现代设计与制造入门的课程，这门课程也给学生提供了一个体验真实的技术职业的机会，使他们有可能接受职业教育，从而为英国经济的复苏做出贡献；（4）它是英国当前国家课程中唯一能够夯实学生实践基础的学科，这些实践基础将引导一些学生进入职业生涯，开发应对全球挑战的技术解决方案。[14]

设计与技术课程的价值不在于学生设计和制造出来的产品的价值，而在于这个课程本身就被认为非常具有价值，因为“试图创造改变的过程需要学生参与一种具有挑战性和开拓性的授权活动”[15]，以激励他们更好地参与学习，并在实践中赋予他们真正的主人翁感和个人成就感。

三、英国中小学设计与技术课程面临的争议与挑战

设计和技术课程是由几个独立的学科整合而成的，整合之后，每个学科的知识体系都被稀释了。如今，设计与技术课程作为一门跨学科课程，已经开始展示出其不断适应和融合的能力，但有人认为其可能会妨碍设计与技术课程作为独立的学科知识体系的构建；有人认为设计与技术课程应建立与学术特征而非职业特征相一致的价值观和核心知识，因此担心随着其课程广度被不断发展的技术所扩展，其学科界限会因此变得愈加模糊。

2011 年，英国教育标准局分别对 89 所小学和中学开展调查，发现有超过四分之一的小学和超过三分之一的中学对设计与技术课程中更具技术挑战性的内容给予的关注不够，特别是电子系统与控制、计算机辅助设计、计算机辅助制造等方面的技术内容，同时也很少为学生提供利用新型智能材料进行实验和实践操作等方面的机会。[16]科学研究和技术发明不断开发出新材料和新工艺，学校的设计和技术课程内容理应在如此快速变化的技术变革中进行更新，但目前英国中小学设计与技术课程对这些先进的技术领域和新工艺关注较少，课程内容的更新速度跟不上科学技术发展的步伐，导致课程各个

部分内容的发展不均衡，尤其是在关键阶段 2（Key Stage 2）的上端和关键阶段3（Key Stage 3），从而难以向学生提供新颖和令人兴奋的课程内容。专业的教师缺口数量大是其中重要的原因之一。为此，英国政府通过简化申请程序、推出教师职前教育的资助项目以及拓宽招聘渠道等措施试图缓解设计与技术教师短缺的困境。

同时，学生学习人数似乎也在减少。设计与技术课程曾经是英国普通中等教育证书考试中最受欢迎的选修课程，但现在它的受欢迎程度远远不及宗教、历史和地理等课程，而且随着计算机、艺术和设计等课程的崛起，设计与技术课程的学习人数将进一步减少。

设计与技术协会的首席执行官理查德·格林认为，设计与技术课程不是 GCSE 必修课程也是导致学习人数减少的一个原因，而 2010 年的文凭考试制度 EBacc（English Baccalaureate）引入后，更加剧了这种趋势的发展，因为中学会根据学生的 EBacc 科目（英语、数学、历史或地理、科学和语言）的 GCSE 成绩进行评判，因此也就没有鼓励学生学习设计与技术课程的动力了。为此，英国的制造商、创意设计师、设计与技术协会及其他专业协会负责人等都要求政府重新考虑其战略布局，呼吁取消 EBacc 政策，缓解学习设计与技术课程的学生数量减少对英国的创意产业和制造业所产生的负面影响。

为重振中小学设计与技术课程，英国的学术界和教育界正努力重申设计与技术课程价值的独特性，使其能够形成较为广泛而又均衡发展的课程体系，以及配置各种具有实践操作性的设计与制作活动，确保这门学科不仅涉及产品制造，还有助于学生在各种情况下探索设计和技术活动，同时让学生加深对技术和社会之间的关系的理解。学生们仍将参与设计和制造，但目的是提高创造力和解决问题的能力。同时，英国中小学设计与技术课程内容正不断渗入增材制造、人工智能、扩增实境、大数据、物联网、神经技术、可编程物质、机器人技术以及合成生物学等颠覆性技术，强调电子系统与控制、计算机辅助设计及计算机辅助制造等内容知识，推进课程内容现代化，学校也在此方面不断投入资金，以确保所有学生都能获得合适的材料、工具和设备来设计和制造高质量的产品。

此外，政府和学校也在努力加强课程与企业的联系，确保中小学生有时间和机会到当地的工程、制造、建筑、食品、能源、农业、园艺和时尚等企业场所进行项目工作，以推动设计与技术课程的发展。

参考文献：

[1] Gwyneth Owen-Jackson.Learning to Teach Design and Technology in the Secondary School：A companion to school experience［ M ］.Routledge： London，2015：5.

[2]谢三玲．中小学技术通识教育及其课程评价研究［ D ］．曲阜：曲阜师范大学，2014：8.

[3] Norman E. Sustainability：an on-going conversation in design and technology education［ J ］. The Journal of Design and Technology Education，2005，10（ 3 ）：3-7.

[4] R Kimbell. Design and technology and the knowledge economy［ J ］. technology，2004，11（4）：92-93.

[5] Wilson，Valerie，Harris，Marlene. Creating Change?A Review of the Impact of Design and Technology in Schools in England［ J ］. Journal of Technology Education，2004，15（ 2 ）：46-65.

[6] Shephard G. DATA Annual Conference1995'Design & Technology：the future'［ J ］. Design &Technology Teaching，1995，28（ 1 ）：7-10.

[7]蔡宝来．一种新的综合课程：英国的跨课程联结 ——英国曼彻斯特大学丽塔·雷教授访谈［ J ］. 全球教育展望，2003（ 10 ）：3-6.

[8] Department for Education.National curriculum in England：design and technology programmes of study［ Z ］.London： Department for Education，2013：1.

[9] Department for Education.The national curriculum in England Framework document［ Z ］. London：Department for Education，2014：234-240.

[10] McLaren S，Dakers J. A Curriculum for Excellence：Review of research literature［ J ］. Designand Technology Education，2011，8（ 2 ）：112-119.

[11] Mammes I. Promoting girls' interest in technology through technology education： A research study［ J ］. International Journal ofTechnology and Design Education，2004，14（ 2 ）：89-100.

[12] Trebell D. A literature review in search of an appropriate theoretical perspective to frame a study of designerly activity in secondary design and technology［ J ］. The Design and Technology Association Education & International Research，2007，21（ 4 ）：91-94.

[13] 毛国辉．英国中学"设计与技术"课程的特点与启示［ J ］. 当代教育科学，2013（12）：17-19.

[14] Barlex D. Dear minister，this is why design and technology is a very important subject in the school curriculum［ J ］. Design and Technology Education：An International Journal，2011，16（ 3 ）：9-18.

[15] Kimbell R，Green R，Stables K. Understanding practice in design and technology [M] . Open University Press ： London，1996 ： 29.

[16] Meeting technological challenges? Design and technology in schools 2007–10 [J] . Office for Standards in Education Children' s Services & Skills，20114 (3)：128–135.